U0731255

在耶鲁，那里的老师告诉我说，他们的使命就是培养领袖。那么，作为一所中学，一所具有百年历史和文化的一流中学，有没有自己的使命？校训是学校学术和文化的结晶，是学校办学理念的集中体现。清华大学的校训是「自强不息，厚德载物」，复旦大学的校训是「博学而笃志，切问而近思」。我们虽然是中学，但学校历史上也曾以「厚德载道」「实事求是」「质朴大气」「真水无香」「诚朴仁勇」等作为校训或级训。现在，我们又以「倾听天籁」为办学的座右铭，体现了学校百年来一以贯之的教育追求，体现了学校的文化特

西花园的树

罗　强 / 主编

文匯出版社

主编：

罗 强

副主编：

吴 锷 程 洪

编委会主任：

柳袁照

编委会副主任：

耿昌洪 李 丹 徐 蕾 张惠钰

以沈骊英为例谈教育使命（代序）

柳袁照

教育的使命是什么？在此我想以我最尊敬的一位已故校友沈骊英先生的故事为例，来谈谈这个话题。

沈骊英是振华女中（苏州十中前身）的学生，后来又回到振华做老师，最后，再一次从振华走向了她为之奉献出生命的事业。

我对沈骊英的了解，是从我校百年校庆前夕开始的。我校一位老师告诉我说，中国台湾有一个人把苏州十中——他母亲的母校视为自己的母校。我问这人是谁。她说是被称为"台湾四大公子"之一的沈君山，他母亲是沈骊英。沈君山是台湾一位琴棋书画皆通的大文人，曾担任新竹"清华大学"的首任校长。我听说后很高兴，但在认真阅读了相关材料后，我的目光超越了沈君山，他母亲沈骊英的形象更凸现在我眼前，那么清晰，那么感人，无法忘记。

手里没有戒尺的人

当年的振华校长王季玉推荐了很多优秀学生去美国留学，其中有两位女性——沈骊英和杨绛。杨绛因为有清华梦，就留在了国内。沈骊英到美国后，最初学的是文学，后来为继承父志便放弃了所喜爱的文学，选择了农学作为毕生事业。

1929年，沈骊英回国，很受王季玉校长赏识，被委任为振华教务主任。

振华是女校，只招收少量男生，费孝通就是其中之一。费孝通10岁那年，母亲把他送进振华，交给了沈骊英。沈骊英去世后，费孝通写了一篇感人肺腑、催人泪下的文章——《一封未拆的信——纪念老师沈骊英先生》，表达自己的崇敬之情。文中提到，当时学校老师手中都有戒尺，都可以打学生手心，罚学生立壁角，但费孝通说："可是这个老师却会拉着我的手，满面笑容，是个手里没有戒尺的人。"骊英老师给了他许多很美好的记忆，他又为老师的成长而欣喜，"在我们分别的20多年中，竟会生长得比她的学生更快。她并没有停留，她默默地做了一件中国科学界罕有的大事。"在费孝通90岁的时候，还念念不忘地说骊英老师影响了他一生。

中国的"麦子女圣"

1931年，沈骊英与沈宗瀚结婚。随后，她走出振华，到南京辅助丈夫潜心研究农学。沈骊英从事农业科研，敬业刻苦，孜孜不倦，常冒着大风雨赤足行走在泥泞中，逐一观察试验作物。抗战开始，中央农业部裁撤所有女职员，唯独沈骊英坚决不走，恳切地表示愿意不领薪水，留部完成试验。她说："我为事业，非为钱而工作。"

后来国民政府从南京撤退，沈骊英以妊娠之身带子女三人开始流亡，辗转数千里，抵达重庆荣昌县。

对小麦品种的改良，沈骊英有不可磨灭的贡献。1934年春的一天，她正在实验室做试验，突然风雨大作，屋倒树折，其势凶猛。她不顾风雨赶到麦地，试验地和附近农田里的小麦悉数倒伏，她敏锐地发现有一株小麦依然挺立。后来她就以这株小麦为突破口，培育出了著名的"中农二十八"，在新中国成立后得到大面积推广，她因此被人们称作"麦子女圣"。

沈骊英的愿望是在科学界替女子争一席地位，用功业来表现女子的能力；同时她又希望职业和婚姻并行不悖，她愿意有个称心的职业，也有个快乐的家庭。冰心曾代表《妇女新运》杂志向她约稿，她谦逊地说她没什么可写的，只是一个很平常的人，相夫教子，把孩子当作品来培养。后来冰心在《悼沈骊英女士》中说："无论从哪一方面看，骊英都是一个极不平常的女子……女科学家中国还有，但像她那样肯以助夫之事业成功为第一，教养子女成人为第二，自己事业之成功为第三的，我还没有听见过。"

沈骊英终日埋头丘垄与实验室，终致积劳成疾，1941年10月7日猝发脑出血，殉职于她心爱的岗位上，年仅40。沈骊英身后留下著作22种，许多被翻译刊载于英、美作物育种学和生物学杂志，常为各国学者所引证。1946年，陶行知到振华演讲，特别介绍了他所崇拜的几位女性，他说第一位就是沈骊英先生。陶行知说："我希望贵校能继续产生像沈骊英先生一样的学生，产生不被暴风雨所摧毁的'女圣'。"

60多年过去，今天我们读着沈骊英的事迹，心情如当年邓颖超一般——"当我读着沈宗瀚先生所著《亡妻沈君骊英行述》和听了朋友们谈起她可歌动人的事迹时，我是如何深深被感动着，受激励着，以至我的血流曾几度地沸腾而紧张起来。"

文化精神是校之魂

我们学校有座教学楼是以"骊英"命名的，一是为了纪念沈骊英，二是为了弘扬沈骊英这种崇尚道德与科学的精神。沈骊英是学校精神的象征，"骊英楼"对我们学校来说，就是一个文化的象征符号。我们希望沈骊英的科学探究精神和崇高的道德品行，能深深影响学生并贯穿于学生的整个学习生涯。

一个学校的文化精神是一个学校的生存、发展之魂，塑造学校文化精神是办学的首要问题。我认为，学校文化精神的最高层面是"学校的使命"，世界一流大学都有自己的特殊使命。我最近到美国去，参观了美国一些中小学和大学。在耶鲁，那里的老师告诉我说，他们的使命就是培养领袖。那么，作为一所中学，一所具有百年历史和文化的一流中学，有没有自己的使命？校训是学校学术和文化的结晶，是学校办学理念的集中体现。清华大学的校训是"自强不息，厚德载物"，复旦大学的校训是"博学而笃志，切问而近思"。我们虽然是中学，但学校历史上也曾以"厚德载道""实事求是""诚朴仁勇"等作为校训或级训。现在，我们又以"倾听天籁""质朴大气""真水无香"为办学的座右铭，体现了学校百年来一以贯之的教育追求，体现了学校的文化特质。

如何来完成学校使命？我认为，办学不能总是把重点放在造房子上，要更多地放到打造学校文化上，放到培养大师上——培养像沈骊英一样的大师。

我们今天探讨的这个话题，沈骊英的故事会对我们有所启发，另外我想，我们优秀的历史文化传统也会对我们有所启发。我校墙壁上很少有政治性的标语、口号，但是在我校北校门的墙壁上，却端端正正地刻着几行大字："教育应当继承和弘扬中华民族优秀的历史文化传统，吸收人类发展的一切优秀成果。"

我们应从历史当中寻找我们走向未来的精神力量。今天的对话以回顾历史开始，即是表明此意。

2011 年

又及：上述短文是我的一个旧作，确切地说是 2011 年我与李大圣教授关于教育的一次对话的录音整理稿中的节录。那次对话谈到教育的灵与肉，谈到教育的制造与创造，我举了校友沈骊英的例子，以阐述我对学校办学使命的认识。罗强副校长要我把它拿出来作为《西花园的树》的序，我勉强同意了。为何？此旧作，与此书有一点关系，但又有一点没关系。说有关系，沈骊英是校友，又是科学家，她就是此书介绍的对象之一。她是我们校友科学家的杰出代表，阐述她，能揭示出本书的意义。说没关系，是因为此文不是专为此书而说的，讲出的话，有些若即若离，总感觉到没有说到点子上。三思之后，恭敬不如从命，再补充说几句，以作滥竽充数。

我们这所学校真是一所伟大的学校，一百多年来，出了许多人文大家，也出了许多科学大家。在科学家方面，物理学家、生物学家、医学家特别多，且有大的影响。他们以及他们的科学著作，是一份宝贵的科学文化财富，尤其对母校更是这样。学校有这么好的资源，何不用在日常的教育教学之中？我早就萌发了这个愿望：编一本校本教材，在构建校本课程中发挥作用。很感谢罗校长带领一群老师，花了大量的时间、精力，心想事成，终于编撰成功，可喜可贺。

我从来就认为，所谓名校不仅仅看当年的升学率，更要经得住时间与社会的检验。是不是名校，最根本的就是看从那里走出去的学生发展得如何，他们的发展是不是为国家、民族，乃至为整个人类作出了贡献，我们这本书里所收录的校友，都是这样的人。我们也希望所有的校友，特别是正在校园读书的同学——今后的校友，也都能成为这样的人。而此书，无疑将产生不容忽视的动能。感谢各位编写者的辛勤付出。

是为补记。

2013 年 10 月 13 日

目录

以沈骊英为例谈教育使命（代序）／柳袁照

竺可桢   001
——我国近代气象学、地理学奠基人

贝时璋   028
——中央研究院第一批院士

沈骊英   048
——麦子女圣

王淑贞   062
——中国现代妇产科学奠基人

王明贞   071
——首位清华大学女教授

蒋恩钿   083
——月季夫人

何怡贞   092
——中国第一位物理学女博士

何泽慧   104
——"中国的居里夫人"

李敏华   130
——勤勉的求学者和研究者

何泽涌   137
——放大的细胞人生

李政道   162
——次年轻的诺贝尔奖获奖者

陶其敏   184
——中国"乙肝疫苗之母"

石四箴   200
——耕耘医坛、心怀祖国、情系两岸

佘振苏   210
——诠释复杂系统的领路人

朱健强   225
——首届中国科学院青年科学家奖获得者

后记／罗强   231

竺可桢——我国近代气象学、地理学奠基人

排万难冒百死以求真知。只问是非，不计利害。

竺可桢

编者导读

竺可桢先生在一般国人心里是一位卓越的科学家、大学校长、中国科学院领导，但在江苏省苏州市第十中学师生的心目中他还是一位受人崇敬的校董。其 1936 年 11 月在振华校庆 30 周年大会演讲结尾中对振华学子的厚望——"我希望 70 年以后，那时候振华女学已是规模大为扩充，创办人服务的精神已充满全国，在座的同学，也已经近 90 之年，到那时，再来此地庆祝母校百年上寿。"这段话对苏州十中师生努力振兴自己的学校，谱写自己的智慧人生，形成全心全意为社会服务与奉献的品行已经并将继续产生巨大的激励作用。竺老是苏州十中百年发展史中难以忘怀的一位科学巨匠。

竺可桢先生一身跨越了清朝、民国政府和新中国三个历史时期，面对中国被欺凌、被压迫的场景，面对百姓饥寒交迫的生活，面对落后挨打的现状，他从小就确立了科学救国、振兴中华的梦想。在青少年时期，竺可桢就以天下为己任，求知欲强烈，学习刻苦勤奋，坚持独立思考，重视观察与思考，学业优秀，是各方面全面发展的典范。竺老的学习生涯为今天我们的学生获取成功提供了一个良好的范本。

科研报效祖国、科研提升国力、科研服务民众是竺可桢先生数十年科学研究和领导工作的核心理念。1910年，竺先生取得赴美留学生资格，他认为中国万事以农为本，便进入美国伊利诺伊大学农学院。1913年毕业后，他又认为气象是影响农业的重要因素，便到哈佛大学地理系攻读气象学。1918年获得博士学位后立即返回祖国服务，投入地学和气象学的教学工作。1928—1937年在任中央研究院气象研究所所长期间，竺可桢看到中国没有自己的气象站，便在兵荒马乱中奔走，不辞辛劳在全国各地建立了40多个气象站，初步奠定了中国自己的气象观测网。1936—1949年，在担任浙江大学校长期间，他培养了一批转移国运的领导人才。新中国成立后，在担任中国科学院第一任副院长期间，他主持了全国范围内的自然区划和自然资源考察工作，亲自筹建了中国科学院自然资源综合考察委员会，开创了冰川、冻土、沙漠、青藏高原综合研究等许多新兴研究领域，填补了多项学科的空白。他个人对物候学和气候变化的研究也取得了举世瞩目的成就。在半个多世纪里，他创作的脍炙人口的科普讲稿、书籍有160多种，被誉为"科普工作的典范"。竺老投身科学研究的一生为十中学子今后的发展提供了许多积极的启示。

改学气象，献身科教

竺可桢，字藕舫，1890年3月7日出生于浙江绍兴东关镇一个小商人家庭。童年时，他学习勤奋，并萌生爱国思想，敬佩宋代诗人陆游和明代学者王阳明等人的学识和思想。1905年以各门功课全优的成绩从小学毕业，当年秋季入上海澄衷蒙学堂，以品学兼优、为人热情正直，被同学推为班长。1908年春，同学要求撤换不称职教师举行罢课，学校一度停办，竺可桢乃于暑假后转入复旦公学学习。1909年秋，竺可桢考入唐山路矿学堂学习土木工程，学习成绩居全班第一。

1910年秋，中国第二批"庚子赔款"留学生横渡太平洋抵达美国。这70名留学生中，有胡适、赵元任等后来的一大批名家。其中还有一个瘦小文弱的年轻人，他就是竺可桢。

当他们到达美国填写志愿的时候，竺可桢毫不犹豫地填报了农学。当时，他的真实意图没有人了解。后来竺可桢回忆，在国内时自己学的是土木工程，之所以放弃，是因为"中国以农业立国"，所以到美国后，欲改学农业科学。可是让他没有想到的是，美国的农业科学并不发达，农业的体制和耕作方式也和中国全然不同。于是，竺可桢想再改专业，但已太晚了。直到毕业后，他才转到哈佛大学地理系，选定与农业关系最密切的一个学科——气象学，继续深造。在这期间，竺可桢不仅选择了地学作为他终身的专业，而且领略了西方的科学精神，他后来使之与中国传统文化相结合，奠定了他终生坚持求是精神的思想基础。在哈佛大学期间，竺可桢又积极参加由任鸿隽、杨铨等中国留学生发起的中国科学社的各项活动，为该社出版的《科学》杂志撰写了一批文章，成为五四运动以前积极传播科学知识的先驱人物之一。

1918 年，获得博士学位的竺可桢回到了阔别 8 年的祖国。但迎接他的是什么呢？当时，美国有测候所 200 多座，中国只有香港和上海徐家汇两座，而且均由外国人控制。这对于竺可桢这样有科学救国思想的人来说，无疑是痛心疾首的。然而，当时唯一由中国人管理的中央观象台一片破败。他们竟无法接受这位年轻的气象学者。

竺可桢只能转而在武昌高等师范学校和南京高等师范学校任教，也从此开始了他辉煌灿烂的一生。

中国现代气象学和地理学的一代宗师

南京高等师范学校，不久发展为东南大学。在东南大学，竺可桢创办了我国第一个地学系，并亲自编写了地学授课讲义《地学通论》。1921 年，他在《科学》杂志上发表的《吾国地理家之责任》一文中明确指出："培养一批中国地学家，以调查全国的地形、气候、人种及动植物、矿产为己任。"此时，竺可桢已立下了在中国开展调查全国自然资源的宏图大志。竺可桢创建的地学系，含地理、气象、地质和矿物四个专业，注重自然科学基础知识训练，强调实验室和野外考察实习相结合，提倡开展科学研究，鼓励学生翻译国外有关论著。由于竺可桢办学思想明确，方法得当，东南大学地学系曾培养出我国最早的地学家，如张其昀、胡焕庸、朱炳海、吕炯、王庸等。南京逐渐成为我国南方的地学教学和研究中心。

蔡元培于 1927 年创办中央研究院，竺可桢受邀参与筹建观象台，负责气象组工作。翌年 2 月，出任中央研究院气象研究所所长，在开创我国近代气象事业的艰苦道路上迈出了第一步，实现了他 10 年前归国时期望独立自主开展我国气象研究的夙愿。这成为落后的中国气象科学的一次重要转机。竺可桢走遍了南京，把气象研究所确定在城中鸡鸣山的北极阁。气象研究所于 1930 年元旦，正式绘制出东亚天气图并发布天气预报和台风预报，这是对我国领土领海独立自主预报气象的开端，也把中国的气象学研究和气象事业建设带入了第一个黄金时代。

今天，中国人都知道，天气温度是用摄氏度来衡量的，而气压单位则是用毫巴。这个在中国沿用至今的制度，是从竺可桢开始的。

具有一定规模的气象台建设，是独立自主开展气象预报的基础。竺可桢在 1921 年就发表过《论我国应多设气象台》一文，呼吁各地政府予以重视。气象研究所成立后，他又提出《全国设立气象测候所计划书》，认为全国设立不同规模的测候所不应少于 150 个。但是，由于当时财政困难，要由政府专门拨款来筹建气象台站几乎是不可能的。竺可桢想尽办法，动员各方筹资，在他的精心推动下，从 1929 年到 1941 年底，气象研究所自建的各级测候所有 9 个，合办的有 19 个。其中如泰山、峨眉山和拉萨测候所都是在克服了重重困难以后建立的，不但为我国近代气象事业的发展提供了珍贵的科学资料，也为当时中国参加国际极年观测提供了可能。

竺可桢还决定兴办气象练习班以满足对人员的急需。这样的练习班，从 1929 年 3 月起，到 1936 年 12 月止，先后共举办了四期。竺可桢十分重视训练班的教学工作，除由气象研究所人员和中央大学、金陵大学的教授执教以外，他自己还亲自编写讲义，参与授课。学员中相当一部分人后来成为我国气象专业的业务骨干。

在当时政府支持下，经过竺可桢领导的气象研究所和全国各方面共同努力，于 1930 年 3 月，取缔了上海徐家汇发布气象预报的顾家宅电台，开始了由中国人自主发布气象预报的历史；与此同时，逐步限制当时位于上海法租界内徐家汇观象台的业务范围。1931 年，在竺可桢努力下，由当时内政部出面召集会议，经过充分协商，通过了由竺可桢及其助手拟订的

《全国气象观测实施规程》；气象研究所又编印了《测候须知》《气象学名词中外对照表》《气象电码》等工具书。在他亲自主持下编印出版的《中国之雨量》和《中国之温度》两本内容丰富的资料，被认为是中国近代气象事业发展的明证，是我国记录年代最久、涉及台站数量最多、质量有保证、内容最完整的降水和气温资料。此外，竺可桢还通过中央研究院于1930年、1935年和1937年先后三次召开全国气象会议，针对交通、军事、航空等部门为发展气象事业所关心的问题，进行充分商讨，并作出相应决议，使全国气象工作逐步纳入统一规范。

这一时期，竺可桢有大量行政事务、科学组织工作和社会活动缠身，但却同时是他一生中科研成果产出的高峰期。据不完全统计，截止到1936年4月他出任浙江大学校长以前，8年时间内，他公开发表著作60余篇，其中大约有50篇是关于气象学方面的论文。《中国气候区域论》《中国气流之运行》《论新月令》和《东南季风与中国之雨量》等，都是这个时期的杰作。这些论文如同他的博士论文《远东台风的新分类》一样，被后人视作为我国近代气象学奠基的科学论文。

正是由于竺可桢为推动我国气象事业发展所作出的杰出贡献，他以无可争辩的学术带头人的身份，在1929年12月第五届中国气象学会年会上当选为该学会理事长。

竺可桢出任浙江大学校长以后，对气象研究所各项工作仍关怀备至，许多事情仍需要他过问，中央研究院也要求他在气象研究所兼任所长。直到1946年底，在他坚持之下才卸掉这一职务，由他的学生赵九章接任。

掌舵浙大，求是奋进

1936年4月，竺可桢调任国立浙江大学校长，直到1949年4月离开学校，度过了他历时13年充满了艰辛而又成效卓著的校长生涯。

浙江大学的前身是求是书院，创立于1897年，是我国最早自办的新式高等学堂之一。到1936年，已有文理、工、农三个学院，16个学系，入读学生500余人。和国内同类学校相比，浙江大学属于地方性国立大学，当时并未进入名校行列。竺可桢为就任此职事，曾犹豫再三，主要是不愿意离开已经做出显著成绩的研究工作岗位，又顾虑办好一个大学，事务繁杂，必须同官场打交道，而这正是他不愿意的。但他也意识到，中国社会教育问题众多，办教育者风气不正，如果自己采取明哲保身的态度，则不利于中国教育事业的发展。于是，他在蔡元培以及众亲朋好友和学生的支持下，决心暂时离开研究所一段时间，毅然挑起大学校长的重任。

1936年4月25日，竺可桢在全校学生大会上第一次发表讲话，表明了他办学思想的主旨。他指出："办中国的大学，当然须知道中国的历史，洞察中国的现状。我们应凭借中国的文化基础，吸收世界文化的精华，才能养成有用的专门人才；同时也必须根据本国的现实，审察世界的潮流，培养成的人才才能合乎今日需要。"他一再强调"大学教育的目的，绝不仅仅是造就多少专家，如工程师、医生之类，而尤在于养成公忠坚毅、能担当大任、主持风气、转移国运的领导人才"。

他为"领导人才"提出了四个条件：1. 肯牺牲自己，努力为国，以天下为己任的精神；2. 清醒而富有理智的头脑和深思熟虑、不肯盲从的习惯；3. 明辨是非，而不徇利害的气概；4. 健全的体格。竺可桢注重对新入学的学生进行人生观教育，他在和新生谈话时提醒大家："诸位在校，有两个问题应该自己问问，第一，到浙大来做什么？第二，将来毕业后做什么样的人？"他给出的答案是"诸君到大学里来，万勿存心只要懂了一点专门技术，以为日后谋生的地步，就算满足，而是要为拯救中华做社会的砥柱"。

竺可桢根据自己的教育思想，对浙江大学采取了一系列措施。

他首先改变了前任校长郭任远执行的"大学军队化"的方针，建立训导委员会，为学校实施民主管理创造条件。学校不设副校长，以校务委员会和各专门委员会为最高权力机构，凡重要规章制度、经费预算、聘任、晋升、招生、课程设置等重大问题，概由校务委员会和专门委员会审议决定。而校务委员和各专门委员会主任都是由他遴选作风正派、在学校中有威望的教授担任。按当时教育部的规定，大学训导长一职必须由国民党员担任，但竺可桢认为应以"于学问、道德、才能为学生所钦仰而能教课者为限"，以此先后选派深得学生拥护的费巩和苏步青教授担任训导长。

竺可桢一再明确宣布："教授是大学的灵魂"，"大学实施教育，教授人选最为重要"。为了壮大教授阵容，充分发挥教授的灵魂作用，竺可桢在国内外千方百计网罗人才。凡有真才实学的学者，竺可桢都要想办法请来学校执教。他"三顾茅庐"恭请国学大师马一浮，礼聘邵裴子，在当时被传为佳话。竺可桢还保证大学教授有职有权，以调动他们搞好教学工作的积极性。贯彻了竺可桢倡导的重才求贤的正确方针，当时浙江大学集中了一批知名教授，虽然工作条件和生活环境十分艰苦，但能同心同德，真正做到"以研究学问为毕生事业，以培育后进为无上职责"。

在课程设置上，竺可桢采取通识教育。对一年级学生，加强数、理、化、中文和外文课程，同时又将中国通史等社会科学课程也列为必修课；为了达到打好基础的目的，竺可桢动员了苏步青、王淦昌、谭其骧等众多知名教授为一年级学生讲授基础课；在减少各系专业必修课的同时，鼓励学生按各人所长选修其他课程；有的系还规定学生要选定辅系。例如物理系学生有的以生物系为辅系，机械系学生有选农学的，等等。其目的是扩大学生的知识领域，使学生毕业后能应付多方面工作的需要，适应科学技术高度分化和高度综合的发展趋势。

竺可桢常以朱熹的诗句"问渠哪得清如许，为有源头活水来"比喻科研和教学的关系。在他亲自带动下，全校师生科研活动蔚然成风。当时浙大一批教授的研究成果，如王淦昌的核物理研究、钱令希的余能定理及其在悬索桥设计上的应用、蔡邦华的昆虫学研究、贝时璋的细胞学研究等，在国内外都赢得了很高声誉。在全校浓厚的学术氛围中，高年级学生也积极参加科研活动。例如数学系的"数学研究"为四年级学生的必修课，每周举行一次，教师严格要求，学生认真准备。学术讨论大大拓宽了课堂上的教学内容。当时的浙江大学，经常有以各种名义举行的学术研讨会和报告会。时任英国驻华使馆文化参赞的李约瑟，称浙江大学为"东方剑桥"，其根源即出于此。

1938 年 11 月 19 日，根据竺可桢的提议，浙江大学校务会议确定以"求是"为校训。竺可桢根据中国传统文化和西方科学发展的历史经验，把"求是"解释为"排万难冒百死以求真知"，"博学之，审问之，慎思之，明辨之，笃行之"。他根据自己的处世经验，提出"只问是非，不计利害"作为"求是"的行动准则。"求是"，实际上成为办好浙江大学的思想路线，对塑造大学生的道德品质起到了主导作用，也是指导浙江大学各项工作取得成功的思想保证。

竺可桢领导浙江大学取得成功，还在于他时时处处起着示范作用。学校迁到江西泰和暂时落脚后，他立即又往西寻觅下一步学校安顿、发展的地方，岂料短短时间内，他的发妻和爱子先后因染上痢疾而病故。这对竺可桢的家庭生活来说是个沉重的打击，但丧妻失子之痛并没有动摇竺可桢办好大学的决心，在处理完丧事后，他又继续为公务而奔波。他对全校教职员工和学生充满了爱心，凡是家庭有困难或发生变故的，他都亲自过问，因此，深得全校同人和学生的爱戴。有了这么一位具有凝聚力的校长，全校的决策都能实现令行禁止。

竺可桢担任浙江大学校长期间，大部分时间是在日本帝国主义疯狂侵略中国的战争年代度过的，学校被迫西迁，四易校址。浙大西迁5000里，其行进方向，与红军长征路线大体相同，后人因而也有称其为"文军长征"的。这支文化队伍，对于有利于民族文化保护和社会发展的事，都会尽力而为。在撤离杭州的时候，竺可桢克服了很大困难，把杭州文澜阁所藏《四库全书》共3.6万余册，辗转运到贵阳，抗战胜利后，又搬回杭州，保住了这份国宝。学校在江西泰和暂驻时，竺可桢发动师生在做好教学工作之余，帮助地方上修筑防洪堤、兴办垦殖场和学校，为当地人民做了好事，撒下了科学和文化的种子。在艰苦的战争环境中，竺可桢的办校方针得以继续贯彻，大学基本上实现了原定的教学计划，图书仪器大体上保存完好，而学校的规模非但没有缩小，相反有相当的扩大。浙江大学由战前工、农、文理三个学院，到抗战后期已发展为理、工、农、文、法、师范六个学院。到新中国成立前夕又增加了医学院，共7个学院，30个学系。在竺可桢的领导下，浙江大学在困厄中崛起，成为全国的几个名牌大学之一。

1945年8月，抗日战争终于取得最后胜利。随着蒋介石发起内战，全国各个大学为争取民主、自由的斗争风起云涌。浙江大学于1947年10月，终于爆发了学生于子三被捕且被杀害在监狱里的悲剧。这个事实进一步促使竺可桢认清了国民党反动政府的真实面目，同时也破灭了希望政府支持教育、科学事业的幻想。他根据"只问是非，不计利害"的行动准则，毅然站在学生一边，谴责当局迫害学生的法西斯暴行。在当时的政治形势下，竺可桢感到要继续办好学校实在力不从心，同时他又向往他的科研事业。在人民解放军隆隆的炮火声中，他决意向国民政府辞去校长的职务，离开了他潜心操劳 13 年之久的浙江大学，去迎接新中国的黎明。

中国科学院奠基人

经 1949 年 10 月 16 日举行的中央人民政府委员会第三次会议讨论决定，他被任命为中国科学院副院长。建院之初，竺可桢兼任计划局局长，副局长是钱三强。摆在他们面前最紧迫的任务就是要尽快在前中央研究院和北平研究院等旧有机构的基础上组建新的研究机构，为发展新中国的科学事业打下坚实的组织基础。为此，竺可桢多方奔走，为最后确定中国科学院下属第一批研究所的建制做了大量的工作。

针对当时一些研究所研究课题重复，有的派系纷繁、成见较深的实际情况，竺可桢和许多科学家促膝长谈，互通心声。他以诚待人又坚持原则的工作作风曾感动了不少人。竺可桢在调整工作中提出三项原则：其一是把调查的重点放在性质上有重复的研究所，明确如何归并的具体方针；其二是强调科学院科研工作的计划性和集体性；其三是突出重点，予以特别支持。

在确定研究机构改组方案的过程中，反映出竺可桢顾全大局的高尚品格和实事求是的科学精神。前中央研究院的气象研究所，是竺可桢自 1928 年起苦心经营发展起来的研究所，不仅对我国近代气象科学事业的发展作出了开创性的贡献，在国际上也有较高的学术地位，成为旧中国有重要影响的研究单位之一。竺可桢根据当时学科的发展状况、国民经济实际的需要和所内一些科学家的愿望，主张扩大成立为地球物理研究所，把气象学研究只作为其中一个研究室来设置。后来的发展实践证明，这样做非但没有削弱气象学的研究，还由于密切了大气物理学和其他固体地球科学的联系，使大气物理学研究得到了长足的发展。

竺可桢在领导中国科学院发展新中国科学研究事业时，有一个明确的指导思想，即中国科学院在发挥自身优势时，必须加强和高等院校及各产业部门的联系。1949 年 12 月 19 日召开科学院办公会议时，竺可桢提议成立全国科学研究委员会或称部院委员会，以协商院外各部门之间的科学技术研究工作。它的任务是在有关政府部门派员参加的情况下，找出迫切需要解决的科学问题，一部分由科学院负责去做，另一部分则可交于合适的部门去做，以免造成研究工作的重复。竺可桢又于 1949 年 12 月 23 日代表中国科学院参加第一次全国教育工作会议，在会上发言表示，中国科学院希望与教育部门加强联系，建议中国科学院研究人员到高等院校去兼课，把最新研究工作成果渗透到教学工作中去。竺可桢的这些主张对于密切中国科学院与高等院校和产业部门的联系曾起到积极作用，地球物理研究所和中央军委气象局（今国家气象局的前身）的密切合作就是一个范例。这两个单位，前者侧重理论研究，人才济济，后者是中国气象事业的主管部门。当时地球物理研究所派出陶诗言、顾震潮等高级研究人员，和气象局共同建立了联合分析预报中心和联合资料分析中心，对奠定和发展我国气象预报事业起到了很大作用。

竺可桢历来重视人才引进与培养。经竺可桢和其他院领导共同努力，争取了一批具有相当学术成就的科学家先后到中国科学院工作，他们中间有童第周、曾呈奎、贝时璋、庄孝僡、蔡邦华、戴芳澜、汤佩松、殷宏章、潘菽、裴文中、王淦昌、汪德昭、庄长恭、王葆仁、虞宏正、叶渚沛、尹赞勋、黄秉维等。为了充实新中国科研人员力量，竺可桢还亲自出面发出函电，延请他在海外的故交或学生中有成就的学者回国参加建设。在他的号召下，有的很快便踏上归途，成为中国科学院研究力量的骨干，例如姚鑫、施履吉等。为了弥补科学院研究力量的不足，竺可桢倡导高等院校的教授来研究所兼职，担任专门委员会的委员，在研究方向任务和人员培养方面帮助科学院工作。他还认真组织实施科学院和高校共同组建研究机构，例如在北京大学建立植物生理研究室，请当时的北大教授汤佩松主持；通过侯光炯教授，在西南农学院设立西南土壤研究室等，对推动基础研究起到了一定作用。

竺可桢对年轻科技人员的培养更是倾注了很大心血。在当时的情况下，他主张多派青年科技人员到苏联深造，或随专家一起赴苏联及东欧国家考察、进修。他本人出访苏联和东欧国家时，总是向我大使馆详细询问中国科学院派去留学生的学习成绩，并与他们会见，或进行个别谈话，或举行座谈会，或要他们陪同参观，担任翻译，从中对留学生的业务水平进行考察。曾担任兰州冰川冻土研究所所长的谢自楚，就是在当时竺可桢访苏时的建议和鼓励下，选择了冰川研究专业，后来成长为我国较早从事冰川研究的年轻学者之一。

对于刚分配来科学院的大学毕业生，竺可桢总是要与他们见面，向他们作新中国成立前后的对比，展望中国科学事业的未来，介绍中国科学院的情况，对年轻人提出殷切希望。就如同20世纪30年代浙江大学新生入学时，竺可桢校长一定要对学生进行国家前途和青年人的任务的教育一样，让大学毕业生一踏进新中国的科学大门，就立即意识到自己的责任。

竺可桢密切注视着国际上当代科学发展的动向。新中国成立初期，他深感旧中国海洋科学事业的落后，经过一番努力，他得到教育部门的支持，首先将山东大学的童第周、曾呈奎教授调来中国科学院，由他们会同原北平研究院动物研究所所长张玺共同主持成立海洋生物研究室，在此基础上很快发展成为多学科的综合性海洋研究所，为发展我国海洋科学事业作出了重大贡献。1964年国家决定成立国家海洋局，统一管理海洋资源调查和开发研究工作，竺可桢对此十分支持，从全局出发，同意将当时原属中国科学院的一部分海洋研究力量划归新建的国家海洋管理部门，但是他又考虑到国家海洋局和中国科学院的性质、任务不尽相同，不同意将中国科学院所有海洋研究机构统统划归国家海洋局的主张。为了坚持海洋科学的基础理论研究工作不被削弱，他直接向当时国家科委主任聂荣臻同志陈述意见，中国科学院的海洋研究所和南海海洋研究所因而得以保留。

为了使科学研究服务于国家边缘地区建设，中国科学院于1951年5月派出了西藏科学工作队。经竺可桢精心组织，选派了以地质学家李璞为队长，大地测量学家方俊为副队长，共有48人参加的考察队伍，进行了地质、地理、生物、农业、社会、历史、语言、文艺和医药等内容的考察。这是西藏有史以来第一次有组织的多学科科学考察。在取得了初步成果后，1952年6月又派出土壤学家李连捷率领的农业科学家共11人再次进藏。此外，根据国家在海南岛、雷州半岛和广西南部发展橡胶种植的要求，竺可桢组织了由多学科科研人员组成的考察队参加调查，这些调查标志着我国早期自然资源综合考察的开始。

由于综合性基础科学的重要性与日俱增，在竺可桢的组织下，一些新的研究所经过调整不断形成。例如，在中央研究院地质研究所土壤研究室的基础上，新建立了土壤研究所；在地理研究所测量室的基础上建立起武汉测量与地球物理研究所；在原植物分类研究所的基础上，增加了植物生态、植物形态与细胞学、古植物学、植物化学等研究领域，成立了综合性的植物研究所；在菌种保藏委员会和黄海化学工业研究社微生物发酵研究室的基础上，吸收了北京农业大学的有关部分，建立了微生物研究所，等等。位于兰州的冰川冻土研究所和沙漠研究所更是在竺可桢的亲自过问下建立起来的。

竺可桢素来重视并直接参加自然科学史的研究。他认为，历史上的科学资料不但可以为经济建设服务，而且还可以帮助基础科学的理论研究。有鉴于此，在竺可桢的倡导和组织下，由第三历史研究所（即近代史研究所）和地球物理研究所研究人员，从5600多种地方志、2300多种诗集里，收集到从12世纪到1955年我国有记载的地震近万次，再加上1900年以后国内外地震仪器实测所得记录，汇编成《中国地震资料年表》和《中国地震目录》，作为地震学研究的参考。在此基础上又编制出地震烈度区划，直接为国民经济建设服务。为了开展中国古代科学史研究，在他的倡导下，中国科学院先成立了包括由北京大学、清华大学教授和各部门负责同志参加的中国科学院自然科学史研究委员会，经常开展学术讨论活动。在此基础上，于1957年正式成立自然科学史研究室，对于推动中国科技史的研究有着重大作用。

资源考察事业的倡导者和组织者

从1956年到1966年，这是中国科学院的大发展时期。这10年中，竺可桢的精力主要放在推动和组织自然资源综合考察工作方面，他的足迹几乎遍及除西藏和台湾两个省区以外的所有地方。

1957年6月18日举行的第三次院务常务会议，听取并审议了竺可桢关于加强综合考察工作的建议，正式批准成立中国科学院综合考察委员会，任命竺可桢兼任这个委员会的主任。综合考察委员会的建立，标志着我国自然资源综合考察工作进入了一个新的阶段，竺可桢作为这项崭新事业的奠基人被载入史册。三十几年来，综合考察委员会虽然在名称、建制和机构内涵上有所变化和发展，但是我国自然资源的综合考察工作始终沿着竺可桢奠基时指明的研究方向前进。

从 1957 年起，竺可桢以更多时间，亲自参加边远地区的野外考察，以取得第一手资料，从而更好地指导自然资源的综合考察工作。

早在 1954 年，中国科学院与林业部曾合作进行过华南热带作物资源考察，以发展橡胶林为主要任务。竺可桢为此也做了不少工作。1957 年 2 月 19 日到 3 月 9 日，竺可桢会同中国科学院和林业、农业部门的有关专家罗宗洛、吴征镒、李庆逵等，与苏联科学院的 7 位学者一共 40 余人，共同考察了海南岛和雷州半岛的橡胶和其他热带经济作物的发展状况，在海南岛 16 个县市中，足迹遍及了 12 个县市。

1957 年 7 月。竺可桢又率领中国科学家 16 人，会同苏联科学院生产力配置委员会主席涅姆钦诺夫院士为首的苏联专家 22 人，用一个月的时间，沿黑龙江而上，对两岸中苏两国境内 11 个城市进行实地考察，提出了黑龙江水力资源开发的第一期工程建议。

1958 年 8 月下旬，竺可桢到兰州主持了甘青综合考察队的工作汇报会。听取了这个地区的综合考察情况报告后，于 9 月初赶到了乌鲁木齐市，进行他生平第一次的新疆之行，逗留了近一个月，直到 10 月初才回到北京。这次在新疆，行程超过了四千公里，除阿勒泰外，足迹已遍及全疆。竺可桢沿途所到之处，或和中苏科学家直接进行野外考察、挖土壤剖面、测量湖水温度；或深入农舍访问，了解当地生产现状和发展潜力；或参观历史遗迹，推断当地自然条件变化和生产的兴衰，以古论今，对将来经济发展提出意见。他这次深入新疆腹地，主要以吉普车为交通工具，经常日行 500 余公里。他以地理学家敏锐的眼光，注意到在天山的赛里木湖，四周山上未见积雪，之后他查考到南宋时代邱处机曾于 10 月经过赛里木湖时，周围"雪峰环之，倒影湖中"。从而推断中国十二三世纪时，天山的雪线大致比现代要低 200—300 米。他了解到维语克拉玛依是黑油的意思，不仅实地考察了油田里的黑油山，而且在南疆也十分注意石油的蕴藏和当地人民采油的经验。他将沿途所见所闻，择要记入自己的日记，共得 3 万余字。回到北京以后，以《新疆纪行》为题，发表文章，热情宣传新疆有利的自然条件和发展潜力，讴歌新疆各族人民团结一致齐心协力建设社会主义的生动情景。

1959 年，竺可桢又几次进入我国西部几个沙漠地区，实地指导了几个沙漠定位试验站的工作。在他直接领导和组织下，以中国科学院治沙队为主体的治沙大军，浩浩荡荡地开进了我国西北部地区的大沙漠。除了在内蒙古的磴口、宁夏的沙坡头、甘肃的民勤、陕西的榆林等六处建立了综合试验站以外，还深入到塔克拉玛干、巴丹吉林、毛乌素沙漠、河西走廊西部戈壁地区进行实地考察，揭开了中国人民大规模科学治理沙漠的新纪元。

竺可桢在组织南水北调综合考察过程中，希望能选择一条合理的路线，在适当地段引长江水注入黄河，以丰富黄河水源，满足北方地区农业生产的需要。他曾于1960年、1961年两次到四川西部甘孜阿坝地区及云南境内，深入长江各支流的上游，实地了解当地自然条件、农牧业生产概貌以及人民生活状况。通过考察，初步认为从长江支流雅砻江引水，穿过巴颜喀拉山口注入黄河是比较适宜的路线。二十几年过去了，关于南水北调工程的论证仍在东西两边深入进行。由中国科学院兰州冰川冻土研究所派出的又一支考察队，于1988年5月17日从兰州出发前往雅砻江上游进一步考察并踏勘引水路线。按他们计算，如果按竺可桢原来的设想引水，引水工程全长200多公里，工程完成以后，可使黄河上游的水量增加180亿立方米左右。

竺可桢以70岁高龄身先士卒，在野外考察中，谢绝对他的各种照顾，甚至置个人安危于度外。为了取得直接的认识和第一手资料，他都要亲自观察各种自然现象。在黑龙江流域考察原始森林时，他拨开丛生的杂草，不怕蚊蝇叮咬；在黄河中游地区了解黄土高原的侵蚀情况时，在浊流中乘坐小船顺流而下，曾几次因船只搁浅漏水而遇险；在川西高原勘察南水北调引水路线时，时而攀登4000米以上的高山，时而又降到河流谷底，面临着随时有可能发生洪水、泥石流、山崩、滑坡的风险；在新疆，越野汽车曾几次在戈壁滩上受阻，有时就在汽车内露宿。他这种不畏艰险、勇于探索的精神，成为一代代科学考察工作者的榜样。

据他的警卫员回忆："1954年竺老参加了黄河考察，这是新中国成立后竺老第一次参加的野外考察工作。从北京出发，途经呼和浩特、柳林、绥德、榆林、延安、西安等地，最后到达甘肃的天水。不到一个月的时间，行程数千里不用说，一个64岁高龄的老人，就连我这样的年轻人也都感到疲劳不堪，但竺老一路上精神焕发、毫无倦意。在黄土高原，他兴致勃勃地一会儿上了那道梁，一会儿又爬到这个峁，又是照相，又是记录，忙个不停。住下后就找当地的干部和农民了解水土流失情况和季风的变化，一天工作十几个小时。竺老认为这种紧张、丰富的野外生活，在办公室里享受不到。"

竺可桢在各处参加考察时，对于乱伐森林、开垦种植的情况极为注意，深感生态环境被破坏的严重性。竺可桢曾在各种场合不断呼吁，希望各级政府重视生态环境，切忌滥垦滥伐，防止水土流失和风沙加剧。他曾明确地指出，在年降雨量不足 350 毫米的干旱地带，坡度超过 35° 的山坡上以及河流的上游地区应该绝对禁止垦荒。但是在那个任意夸大"人的因素第一"的时代，如同马寅初提出要限制人口却遭到批判一样，他的建议也不可能得到重视。

竺可桢一贯主张要利用自然，首先必须认识自然。为了认识自然，必须到大自然中去，到野外去。作为第一步，研究所应该建在靠近前线的地方。在他的倡导下，原属地理研究所的沙漠研究室迁往兰州，和原在那里的冰川冻土研究室合建成中国科学院兰州冰川冻土沙漠研究所。为研究高原气象，从地球物理所分出一部分研究人员到兰州，成立地球物理研究所兰州工作站；又将地理研究所地貌、地图研究的一部分研究人员派往成都，创建地理研究所成都分所，以针对我国西南地区山地利用和山地灾害的实际，将山地开发和山地灾害防治作为主要研究方向。这些组织措施，针对我国自然条件的特点，在全国范围内，逐步建立起中国科学院比较完整的地学研究体系。竺可桢又强调在实际调查的基础上，选择自然条件有代表性的点，实行点面结合的研究方法。我国幅员辽阔，面的考察难以完全深入，可以在点上进行观测实验，然后推向全面，这样也可以推动研究工作由定性往定量方向发展。他在《十年来的综合考察》一文中指出："在考察方法上应强调点面有机地结合，通过面的广泛活动来了解情况，发现问题，通过点的深入研究来解决问题，取得经验。"在他的关心和支持下建立起来的宁夏沙坡头固沙试验站、天山冰川观测试验站等，都是中国科学院最早建立起来的野外定位观测试验站，今天已经在国际上享有盛誉，对沙漠学、冰川学的研究，对当地国民经济建设，都作出了重要的贡献。为了明确地认识自然，竺可桢还要求在地学研究中引进数理化方法，及时采用有关新技术，例如可利用航空物理探矿，以飞机进行大面积考察等。他曾经以治沙工作为例，指出采用新理论、新方法在地学研究中的必要性和可能性，他说："治沙的科学研究工作也应该充分地应用尖端科学的理论和新技术的方法，如空气动力学可以应用在航空和导弹上，也可以用在研究沙丘的形成和移动的规律上；原子反应堆产生的同位素可以应用在工业、农业和医学上，亦可应用在测量沙面的湿度和促进沙生植物的生长上。"

竺可桢既注意总结群众改造自然的经验，吸取其中科学的合理的部分，更要求不断将科学研究成果向群众宣传推广，把广大群众动员起来共同参加改造自然的斗争。从1957年开始到20世纪60年代初，他根据自己在野外考察所得，先后公开发表了《雷琼地区考察报告》《要开发自然必须了解自然》《地理工作者应该是向地球进军的先锋》《新疆纪行》《让海洋更好地为社会主义建设服务》《改造自然是我们的历史任务》等文章，深入浅出，既是科学论文，也是宣传群众、动员群众的科普文章。1960年他还为青少年撰写了《向沙漠进军》一文，受到青少年读者的热烈欢迎。由于文章深入浅出，科学内容丰富，说理透彻，一直到现在仍然是中学语文课程的范文，被公认是进行科学普及教育的优秀教材之一。他一直认为，科学研究的提高与普及是互为因果、相辅相成的。越是高级研究人员越应带头向群众进行科研成果的科普宣传。长期以来，他坚持带头进行科普工作，在他一生300多篇论文著作中，科普作品达150篇以上。

竺可桢在工作中重视科研为农业服务，还率先研究与农业生产密切相关的气候问题，系统地总结了物候学的理论。

1963年1月，他在中国科学院党组扩大会议上作了长达一个半小时的有关我国农业问题的发言。这年夏天，他利用休假时间，整理了过去在各地考察所得和其他科学家汇报工作时的科学资料，撰写成《论我国气候的几个特点及其与粮食作物生产的关系》。这篇文章从我国自然条件的实际出发，就温度、降雨量和太阳辐射三个气候因子，充分论证了我国粮食生产的有利条件；但又尖锐地指出，如果违背自然规律，肆意进行开垦，必然给农业生产带来灾难。此文立论严谨，论据翔实，说理透彻，发人深省，是一篇讨论农业问题难得的好文章。

76岁高龄的竺可桢仍然每天工作12小时左右，他在繁重的行政领导工作和社会活动之余，仍然坚持学术研究。自 1957 年以后，他进入了一个新的旺盛研究时期。他利用到野外去直接考察和全面掌握综合考察最新成果的有利条件，加上博览群书，贯通古今中外，所以著述一直不断。据不完全统计，1957 年至"文化大革命"前，竺可桢公开发表的科学论文、工作报告以及反映我国科学事业发展的各种文章达 60 篇以上。

科研成果灿烂辉煌

开创了我国台风气候与季风气候的研究

竺可桢祖籍绍兴，属多台风区，所以他自幼便体会到劳动人民饱受台风灾害之苦。因此，当他于 1913 年考入美国哈佛大学攻读气象学以后，较早开始了台风研究。他在《远东台风的新分类》和《台风的源地与转向》两文中，首先剖析了在他之前外国学者分类的优缺点，又分析了从 1904—1915 年间 247 个台风的季节分布源地及路径与转向地点，进而提出了台风分类的新原理，将台风分为 6 大类型（中国台风、日本台风、印度支那台风、菲律宾台风、太平洋台风、南海台风）和 21 个副型，这是中国人最早所作的台风分类。较前人分析更清楚、更肯定，前进了一步。对于台风运动速度和转向问题，竺可桢在 70 年前的研究虽较今天为简单，但结果却和现时所得的大体相符。

当时台风强度尚无被人们所公认的量度指标。竺可桢首先提出以风速等级作为划分台风强弱的指数，这一思想一直为后人研究台风强度所遵循，并被移植到衡量温带气旋上。目前国际上的规定也是以风速大小来判断是否为台风和它的强度的。另外，由于当时尚无现代手段观测台风，仅凭简单的观测资料，研究台风的结构是十分困难的。但竺可桢却能精辟地指出："台风中心，温度多突增高，湿度则剧烈降低，故必有缓和之下沉气流存在，云雨之消散与风速之衰减即系于此"，这一分析判断为后来现代化的观测所证实，确属真知灼见。

季风是我国最重要的气候现象，它的态势确定了我国雨季的形势，其变化主宰了我国的旱涝，因而受到竺可桢的高度重视。早在 1916 年竺可桢通过潜心研究发表了他第一篇气象论文——《中国之雨量及风暴说》，阐明了季风是海陆热力性质不同的产物，对我国雨量分布有重要意义，开创了我国季风气候学的工作。1933 年，他在《中国气流之运行》一文中，分析了在 1 月、4 月、7 月、10 月四个月中，我国地面气流和高空气流的特点及四季变化。指出制约我国气流的四大中心是：西伯利亚高压、印度低压、北太平洋高压和阿留申低压。冬季风主要是受西伯利亚高压制约下的气流，夏季风则是在北太平洋高压和印度低压制约下的气流。这是我国学者论述东亚大气环流最早的文章，是我国季风气候学最早的理论文章。

把农业气候、气候区划、自然区划的研究直接服务于农业

对这紧密相关联的三者，竺可桢都做了开拓工作，起了引导作用。研究气候与农业生产的关系，为国民经济建设服务，是竺可桢毕生着力的重要科学目标，为发展农业而探索，则是其研究的核心。他早在 1922 年发表的《气象与农业之关系》一文，可说是我国最早的农业气候论文。其中指出，"气象在农业上实占重要位置，而为从事农业者所不可不研究"，既为气候工作者指明了重要方向，又为农业工作者开拓了思想。1936 年他在《气候与人生及其他生物之关系》一文中，进一步论述了气候与农、林、牧业及人类各方面活动的关系，深入分析了阳光、温度和质量等因素对植物，包括各种农作物的影响。1963 年，他发表了《论我国气候的几个特点及其与粮食作物生产的关系》，文章论述了光能在作物产量形成中的作用，分析温度和降水对粮食作物的影响，然后进行综合分析，与国外一些事实相比较，从而科学地指出我国的粮食作物生产还有很大潜力，并且提出了发挥这些潜力可以采取的途径，把我国农业气象研究工作推上了一个新的理论高度。

竺可桢具有深刻的区域观念。他早就重视并开创了我国的气候区划及其上层自然区划工作。他在 1929 年所作、1931 年发表的《中国气候区域论》是我国最早的气候区划，他根据当时有限的资料，分析国际上各种气候分类法，对中国具体环境的适用程度，取长补短，提出了区划我国气候的三条原则、具体标准和 8 大区域类型。此后几十年中，虽有多人在他的工作基础上作了更好的发展，但基本轮廓未破，主要的几条分界线也相似。到 20 世纪 50 年代，竺可桢在主持我国自然区划工作中，指出"社会发展的阶段不同，对于自然区划的要求也不一样"，"服务对象不同，区划的原则和方法亦不一样"。根据所具有的资料，照顾到国家需要，他强调了各种自然区划要互相协调，以服务农业为主要目标。在中国东部现有部门区划和综合自然区划的各套方案中，都采用的东北、华北、华中、华南四大自然区划名称，也以竺可桢为始。

物候学研究的创始人

竺可桢是我国物候研究的开创者，在 20 世纪 20 年代，他自美国留学回来第二天，便开始了物候的观测研究，数十年如一日（1921 年至 1974 年逝世前一日）。他把物候研究与农业联系起来，服务于农业生产。他说："一个地区的物候历，只要一个普通农民受短期训练，从一小块地面上，持之以恒地进行观测便可作出。对于预告当地一年四季的农时，就大有裨益。这比单纯依靠有关节气的农谚来预测农时，更为确实可靠。"1931 年，他在《论新月令》一文中，根据 1921—1931 年南京的物候记录，提出用物候安排农事比二十四节气更为适用，主张新的农历应建立在物候的基础上。

自 1934 年起，他在我国组织物候观测，1962 年发起组织了全国物候网，物候观测至今一直在进行。他主持编写的《物候学》一书，全面论述了物候学的发展历史、基本原理和方法。在以我国自己的古今物候资料研究阐发了前人提出的物候变化规律——南北、东西、高低差异以外，还增补了另一古今差异。他还在《一年中生物物候推移的原动力》一文中，通过气候环境与动植物体内因素间的相互作用与影响，探讨了生物物候的变化，奠定了我国物候学的基础。通过我国物候工作者的继续努力，1983 年统一了我国物候季的划分标准和制作自然历的方法，已有 22 个省、市的 45 个地区相继完成了适用该地区的自然历，1989 年已编辑出版了竺可桢亲自命名的《中国动植物物候观测年报》第 1—11 号（1963—1988 年），为物候学研究提供了基本资料。

气候变迁研究的重大成就

耄耋之年的竺可桢勇攀新高峰。气候变迁是竺可桢一生倾注精力最多、成就最大的一个研究领域。在研究中，他以科学的态度，现代的方法，驰骋于我国特别丰富的古代文献中，他博访周咨、细针密缕、不懈不苟，取得了具有国际水平的成果，蜚声国际科学界。《南宋时代我国气候之揣测》

是他在 1924 年发表的关于我国气候变化的第一篇文章。在此以后至 20 世纪 30 年代初，他曾几次发表有关气候变化的文章，分析我国东部 2000 年来的水旱资料，认为我国第 4、6、7 世纪较干，12—14 世纪较湿润，15 世纪又较干。他在 1961 年发表的《历史时代世界气候的波动》一文，对于研究气候变化的起因是一个很有意义的探索。在该文中他阐述了 20 世纪上半期气候变暖的事实，并追溯整个历史时期以至第四纪各国水旱寒暖转变波动的历程，以中国历史上的寒冬与欧洲记录相比较，从而发现 17 世纪后半期长江下游寒冷期与欧洲的"小冰期"是一致的。竺可桢于 1972 年正式发表的《中国近 5000 年来气候变迁的初步研究》是他数十年辛勤劳动所取得的重大成果。文章系统地论述了我国 5000 年来的温度变化，指出在 5000年中的前 2000 年，黄河流域年平均温度比现在高 2℃，冬季温度高 3℃—5℃，与现在长江流域相似。但后 3000 年，有一系列的冷暖波动，每个波动历时 400—800 年，年平均温度变化范围为 0.5℃—1.0℃，指出气候波动是世界性的。他的立论深受国内外学术界的推崇，认为竺可桢在气候学的历史中起了巨大作用，经过半个世纪，他所发表的论文，仍然走在学术界的前列。

我国自然科学史研究的开创者

竺可桢毕生以极大热情从事科学史研究工作，其目的在于从我国浩瀚灿烂的文化遗产中发掘科学宝藏，古为今用，阐明中华民族在世界科学史上所占的地位，激发中华民族的自尊心；研究中外科学的交流，促进各国人民间的友好关系。他在半个多世纪中，在天文、气象、地理等科学史研究领域发表过 30 多篇文章，不愧为科学史研究的倡导者和带头人。他的《论以岁差定〈尚书·尧典〉四仲中星之年代》一文（1927），以现代科学方法整理分析古籍中的天文史资料，对原来大家认为年代不可考，因而未必可信的四仲中星，得出了年代可考（3 个都在殷末周初）的结论，使历史学家徐炳昶读后"欢喜赞叹，感未曾有！余以为必须如此才能配得上说是以科学的方法整理国故"。

1944 年他发表了《二十八宿起源之时代与地点》一文，论证了二十八宿实起源于中国，而不在印度或巴比伦，解决了国际上争论一百多年而中国却无人参加的一个重大的科学史问题，终于得出基本结论。1951 年发表的《中国过去在气象学上的成就》一文是对我国古代气象学的概括，1953 年发表的《〈中国近代科学论著丛刊——气象学〉序》便是对我国近代气象学史的总结。他还对中外有成就的许多科学家进行了深入的研究。1926 年发表的《北宋沈括对于地学之贡献与纪述》一文，第一次系统地评述了沈括在地理学、地质学和气象学上的贡献。1941 年作了《徐霞客之时代》的报告，认为徐既具有中国人"忠、孝、仁、恕"的旧道德，又有为寻找自然奥秘、历艰涉险的新精神，指出"欲求如霞客之以求知而探险者，在欧洲并世无人焉"。在《近代科学先驱徐光启》一文中，对徐光启推崇备至，并将他与英国近代实验科学的倡导者弗兰西斯·培根进行比较，认为徐光启比培根伟大得多，科学造诣远胜于培根。他在研究了哥白尼、布鲁诺、刻卜勒、牛顿、波义耳等人的科学活动之后，竺可桢从他们的身上总结出三种精神："不盲从、不附和，一切以理智为依归。如遇横逆之境遇，则不屈不挠，不畏强暴，只问是非，不计利害；虚怀若谷，不武断，不蛮横；专心一致，实事求是，不作无病之呻吟，严谨整饬毫不苟且。"竺可桢本人一生贯彻了上述科学精神。他身后留下有 38 年的日记，大约 800 万字，是一笔无价的财富，对科学史研究有很大的价值。

互动问答

1. 从竺可桢先生的生平阅历和他对科学的巨大贡献中，你认为一个成就卓著的科学家应具备哪些条件？

2. 你怎么理解竺可桢先生的"排万难冒百死以求真知"这一名言？

3. 请简单归纳竺可桢的科学贡献，选择你感兴趣的方面收集阅读相关文章。

附录

生平介绍

竺可桢（1890—1974），又名绍荣、烈祖、兆熊，字藕舫，绍兴会稽东关（今属上虞市）人，曾任振华女校校董。光绪二十年（1894）入东关镇敬义小学。三十一年五月，进绍兴东湖通艺学堂，半年后考入上海澄衷蒙学堂，三十三年转入复旦公学。宣统元年（1909）考入河北唐山路矿学校，两年后毕业。后考取第二次"庚子赔款"赴美国留学公费生，入伊利诺伊大学农学院，民国二年（1913）毕业，转入哈佛大学地理系学习气象。五年，在美国加入任鸿隽、杨杏佛等发起之"中国科学社"，任《科学月刊》编辑。七年秋，获博士学位后回国，应聘到武昌高等师范学校教授地理学和气象学。九年，任南京高等师范学校（东南大学前身）地理系主任。十四年，应上海商务印书馆之聘，任该馆编辑。十五年，到天津南开大学教地理学和气象学。十六年，应中央研究院院长蔡元培之聘筹建气象研究所，次年，任中央研究院气象研究所所长，建立南京气象台，开展气象研究，奠定了我国现代气象事业的基础。十九年起彻底结束中国领土和海域之天气预报由外国人发布之历史。二十二年四月，被委任为中国出席第五届太平洋科学会议代表。二十五年四月起任浙江大学校长直至新中国成立。学校几度搬迁，在十分艰难的条件下，始终依靠师生，坚持"求是"校训，并亲自撰写《求是精神和牺牲精神》一文，提倡追求真理，不怕牺牲之精神，聚集一批国内外知名专家学者，使学校发展成为全国著名的大学。抗日战争期间，率领浙江大学师生西迁，转辗赣、湘、两广到达遵义，被誉为"文军的长征"。1946年，迁回杭州。在反内战、反饥饿斗争中，积极支持于子三等进步学生的爱国行动，公开揭露反动派杀害于子三真相。次年7月，当选为党团合并后国民党第六届中央执行委员。1948年3月，当选为"国立中央研究院"第一届院士。

新中国成立前夕，竺可桢断然置国民党要其赴台湾之种种威逼利诱于不顾，奔赴上海。1949年7月，赴北京参加全国科学工作者代表大会筹备会；9月，出席第一届全国人民政治协商会议。新中国成立后，担任中央人民政府文化教育委员会委员、中国科学院副院长、中华全国自然科学专门学会联合会全国委员会委员、中国气象学会会长、中国地理学会会长、中国科学院生物学地学部主任、中国人民对外文化协会常务理事、国务院科学规划委员会委员、国际地球物理年国家委员会主席、第一届至第三届全国人民代表大会代表、常务委员会委员。1962年6月加入中国共产党。

竺可桢学识渊博，治学严谨，致力于许多学科的研究，是中国近代地理学和气象学的奠基人，在气候变迁、物候、农业气候、自然区划和科学史等方面皆有卓越见解和杰出贡献，曾发表论文240余篇。从1936年1月1日起到1974年2月6日逝世前一天止，气象日记无一日间断，共计800万字。1955年至1960年间，虽年事已高，仍经常到西北黄土高原、新疆、内蒙古等地考察。主要论著有《台风中心的若干新事实》《远东台风的新分类》《中国气流之运行》《东南季风与中国雨量》《气候与人生及其他生物的关系》《论我国气候的若干特点及其与粮食作物生产的关系》《物候学》《中国近五千年来气候变迁的初步研究》《中国的亚热带》《东亚天气类型的初步研究》等，已辑有《竺可桢文集》。

竺可桢在苏州振华女学的演讲

苏州振华女学卅周年成立纪念演词

我们今天到这儿来纪念振华女学成立的卅周岁。卅年是一代，在人生寿命上虽是一个很长的时期，在国家或民族历史上，不过一个短促的阶段。但是最近的卅年，无论在政治上、经济上、教育上更变之剧烈，进步之迅速，远非从前任何卅年所能比拟的。在这卅年中，如欧洲的大战，日本之一跃而为世界强国，中国之推翻清朝，共产党在苏联和法西斯在德意诸国的专政。这些在数千年历史上都是划时代的大事件。科学的发明，实业交通的进步，尤远非卅年前世人预料所及。汽车飞机、无线电，都是在这卅年中新创的事。教育方面，我国的学校，差不多全是近卅年内设立的，而女子教育在中国进步尤为迅速。卅年以前一般士大夫尚相信"女子无才便是德"的理论，但到如今男女教育在我国几可称为平等。这在欧洲是经过二百年的奋斗而迄今尚未能达到的。德国在福莱特立大帝时代，即有人主张男女教育机会均等，但是福莱特立大帝不赞成用国家经费以设女子学校，法国卢梭是竭力反对当时古典式的女子教育的人。从福莱特立大帝和卢梭，到如今已经二百年，男女教育在德法亦尚未平等。大多数德法两国的公立中学并非男女同校，而女校之程度，远不及男子之高。在1901年德国的哥丁根巴登诸大学开放了女禁以后，入大学的多数乃是外国女子，因为德国本国的女子中等学校程度太低的缘故。德法两国的大学女禁虽开，但人数是有限制的。英国的剑桥大学于1880年虽开了女禁，但是女子不能获得学位。美国总算是提倡女子教育最有力的国家，可是最著名的大学如哈佛、耶鲁、普林斯顿只准男生入学。约翰霍普金斯大学的工学院亦不准女生入学。唯有中国的大学无论国立私立，全是男女平等看待，毫无歧视。所以中国近卅年女子教育开发之速，乃为欧美150—200年经几许从事教育的人所奋斗而未能达到的。中国能以卅年工夫一蹴而就，这不能不归功于卅年前的几位先知先觉，而贵校的创办人王谢长达女士，就是先知先觉中最有成绩的一个。

前几天接到了贵校所出的卅周年纪念刊，读了以后，使我非常感动。纪念刊里边并没有什么宣传，里面完全是事实，但这种事实，就可以使读者对于贵校创办者和现在继续维持的诸先生，只有赞叹钦佩。贵校卅年以前，发轫之初，是筚路蓝缕起头的。那时候，不过千数百元的经费，数十个学生，但到卅年以后的今日，经费和学生的数目，统数10倍于当初。卅年当中，没有闹过一次风潮。而最可使人钦佩的，莫如历来支持校务的人，统是义务的。

从创办人王太夫人到现在的王季玉先生，从来不支薪水办公费，这种服务的精神，是最可宝贵的，而亦是我们中国最所需要的。贵校到如今一切用途还是非常节省，一年当中用于学生的，每个人平均不过70元。比较我们浙江大学平均每个学生要费到1500元之多，可谓俭省之至。但国立大学中浙大费用尚不能算多，即使以中学校而论，像贵校这样俭省的也很少。贵校费用虽俭，而对于设备方面，并不落后，每年所费统在全校经费20%左右。这种经济的方法，可谓各校之模范，贵校中学部毕业生数目合共已达400多，而其中72%统能升入大学，其余28%亦多在社会服务，如学校教师、银行邮局职员。有人怀疑，以为高等教育究竟有什么用处，这问题在中国办教育年代尚浅，不能有多少统计可以指示吾人。在美国曾经有人算过，美国名人录（Who's Who）3万人中，受过大学教育的要占86%，受过中等教育的占8%。美国人口有1.2亿，以全体而论，4000人中只有1个能入名人录，可是以哈佛大学的毕业生而论，每13人即有1人入名人录。一人之成功与否，入名人录可以作一标准，从此也可知大学教育和中学教育的力量了。

过去贵校毕业生升学，大多是到东吴和金陵女大，到浙大来的不过两人，我可以代表浙大欢迎贵校毕业生能多考浙大。因为浙大和贵校有一点相同，就是学风之淳朴。当然国立大学考试比较难。去年考浙大的有 2300 人，只录取了 260 人，各校来考的人，却以苏州中学最为踊跃，共有 91 人，贵校方面只有 6 人。有人以为女学校和男学校同等参与一种考试，是吃亏的，这未免是一种错误的观念。据浙大去年考试的结果，最好的成绩还是一个女校，23 人取了 11 人，成绩比任何男子中学都好。上海有名的一个男子中学，47 人来试，结果只取了 1 人，全部最佳的成绩是一个女生。就是以浙大在校学生而论，数学一门是向来视为抽象的而为女子所仰之弥高的，去年毕业生算学校最好而为文理学院成绩第一的是一个女生，现在全校教学最有成绩的也是一个女生。由此可见，说男生成绩一定优于女生，和女生不适于抽象的科目之说，就毫无根据了。

我们再从外国的统计也可以看出来，美国前几年，出了一本《美国的科学家》（《American Men of Science》），把美国的科学家统囊括在内，共有 13000 余人。再把各科分类，请各专家自己推选他们一门中最有贡献的那几位，从互相推选的方法，得到美国顶有贡献的科学家 1000 名，其中就有女子 49 名，占 5%。虽是数目远不及男子，可是我们要晓得在美国学校里学科学的人，男女已不平等，兼之女子出嫁以后，要继续研究科学，就有相当困难了，所以这数目只可以表示女子对于科学的研究并非不适宜的。至于科目方面分配平均，动植各 6 位，物理、化学、数学各 5 位，其余医药天文等均有，唯无工程家耳。在文学方面，则著名女子作家人数更多，据《活着的作家》（《Living Authors》）一书的记载，1900 年以后文学家之有声望而著有不朽之作的，由各作家及新闻记者之选择，共认为当世文豪者共得 700 名。其中女作家占了 143 名，即约 1/5 也。近来在浙江杭州图书馆里开了一个文献展览会，报纸上已有内容记载其大概。观览以后，我个人觉得最可注意的一点，就是到处统是男子的出品，女子的著作除了几幅图画以外，简直可说是绝无仅有。这并不是说浙江女子没有人物，我们觉得汉代的曹娥、近代的秋瑾，她们的事业统可以胜似须眉，但文献成绩这样少，完全因为中国向来无女子教育的缘故。

以上所讲单就是教育对于个人的影响而言，但是教育的目的，不但是在改进个人，还在能影响于社会，英国纽曼（Newman）主教在《大学教育之目的》一文里面说，教育的第一目标，是在移风易俗。诸位，移风易俗是一件很难的事情，而同时也是中国所最需要的一件事。中国现在有许多弊端陋俗，探其源实在由于中国人一种错误的人生观。这人生观是什么，就是享福。正月初一家家户户贴的是五福临门；宾朋相见道个"托福托福"；普通人所崇拜的福禄寿，福字占第一位；穷人生儿子预备老来可以享福，可见福之重要。这种享福主义一天不打倒，中国人民就有堕落至于不可救药的危险。无论什么生物，若使只知享受，不知服务，结果非灭绝种类不可。中国享福主义之普遍，实受了黄老的遗毒。老子道德经里面所说的无非利害祸福之端，如"祸兮福所倚，福兮祸所伏""祸莫大于不知足""将欲取之，必先与之""知足不辱""圣人后其身而身先，外其身而身存，非以其无私邪，故能成其私"。凡此种种，皆世故太深，全以利害立论，不管是非，而其流弊则为极端享受主义。孔孟立教则不然：孔子说"见义不为无勇也"，又说"君子喻于义，小人喻于利"。孟子则谓"天将降大任于斯人也，必先苦其心志，劳其筋骨，饿其体肤，空乏其身，行拂乱其所为……然后知生于忧患而死于安乐也"。中国历史上几个伟大人物，如诸葛武侯鞠躬尽瘁，死而后已；范文正公为秀才时即以天下为己任。凡此均喻于义不喻于利，是讲服务而不讲享福的。不久以前，扬州中学陆庄女士作了一篇《本校女子生活教育的新实验》，她指出了目前中国女子教育的最大缺点，她说目前女子教育是在造成一般背弃家庭的女子，未受教育以前，能躬操家事；受教育以后，往往鄙弃家庭。因此学校多一受教育的女子，家庭中即少一服务人才。学校教育是在造成一般只知消费而不知生产的女子，未受教育以前，尚能刻苦耐劳，一经受教育以后，则生活费用提高，视劳作为可耻之事。此真可谓慨乎其言之矣。实际这不单是女子教育的通病，也是中国整个教育的通病。中国家庭、商店以及政府机关欢喜多用仆役，亦是贪逸恶劳的一种表示。每个家庭事事若依赖于老妈子和仆役，结果我们子弟就受老妈子的熏陶，若我们要小孩得到良好的教育，万不能假手于女仆，因为从出世到五六岁，是人生最易受熏陶的时期，一切性情习惯都在此时期养成，若假手于老妈子，则虽希望有良好的脾气和习惯，但是中国人之家，女仆男仆之多，为世界所少见。这也是我们中国欢喜享福的一种表征，而追溯其原因，还是由于迷信黄老之邪说。

贵校创办人和现在的校长季玉先生，事事尽义务，这种以身作则的精神定能引起诸位同学之钦仰模仿，使服务的精神不但遍传于一校，而且影响到江浙各地，或并影响到全国。移风易俗是一桩难事，但曾文正公曾经说过，"谓移风易俗端赖一二人之诚心"。以贵校创办人这种服务精神，以之办学校则学校兴，以之主持政务则一省一国治。昔人谓修身齐家治国平天下，全在乎真心诚意，诸位受了振华这种刻苦服务精神的熏陶，将来必能为社会造福。两个月前，美国的一个顶老的大学，做300周年成立纪念。各国派代表者有500余人，毕业生到者10000人。其中有的是70年和75年以前的毕业生，统是90岁以上的老翁。可是9月18校庆那一天，天虽下雨，统排队入礼堂静听了3个钟头。我希望70年以后，那时候振华女学已是规模大为扩充，创办人服务的精神已充满全国，在座的同学，也已经近90之年，到那时，再来此地庆祝母校百年上寿。

1936 年 11 月

参考文献

1. 杨达寿.竺可桢.浙江科学技术出版社，2009，2
2. 谢世俊.竺可桢传.重庆出版社，1993，6
3. 竺可桢.中国文库：竺可桢科普创作选集.中国大百科出版社，2011，10
4. 秦大河.纪念竺可桢先生诞辰120周年文集.气象出版社，2010，12

资料链接

1. 纪录片.先生.竺可桢：人皆可以为善

贝时璋——中央研究院第一批院士

　　一个真实的科学家是忠于科学，热爱科学的。热爱科学，不是为名为利，而是求知，爱真理，为国家作贡献，为人民谋福利。

贝时璋

编者导读

　　贝时璋院士是一位以发展祖国科学事业为毕生追求的战略科学家。他参与了中国科学院的建立和国家各项中长期科学发展规划的制订工作；他高瞻远瞩，为中国科学院生物物理研究所制定了"服从国家需要、理论联系实际、赶超世界先进水平"的办所方针，开拓了我国的放射生物学和宇宙生物学研究，指导了我国核爆炸动物远后期辐射效应研究和我国第一批生物火箭的动物飞行实验等重大研究项目，为我国载人航天事业奠定了基础。贝时璋院士也是中国实验生物学的开拓者之一。从在德国留学时起，他一直从事实验生物学教学、细胞分裂与细胞重建等研究，都取得显著成就。贝时璋院士始于 20 世纪 30 年代的细胞重建研究工作，首次发现细胞的繁殖增生除了细胞分裂之外还广泛存在着细胞重建过程，创立了"细胞重建学说"。

求学之路

1903 年出生的贝时璋院士是 1948 年遴选的中央研究院第一批院士，也是最年长的中国科学院院士。

1903 年 10 月 10 日，贝时璋出生在浙江省宁波市镇海县一个世代种地打鱼的家庭。童年时，贝时璋常听说乡镇渔民出海打鱼，翻船丧生、家破人亡的事情，感触很深。父亲小时候给人放过牛，后当过学徒、店员，又到汉口开过小店，最后在德商乾泰洋行"买办间"当了一名中国账房，以其微薄的收入养活全家。小时候的贝时璋沉默寡言，勤于思考，从小到大，不论遇到什么事情，总要问个为什么。

父亲有时会带小贝时璋到上海办事，那些贝时璋从未看过的新鲜景象常常促使他不停地提出疑问并冥思苦想。他看见过拉纤人，看见过船老大把橹摇得飞快，可江上那条"江天火轮"大船却让贝时璋感到奇怪：没有拉纤人和摇橹的船老大，"江天火轮"怎么会动呢？船舱里没有灯油，灯怎么就能亮呢？贝时璋百思不得其解。在大上海，贝时璋看到了更多新奇古怪的事：黄包车与乡下的独轮车不同，黄包车是人在前面拉，独轮车是人在后面推；繁华的南京路上，商店橱窗里有个木头的、黄头发、会自己转动的"洋模特"。贝时璋看呆了，他不明白木头人怎么会自己转动。贝时璋还在姑妈家看到了真正的电灯，这电灯依靠"扳头"，一上一下扳动使它一亮一灭。贝时璋想，乡下要有这玩意儿就方便多了。每次到上海，贝时璋都觉得大开眼界，他心中涌起无限的遐想，也不断开启着他心中的好奇与探索之门。

父亲言语不多，但平时喜欢读书，生活很有规律。他经常告诫贝时璋存放东西要有固定的位置，以免乱找乱翻浪费时间。在父亲的影响下，贝时璋从小养成了良好的生活习惯，东西从不乱摆乱放，柜子里的衣服也叠得整整齐齐。

因家境贫寒，贝时璋 8 岁才进了家乡的"进修学堂"上学。母亲为了摆脱目不识丁的痛苦，对他上学寄予很大希望，特意租了一套上学礼服，有红缨帽、天青缎外套和黑缎小靴，把他像模像样地送进了学堂。母亲曾对贝时璋一字一句地说："儿呀，男人要成大器就得有文化，阿姆（妈妈）没文化苦了一辈子，你一定要给阿姆争气，好好读书，做一个有出息的男人。"第一天上学，先拜孔夫子，接着开笔老师刘楚臣教"天地日月，山水土木"，用墨笔描红字本。当时贝时璋很高兴，日常看见的东西都可以用笔写下来，这多好！

两年后，贝时璋转学到另一个较大镇子的"宝善学堂"。4 年后，他以优异的成绩考进了中学。

1915 年，贝时璋的父亲改做生意后，去汉口开铺子，就把贝时璋接到汉口，送到德国人开办的德华中学去念书。这所学校大多使用德文教材，除国文、史地外，其他课程都由德国老师担任。3 年半后贝时璋就结束了中学的学业。

1922 年 3 月，在父母的全力支持下，贝时璋赴德国留学，踏上了探索生命的科学之旅。在回忆自己的生活道路时，贝时璋对父母充满了感激之情，他说："父母的教诲使我受益终生，我用父母勤劳节俭、宽容厚道的精神鼓励自己，意志坚定，排除一切困难，为科学事业奋斗终生。"

"夫天地者，万物之逆旅；光阴者，百代之过客。而浮生若梦……"说起对生命科学的最初兴趣，贝时璋印象很深的便是小时候念过的李白的这首《春夜宴桃李园序》。李白在另一篇文章中写的"混沌初开，乾坤始奠，气之清轻，上浮者为天，下沉者为地"对贝时璋的影响也很深，他觉得很有哲理，认识到天地宇宙是自然开辟的，不是神造的。

而在汉口德华中学的学习则使贝时璋得到理科知识的启蒙。当时学校备有许多册《理科书本》，书中几乎什么都有，如天文、物理、化学、矿物、植物、动物以至人体方面的有关内容，虽然都很浅，但知识面较广，且有系统。贝时璋很爱读这些书，从中学到不少关于理科方面的启蒙知识。

1918 年秋季的一天，15 岁的贝时璋在汉口华景街旧书摊上买到一本德文原版书——E. 菲舍尔著的《蛋白体》，读得很感兴趣，虽然一知半解，但初步懂得了蛋白体对生命是很重要的，也使他对与生命有关的科目产生了兴趣。谁能想到，就是这本描述蛋白质结构和组成的通俗浅显的书，像磁石一样吸引着贝时璋的心。1919 年春，他违背了父亲要他进洋行工作的意愿，考入了上海同济医工专门学校（同济大学前身）。入学后，先在德文科经过半年德语深化学习，贝时璋顺利升入了同济的医学预科。

在此期间，给贝时璋印象最深的，也使他受益最多的是当时教解剖学的鲍克斯德老师。他授课不带稿，也不发讲义，讲课时，用图谱和实物相互对照，讲解之细致生动，教学之认真负责，使贝时璋对形态学产生了浓厚兴趣。

1922 年，贝时璋留学德国。德国弗赖堡大学承认同济医工专门学校医学预科的学历，可以立即转入医科，而贝时璋却改了行，先后在弗赖堡、慕尼黑和图宾根 3 个大学学习自然科学，并以动物学为主修。在北海和波罗的海拥抱的美丽土地上，贝时璋成天与书本和仪器为伍，以实验室为家，刻苦攻读。他不但学习了生物学的课程，还学了物理学、化学、地质学、古生物学等多门课程，又自学了数学，并寻找一切机会参加实验或野外实习，这些大学的学习活动使贝时璋受益匪浅。

1924 年初，图宾根大学动物系的导师给贝时璋提出了博士论文题目：《两种寄生线虫的细胞常数》。经过深入思考，贝时璋提出寄生的线虫不适合做实验，因为不能培养，且虫体太大，细胞数目太多，又不透明，做实验很困难；而以自由生活的、长在醋里的线虫——醋虫作实验材料，这种醋虫可用稀释的醋培养，且个体小，细胞数目少，又透明，便于观察，又利于做实验。导师同意了他的意见。这样，贝时璋顺利地对醋虫的生活周期、各个发育阶段的变化、细胞常数、再生等进行了实验研究。他于 1927 年、1928 年发表两篇论文，其中一篇《醋虫生活周期各阶段及其受实验形态的影响》是他的博士论文。贝时璋的博士论文显示了他非凡的才华，得到了高傲的德国生物学界权威人士的赞誉。权威的大生物学家 J.W. 哈姆斯向贝时璋的导师发去了贺信，祝贺他培养了一名杰出的生物学人才，并在自己的论文内引用了贝时璋的一大段论文内容。1928 年 3 月 1 日，贝时璋完成了从本科到博士的"三级跳"，戴上了第一顶自然科学博士学位桂冠，但贝时璋毕竟初涉生物学界，有人戏称他为"银博士"。1928—1929 年，贝时璋在图宾根大学动物系任助教，在著名实验生物学家 J.W. 哈姆斯的指导下从事科学研究。

贝时璋在德国一共待了 8 年。这 8 年里，他学会了科学研究的方法和技术，掌握了学术思想，积累了研究工作的经验，同时也形成了自己的研究风格。他注重秩序，什么事情都细致周密，有条不紊。他不轻易发表论文，工作做完了，论文写出初稿了，他总是那么放着，不急着拿出去，总在反复推敲，或者补充实验。他的论文也总是写得尽可能的短。

在那个年代，还没有共聚焦或双光子显微镜，贝时璋用的 Leitz 光学显微镜，所有制片都是手绘的。他的论文含 80 张这样精细的绘图，每张图都非常逼真，令人看后赞叹不已。

50 年后，即 1978 年 3 月，由于贝时璋长期工作在科研第一线，并在科学研究中获得卓越成就，图宾根大学再次授予他自然科学博士学位（"金博士"）。又一个 10 年过后，在 1988 年 3 月，图宾根大学第三次授予贝时璋自然科学博士学位（"钻石博士"）——世界上获图宾根大学如此青睐者仅贝时璋一人。

当初，贝时璋初露头角，引起德国学术界的重视。注重技术效益和学术竞争激烈的西方社会，自然会千方百计挽留这位年轻的人才。然而，物质上的诱惑、导师的劝说都没有动摇贝时璋回国效力的决心。

1929 年秋，贝时璋离开图宾根大学回到贫穷落后的祖国。在当时的中国谋个适当的职业绝非易事，但经过一番曲折，贝时璋于 1930 年 4 月在杭州筹建浙江大学生物系，8 月被聘为浙江大学副教授，并担任系主任。在教学之余，贝时璋仍然在科学领域执着探索。

在长达 80 多年的科学探索生涯里，贝时璋收获了许多科研成果，他的主要研究工作包括动物的个体发育、细胞常数、再生、中间生、性转变、染色体结构、细胞重建、昆虫内分泌腺、甲壳类动物眼柄激素等方面，其中尤其以关于细胞重建的研究最为突出。

我国生物学早期教育家

贝时璋在德国获得了坚实的生物学、数学、化学和物理学的知识，积累了研究经验，形成了自己的学术思想和工作作风。他在浙江大学生物系讲授组织学、胚胎学、无脊椎动物学、比较解剖学、遗传学等课程，内容翔实，条理清晰。他能记得成百上千个骨头、神经肌肉和血管的拉丁名称，学生们惊叹不已。他不仅对当时前沿的实验生物学有广泛深入的研究，同时又具有坚实的传统生物学的基础，因此他的教学精辟、透彻、融会贯通。他给研究生开设了实验形态学等科目，引起学生们探索自然的兴趣，也给他们从事科研工作以启蒙教育。他在浙江大学生物系辛勤耕耘 20 年，培养出朱壬葆、江希明、姚鑫、陈士怡、王祖农、陈启鎏、朱润、徐学峥等著名的实验生物学家。

1958 年起，贝时璋兼任中国科技大学生物物理系主任，1978—1982年兼任中国科技大学研究生院生物教学部主任，培养了众多的教授和研究员。

我国实验生物学的先行者

20 世纪 30 年代初，实验生物学是生物学的前沿。贝时璋初到浙江大学筹建生物系时，就明确建议该系以发展实验生物学为主，为此他培养了众多实验生物学学生。他所从事的研究工作就是以物理化学的观点，用实验方法和实验手段来研究和探索。1930—1945 年，贝时璋在浙大从激素、染色体、细胞学等多个角度开展实验生物学的研究，研究成果分别发表在《浙江大学科学报告》《中国实验生物学杂志》《科学记录》《科学》以及德国、美国和英国的有关期刊上。他在国内倡导实验生物学，大力支持罗宗洛教授主编的外文版《中国实验生物学杂志》以作国际交流，将自己的学术论文投给这个刊物发表。贝时璋不愧是我国实验生物学的先行者。

我国生物物理学的奠基人

贝时璋一向关注国际科技动态，重视发展交叉学科。20 世纪 50 年代初期就率先招收两位化学专业人员和他一起搞研究工作。1963 年 10 月，贝时璋在上海实验动物学专业学术讨论会上介绍"分子生物学"这个新领域，并且认为"实验动物学要是向分子生物学的发展道路奋勇前进，那么发展速度可能会更快，对整个生物科学的理论和实践可能会作出更多、更大的贡献"。可见贝时璋在科学上的预见性。

贝时璋重视学科之间的交叉渗透，自身又有较好的数理基础，在筹建北京实验生物研究所时，他提出让物理学和数学的专业人员共同参与研究。1958 年，中国科学院采纳了他的建议，在他所领导的北京实验生物所的基础上改建成生物物理研究所。在贝时璋的领导下，先后成立了放射生物学研究室、宇宙生物学研究室、生物的结构和功能研究室和生物工程技术研究室。1959 年底又成立了一个直属所的理论研究组，除他自己参加外，还组织了三名生物物理专业的研究人员，着重研究生物控制论、信息论和量子生物学。这些室组的工作都有了新的发展。

1964 年，贝时璋首先提出学科相互渗透的意义，说明了生物和物理两门学科结合的前景，并提出生物物理学的主要任务之一为研究生命的基本性质，并阐述了较重要的生命基本性质是生物的聚集态、生物的自复制和生物的能量转化。1980 年，他在题为《对我国生物物理学发展的几点希望》的报告上，提出了 6 个问题：生物系统中力的作用、生物所利用的基本粒子、生物的一些物理性质、生物膜与液晶、生物水和生物的自组织，并透彻地阐明了研究的意义。1988 年，贝时璋在报告中再次谈到生命的本质、生命世界的自组织和生物物理与生物工程学。贝时璋期望我国生物物理学研究最终会在解开"生命的本质"之谜上结出硕果。

在国际航天事业刚起步之际，贝时璋高瞻远瞩地创建了宇宙生物学研究室，并与有关部门合作，在 1964—1966 年三年间发射了 5 枚生物探空火箭，并成功回收了搭载的生物样品和实验动物。

我国放射生物学的开拓者

1958 年成立生物物理所后，第一个建立的就是放射生物学研究室。贝时璋作为所长，特别关心这个领域的工作。该研究室除了有放射性原初反应、放射形态、生理、生化效应、小剂量长期累积效应、剂量测定、生物防护和食物保鲜等一系列研究外，还成立了一个放射生态学研究组（该组后来独立成为一个研究室）。为了测量全国的放射性本底，贝时璋在北起黑龙江南至海南岛的纵贯线上，共设了 18 个测量站，监测本底的涨落情况，了解邻国试验核武器的实况。他建立测定方法，获得基本数据，建立起一支放射生态学队伍，这也是我国一项重要的环保基本建设。生物物理所在猴子身上进行的长期小剂量照射的生物效应的研究，积累了大量珍贵的数据。生物物理所的放射性本底调查获 1978 年全国科学大会奖，小剂量长期辐射效应实验研究获 1978 年中国科学院重大科技成果奖。

1983 年，贝时璋在报告中特别提到生命的本质，"有些在通常环境下不能充分显示出来，从而影响了许多生物规律难以探索和阐明，没有特殊环境作比较，对生命的认识，就不能很深刻。因此，为了更好地揭露生命的奥秘，彻底地了解生物的规律，放射生物学的进一步发展是非常必要的。"——贝时璋为放射生物学领域的开拓和发展建立了功勋。

细胞重建学说的创始人

从在德国留学时起，贝时璋就开始了实验细胞学的研究工作。1932年春，贝时璋在杭州郊区松木场稻田的水沟里观察到甲壳类动物丰年虫的中间性，这一现象是新的细胞繁殖方式和途径的发现，打破了细胞只能由母细胞分裂而来的传统观念。贝时璋将此种现象称为"细胞重建"，并于1934年在浙江大学生物系的一次讨论会上报告了这项研究结果，发表了题为《丰年虫中间性生殖细胞的重建》的论文，从此奠定了贝时璋作为中国著名细胞生物学家的学术地位。贝时璋不仅根据染色体和第二性征将这些中间性个体分为5种类型，并研究了它们性转变过程中生殖细胞的变化，观察到细胞的解体和细胞的重新形成。这成为建立细胞重建学说的创始性成果。1938—1946年，他在艰苦的条件下孜孜不倦地进行细胞重建现象的研究。1970年，他顶着各种质疑和重压又在生物物理所成立了细胞重建研究组，重新开展这方面的工作。研究组20余人经过10余年的艰苦努力，对细胞重建有了较系统的认识。贝时璋一生中最重要的成果之一，即建立细胞重建学说。贝时璋和他的研究小组以不同种类的生物为试验材料，把细胞分裂和细胞重建结合起来研究，把模拟和诱导自组装结合起来研究，为改变细胞的结构和性质，为改造细胞的性状、选优汰劣、控制定向生产提供了新的手段和途径。细胞重建的研究在国内外都有很大的影响。贝时璋和他的研究组经过长期的探索和实践的验证，努力钻研细胞重建理论，受到了国内外生物学家的重视。贝时璋自豪地说："我用自己的生命研究生命科学，不久以后，简单的生命将在实验室合成。那时，生命与无生命之间的界限，也不再是固定不变的了。"

身兼数职的优秀科技管理者

新中国成立后，为协助筹建中国科学院，贝时璋奔走于北京、杭州之间。1950年离开浙江大学北上；1954年1月，中国科学院建立学术秘书处，贝时璋被调任学术秘书处学术秘书。随后，贝时璋将实验室迁到了北京。

那段时间，贝时璋把大量的精力和时间都放在了科学组织工作方面。他是组建中国科学院最初的倡导者之一，也曾参与制订了新中国科学事业发展的很多重要规划。

生物物理学是20世纪中叶以后逐渐形成的一门新兴边缘学科。早在20世纪40年代，贝时璋就洞察到物理学和生物学相互渗透的大趋势，深信生物学必将从描述性科学向定量性科学转变。到了20世纪50年代，他匠心独运地组织物理学家、化学家和数学家合作共事，把物理科学的思想、方法和概念运用到生命科学研究中去，于是，生物物理学便在中国应运而生了。

1958年，在中国科学院的领导下，由贝时璋负责在北京实验生物研究所基础上组建中国科学院生物物理研究所，贝时璋任研究员兼所长，这标志着生物物理学作为一门独立的学科在中国正式确立，并为其后来的蓬勃发展奠定了坚实的基础。

1964年，贝时璋领导了全国第一届生物物理学学术会议，并在大会上报告了"生物物理学中的若干问题"，指出生物学与物理学相结合是自然科学发展的必然趋势，这种结合会像生物学与化学的结合那样，在生物学领域产生一系列重大发现。在他的领导下，1980年在北京成立了中国生物物理学会。在学会成立大会上，贝时璋众望所归地当选为中国生物物理学会理事长。1985年，《生物物理学报》创刊，由已届耄耋之年的贝时璋担任主编。

贝时璋对科研事业执着追求，在20世纪80年的科研及教学生涯中，为我国的科学事业作出了重大的贡献。他学术兼职很多，曾担任中国动物学会理事长，中国生物物理学会理事长、名誉理事长。长期担任《中国科学》编委、副主编，《中国大百科全书》生物卷编委会主任，《中国大百科全书》总编委会副主任。贝时璋学识渊博、治学严谨，受到学术界的广泛尊敬。1956年，他参加制订了国家12年科学技术发展远景规划，1973年，他受胡耀邦等科学院领导的委托，参加撰写"科学技术基本建设"的建议，1977年参加制订国家8年科学规划。

贝时璋对于自己分担的所有社会工作，无不奋力完成。鉴于贝时璋在科学上的突出成就，2003年，国际小行星中心和国际小行星命名委员会根据中国国家天文台的申报，正式批准将该台于 1996 年 10 月 10 日发现的、国际永久编号为 36015 的小行星命名为"贝时璋星"。

贝时璋热心科普工作。1983 年拍摄了《细胞重建》的科普电影，获第五届中国电影金鸡奖最佳科教片奖，还获得第 23 界国际科技进步奖和意大利巴马国际医学科学电影节荣誉金质奖。

一个真实的科学家

贝时璋曾说："实验室和图书馆是科学家最爱待的地方。对科学家来说，最快乐的事情是待在实验室里做实验，或在图书馆里看书。有时看书看得出神，旁边有人叫他也听不见；实验做得津津有味，有时把时间也忘了。"

遗憾的是，他并没有能够实现这个心愿。他的学生应幼梅在《贝时璋教授的生活、工作和思想》一文中记述道："他没有时间，这是最重要的原因。他的时间让组织工作、计划工作、外事工作，还有社会工作占去了。不是因为他有这样的兴趣，而是党和国家有这样的需要。"应幼梅记述，无论什么工作，他都一丝不苟，连戴红领巾的小学生要来访问，他都会事先准备好发言稿。

新中国成立后，贝时璋担任了第一届至第六届全国人大代表，第三届至第六届全国人大常务委员会委员。在当时的公开报道中，他的排名十分靠前，排在华罗庚、史良前面，并曾多次在国庆期间登上天安门城楼观礼。

贝时璋仍然坚持着科学工作者的底线，无论是在难以掌控的政治风浪中，还是身处难以选择的无奈环境下。例如"大跃进"期间，各地粮食生产频频放出"卫星"，身为生物学泰斗、最具权威的贝时璋保持了沉默。《中国新闻周刊》记者查找了同期的《人民日报》，亦没有看到贝时璋就此进行过书面表态。在必须要发言的场合，他的讲话也紧紧围绕着科学范畴。比如 1961 年，庆祝苏联发射成功第一个载人宇宙飞船，首都科学家举行座谈，大家纷纷表示这是社会主义阵营、马列主义的伟大胜利。贝时璋说："人类飞到宇宙空间需要克服科学技术方面的许多问题，从生物学观点看，人飞到宇宙再返回地面，安全保护是不简单的事，特别是失重和超重问题，对这样复杂的技术措施能得到保证是不容易做到的。"40 多年后，当杨利伟乘坐的载人飞船成功着陆后，贝时璋看到新闻，建议应对杨利伟进行健康安全保护，杨利伟听后很感动，还专程拜访了贝时璋，并在他去世后前往吊唁。

《贝时璋传》的作者张坚军向《中国新闻周刊》记者介绍，因为专注科学，"文革"时贝时璋也挨过批斗，理由是他不关心政治，是资产阶级权威，但"贝先生不爱讲话，平常不得罪人"，所以能安然过关。中科院生物物理所研究员陈楚楚表示："贝先生做人严谨，心态平和，从不和人争，平时积极劳动，对大家态度也好，所里面就自然形成一种意识：保护贝先生。"

1972年，贝时璋率领中国科学院代表团访问了英国、瑞典、加拿大和美国。这是尼克松总统访华后，造访西方的第一批中国科学家。芝加哥大学华裔学者江生担任美方翻译。据他回忆，当时中国代表团来美国还是很稀罕的事，受到了美国中央情报局、伊利诺伊州及芝加哥市的三层警戒保护，阵容庞大。但是贝时璋处之泰然，与国外同行交流不卑不亢，问的都是"非常节骨眼"上的问题。江生表示，他的外国同事对此评价很高，"特别是贝时璋，很少碰到科学家有那么广的知识面"。而其时"文革"已经在中国进行得如火如荼，但是江生回忆，中国科学家们既没有提起，他也没有感受到一点"文革"的蛛丝马迹。贝时璋的发言仍尽可能地实事求是，根据《参考消息》转载的合众国际社报道，贝时璋在记者招待会上说，美国人民"已经对科学技术的发展作出了伟大的贡献，值得我们祝贺"。他表示，"我们国家的科学技术也发展很快，但是还要走一段很长的路才能赶上"。

长寿之道

贝时璋98岁以前没有住过医院，除了正常的体检，他很少去医院，很少打针吃药。问起他的养身之道，他总结了四条：淡泊名利，宽厚待人，适当运动，饮食清淡。

贝老是国宝级科学家。他认为，作为万物之灵的人必须依附群体生活，才能保持旺盛的生命力。多和年轻人交朋友，能萌发童心，调节心理，保持愉快的心情。他热情扶持中青年科技人员，鼓励后辈脱颖而出。他与许多"忘年交"共同研究课题，相谈甚欢。贝老的好脾气和对人的亲和力仿佛是天生的，不管对谁他都彬彬有礼。2004年，在贝家服务几十年的老保姆李妈回安徽养老，贝老送上3万元养老金和2000元路费，祝她过一个幸福的晚年。他一生过着清贫的生活，知足常乐，对物质要求不高。他家的家具十分简单，家用电器也很一般。贝老的衣装整洁而随意，一件衣服可以连续穿十几年，说旧衣服穿惯了，觉得舒服、贴心。他说，"学问要看胜似我的，生活要看不如我的"。他不像很多人那样迷信运动，不练功，不吃零食和保健药物。从他家到研究所往返3000多步，他安步当车整整走了40年。近些年他不再往返于两地之间，而是在自家室内慢走，每天操练两次自编的活动关节的体操。凡是能够自理的，如穿衣、穿鞋、擦桌扫地、收拾床等都不依赖别人，日常生活坚持自力更生，把做点家务事视为"运动"，当作人生乐趣。对饮食的唯一要求是清淡，有什么吃什么，从来不挑剔。更重要的是他有一个人人羡慕的温馨和睦的家庭。贝老的夫人程亦明，是他亲密的伴侣和同行，为他营造了一个稳定温馨的大后方。1995年，91岁的程亦明与世长辞。工作成为老人最大的乐趣：一个是继续完成细胞重建理论的研究，另一个是总结80年来科研教学的经验。

君子远行

从1993年夏天开始，芝加哥大学教授江生每年都会到北京，成为贝时璋家的客人。最后一次访问是在老人去世前。江生告诉《中国新闻周刊》的记者，老先生平易近人，没有架子，始终维持谦谦君子之风。谈话间热起来，他要脱去外套，总会先抱歉，说"对不起，我要放肆一下"。老人不能吹风，但他会特别注意电扇的风是否对着客人，极度替人着想。而他自己的生活简单，对吃穿没有讲究。由于老人去世得很突然，仓促间甚至找不出一身像样的衣服临时穿戴。

在日常生活中，贝时璋只有一种待人之道，不论对方地位尊卑，有人去看他，即便是他的学生和晚辈，他也一定让对方坐沙发，他自己坐椅子。

在贝时璋最后的日子里，虽然年事已高，他每周依然会看《参考消息》等报纸，不过因为视力衰退，他只看大标题。贝时璋每次都会关心地询问，国家现在的形势好不好？经济建设怎么样？中国科学院生物物理所党委书记杨星科介绍，汶川大地震后，怕老人受刺激，没有告诉他。结果贝时璋看到了报道，特地托人给所里打电话，捐了5000元。

2009 年诺贝尔奖得主公布以后，贝时璋的心情很不平静。就在逝世的前一天，10 月 28 日的上午，他召集了 6 位研究人员，一起讨论科学创新，鼓励大家"要为国家争气"。

江生认为，倘若贝时璋没有遭逢那么多"运动"，能够一心搞科研，他是有可能在科学上走得更远的。但是江生表示，他们那一代科学家是极其爱国的，一切都是为了国家的长远利益，一切都是为了培育新的人才，完全撇开了自己的地位升迁、个人荣辱，对于这个假设，"贝老从来没有说过，也没有影射过，连沾个边都没有"。

科学家访谈录

生活态度

●您的人生格言是什么？

○业精于勤，行成于思。

●您最大的优点和缺点是什么？

○优点：淡泊名利，心平气和，博览群书，知识广泛。缺点：爱面子，怕得罪人。

●您最大的心愿是什么？

○希望 21 世纪成为世界和平、人类幸福的世纪。

●您做人的准则是什么？

○宽容厚道。

●您最不愿做的事是什么？

○说假话，不真实，盛气凌人。

●您是如何与他人保持良好的协作关系的？

○平等待人，互相帮助。

●当您工作或生活遇到挫折时，您是凭着怎样的信念坚持过来的？

○人的一生，不论是工作还是生活都不会一帆风顺的，总会碰到各种挫折和困难，甚至是艰险，但绝不能灰心，不能向困难低头，要勇往直前，才能取得胜利。

●您对青年一代有什么寄语？

○一个真实的科学家是忠于科学，热爱科学的。热爱科学，不是为名为利，而是爱求知、爱真理，为国家作贡献，为人民谋福利。

理想事业

●您所从事的专业是自己选择的，还是受长辈、朋友的影响？

○是自己在学习和科研工作中经过了不断实践而确定的。

●您大学所学的专业是什么？后来又从事了哪些学科的研究？

○大学学动物学专业。后来又从事胚胎发育和细胞学的研究。

●在人生的几个阶段中，哪个阶段所受的教育对您走上科学研究的道路有重大影响？

○在德国弗赖堡、慕尼黑和图宾根三个大学学自然科学，听了许多门有关自然科学方面的课程，如物理、化学、地质学、古生物学、植物学、动物学及其某些分支学科等，参加实验和野外实习，有时还自学一点数学，为以后走上科研道路打下了基础。

●您是怎样培养科研能力的？

○重视亲自做实验，不论实验中出现什么问题，一定要有恒心和毅力，坚持到底。

●您在什么年龄段思维最活跃？

○ 1925—1929 年，即 22—27 岁。

●您在科研和教学工作中最出成绩的年龄是多大？

○ 1939—1945 年，即 36—42 岁。

●您最自豪的事情是什么？

○一生光明磊落，没有做对不起人的事。

●您目前最想做的事是什么？

○将想做的工作付诸实现。

童年回忆

●您父母对您有哪些影响？

○我母亲虽不识字，但勤劳节俭，宽容厚道。我从出生到 12 岁一直在母亲身边，夙受养育教诲，对我影响很大，我一直感恩不尽，铭记终生。

●您什么时候开始读书的？哪本书对您影响最大？

○ 1911 年，我在憩桥贝氏宗祠内的"进修学堂"上学，以后在"宝善学堂"上学，学《古文观止》多篇，曾读李白的《春夜宴桃李园序》一文，其中头几句："夫天地者，万物之逆旅也；光阴者，百代之过客也。而浮生若梦，为欢几何……"给我印象很深。

●您童年时代最喜欢做的事是什么？

○看书学习和参加一些劳动。

●在中学时，您最喜欢哪科？是否偏科？

○中学时，学校备有许多册理科书本，如天文、物理、化学、矿物、植物、动物以及人体方面的有关内容，我从中学到不少关于理科方面的启蒙知识。在中学时不偏科，哪科都重要。

●是什么原因使您对科学产生了兴趣？

○青少年时，由于广学博览和不断思考，我对科学产生了兴趣。以后在大学，通过实践，更加深了兴趣。直到现在已经100多岁了，还在不断学习和思考问题。

情感生活

●您最喜欢的娱乐和休闲方式是什么？

○喜欢字画。

●您最喜欢的书籍是哪一类？

○科技书刊。

●您对子女的基本要求是什么？您对子孙教育有什么成功经验？

○对子女要求是勤奋节俭，宽容厚道。

●一天中，您最喜欢何时工作？其他时间如何支配？

○上午工作。其他时间看各种报纸，锻炼身体。

观点看法

●新中国成立前我国大学教授与普通工人的工资比例大约为40：1，您认为现在应多大比例为好？

○5：1。

●您觉得天资与勤奋，对学习各有多大影响？

○天资与勤奋都重要，但只有天资而不勤奋学习，不一定能学好；如天资差一点，但能勤奋学习，也能学习得很好。

●您认为怎样才能培养参与21世纪竞争的创新人才？

○从小要进行素质培养，对年轻人要严格，老师和家长要言传身教。

●可否谈谈您是怎样培养和挑选学科接班人的？

○培养德才兼备、思维活跃的年轻人。

未来与思考

●您认为解决中国环境问题的关键是什么？

○解决中国环境问题，是个综合的问题，要通过综合性的科学研究，才能了解和找到解决的途径。

互动问答

1. 贝时璋说，"一个真实的科学家是忠于科学，热爱科学的。热爱科学，不是为名为利，而是爱求知、爱真理"，请问你觉得"真实的科学家"应该是怎样的？

2. 贝时璋非常重视学科交叉渗透的价值，请结合你的学业说说学科交叉渗透在你学科学习中的体现。

3. 请结合贝时璋的经历，说说成为一个伟大的科学家最需要具备什么要素。

附录

生平介绍

贝时璋（1903—2009），浙江省宁波市镇海县人，中国科学院院士，生物学家，曾任振华女校校董。20世纪20年代起一直从事实验生物学的研究工作，在动物个体发育、细胞常数、再生、中间性、性转变、生殖细胞的重建、染色体结构、昆虫内分泌腺、甲壳类动物激素等方面进行了研究。他是一位杰出的生物学家和教育家，我国生物物理学的奠基人和开拓者、中国科学院生物物理研究所的创建者和名誉所长。鉴于贝时璋院士长期工作在科研第一线并取得卓越成就，他的母校德国图宾根大学于1978年、1988年、2003年和2008年4次授予他荣誉博士证书，获得了举世无双的殊荣；2003年，国际小行星中心和国际小行星命名委员会正式批准将中国国家天文台于1996年10月10日发现的、国际永久编号第36015号的小行星命名为"贝时璋星"。

1948年，贝时璋当选为中央研究院第一届院士，与胡适、陈寅恪、梁思成等并列。1949 年，他们中的大多数人选择了留守大陆。随着两岸关系的逐步解冻，2000 年 3 月起，台湾"中央研究院"开始向贝时璋寄送院讯，他逝世前，刚刚收到一份寄自台湾的《"中央研究院"周报》。经《中国新闻周刊》记者与台湾"中央研究院"总办事处林美惠女士确认，107 岁的贝时璋是 1948 年当选的"中央研究院"第一批院士中最后一个离世者，也是最高寿的一位。贝时璋院士也是最长寿的中国科学院院士。

4 张证书的传奇

在德国图宾根大学的历史上，关于授予博士学位证书有一个传奇故事，故事的主人公便是我国著名的生物学家、教育家贝时璋院士。

1928 年，贝时璋获得图宾根大学自然科学博士学位；50 年之后的 1978 年，图宾根大学再次授予他博士学位；60 年之后的 1988 年以及 75 年之后的 2003 年，图宾根大学又先后两次授予他博士学位。这样，就有了一段关于贝时璋 4 张博士学位证书的故事。贝时璋是唯一获得图宾根大学如此殊荣者，图宾根大学更以有贝时璋这样的校友而备感荣幸。这举世无双的 4 张珍贵博士证书彰显着贝时璋的科学人生，也饱含着德国人民对中国人民的深厚友谊。

1915—1921 年，贝时璋在德国人创办的汉口德华学校（中学）和同济医工专门学校（同济大学前身）读了近 7 年书，德国老师认真负责、一丝不苟的态度给他留下了极为深刻的印象，他也适应了德国式的教育模式。在国内的这段学习，给他打下了较好的自然科学和医学知识基础。有了扎实的德语语言训练，贝时璋渐渐有了日后到德国留学的理想。1921 年 9 月，贝时璋在同济医工专门学校医学预科毕业。虽然家境艰难，但父母却举债给予全力支持。1921 年秋，18 岁的贝时璋背负着父母的期望，踏上了赴德国的自费留学之路。像贝时璋这样家境贫寒的人，想去德国自费留学本来是没有可能的；但是，那个时候正好遇到一个机会，第一次世界大战德国战败，德国国内通货膨胀、马克贬值，这就使得去德国留学所需费用与在收费较高的同济医工专门学校上学相差无几。

德国弗赖堡大学承认同济医工专门学校医学预科的学历，来自这所学校的学生可立即进入弗赖堡大学医科就读。与贝时璋一同赴德的两位同学就这样学了医，但贝时璋却"弃医从理"，申请进入哲学（自然科学）学院学习动物学。

一年后，即 1922 年秋，贝时璋慕名转学到邻近的慕尼黑大学动物系，目的是想听当时德国最著名的动物学家赫特维希（R.Hertwig）教授的课，在赫特维希教授门下作博士论文。然而，1923 年秋，已 70 岁高龄的赫特维希教授将要退休，就推荐贝时璋转学去图宾根大学著名动物学家布洛赫曼（F.Blochmann）教授那里，但是到了图宾根大学，贝时璋才知道布洛赫曼教授也将退休。后来，哥尼斯堡大学动物系主任哈姆斯（J.W.Harms）教授调任图宾根大学动物系主任，做了贝时璋的导师。贝时璋就在哈姆斯老师的指导下对醋虫的生活周期、各个发育阶段的变化、细胞常数与再生等进行了实验研究。

贝时璋的研究工作最后写成两篇论文：1927 年发表的第一篇，证明细胞常数动物（稳定动物）醋虫在成长后是不能再生的。1928 年发表的第二篇，证明细胞常数动物（稳定动物）在卵割为两细胞时期，其中一个是种系细胞，另一个是体系细胞；这时，两个细胞若被人工分离开，前者能形成完整的胚胎，而后者则不能存活，结果是退化死亡；这与不稳定动物和半稳定动物卵割为两细胞时期，两个细胞人工分离开都能各自发育为完整胚胎的情况不同。这一篇就是贝时璋的博士论文，论文题目是《醋虫生活周期的各阶段及其受实验形态的影响》，受到当时德国生物学界权威科学家的赞誉。

第一张证书

1928 年，贝时璋和他的德国同学魏尤完成了博士论文，学校通知他们二人于 3 月 1 日下午两点到位于威廉街的校本部进行论文答辩。下午 4 点钟，他们顺利通过了答辩。当他们走出大门口时，早已等候在那里的许多同学，有动物系的，也有经常在一起进行学术交流的外系同学，欢呼着向他和魏尤跑来，将他们抬起来，一次次向上抛起，祝贺他们获得博士学位，同学们还簇拥着一直把他们送回系里。这一天，贝时璋拿到了图宾根大学授予的第一张自然科学博士学位证书。

第二张证书

1978 年是贝时璋获得博士学位 50 周年。鉴于像他这样在博士研究生毕业 50 年后还在进行学术工作且取得卓著成果的，在图宾根大学的毕业生中仅他一人。同年3月间，趁巴登－符腾堡州（Baden-Württemberg）州长斯佩特先生访华之际，图宾根大学委托其代为授予贝时璋自然科学"金博士"学位，在德国驻中国大使馆专门举行了授予仪式和宴会。斯佩特州长发表了热情洋溢的讲话，宣读了图宾根大学自然科学学院院长给贝时璋的贺信。

第三张证书

1988年，贝时璋的图宾根大学老同学还有多位健在，他们建议学校再次授予贝时璋自然科学博士学位，因为贝时璋在毕业60年后还在做研究工作，而且工作进展很快，这在世界上是没有先例的。这年3月，贝时璋便接到了图宾根大学校长寄来的第三张博士学位证书。

第四张证书

2003年，正值贝时璋获得图宾根大学博士学位75周年。这一年的10月10日，是他100岁生日。而这一年他依然在孜孜不倦地工作。9月26日，中国科学院生物物理研究所召开了"贝时璋先生百岁寿辰暨建所45周年庆祝大会"。德国驻华大使馆公使科伊内（H.Keune）先生代表德国政府到会祝贺。在会上，他回顾了贝时璋早年留学德国求学的经历，授予他"唯一学术公民"称号，并代表图宾根大学授予他"钻石博士"学位。贝时璋的长女贝濂代表他接受了第四张博士学位证书。正是在那次百岁寿辰庆祝大会上，国家天文台宣布，国际小行星中心和国际小行星命名委员会正式批准将国家天文台于1996年10月10日发现的、国际永久编号第36015的小行星命名为"贝时璋星"。

遗憾的是，现在贝时璋却只有3张博士证书了，1928年的那张在抗日战争时期逃难中丢失。1937年8月，日本飞机轰炸杭州。当时，贝时璋在浙江大学任教，为应付时局变化，贝时璋一家分成两部分：他的夫人程亦明带着4个孩子和保姆及装有比较重要东西的几只箱子，由他送到朋友蔡堡老先生的老家余杭高桥头去避难；而他和父亲则住在杭州。随后局势越来越紧张，10月初，浙江大学决定迁校。于是贝时璋又到高桥头将家人及较轻的箱子接回杭州，而较重的箱子则留在了高桥头。岂料放有他1928年的博士学位证书和夫人程亦明金陵女子大学学士证书的箱子，在该地沦陷时竟全部丢失。

值得欣慰的是，贝时璋还珍藏着 3 张记录着德国人民友谊和母校厚爱的博士证书。更何况，这种友谊是牢记在他的心底、永远也丢失不了的。贝时璋在德国留学期间，与德国同学相处十分融洽，大家都亲切地叫他"Pai bub"（贝娃娃）。那期间，他曾先后与几位德国同学租住在德国人家里，为了省钱还一起住过汽车房。时间过去了 80 年，提起他的德国同学，他会随手写出一连串德文名字。几十年来，一些德国同学以及他们的家人与贝时璋一直有着书信往来，德国同学的子女们还曾到北京看望过他。

参考文献

1. 王谷岩. 贝时璋传. 科学技术出版社，2010，10.

2. 苗长青. 贝时璋：爱国科学家的不凡人生. 党史文汇. 2009（12）

3. 钱炜. 贝时璋：用生命探索生命. 成才之路. 2011（34）

4. 罗雪挥，房一盟. 贝时璋：最后一个中研院院士. 中国新闻周刊. 2009（43）

5. 李士. 心迹：中国院士实话实说. 科学普及出版社，2000，9

6. 贝时璋. 细胞重建（第一集）. 科学出版社，1988

7. 贝时璋. 贝时璋文选. 浙江科技出版社，1992，12

沈骊英——麦子女圣

自问已劳尽力为国家服务，而不必斤斤于收获之多少。

沈骊英

编者导读

沈骊英，世界闻名的中国农学家，是一位埋头苦干、努力精研、孜孜不倦、奋斗终生的优秀女科学家。她从事水稻、小麦品种改良研究，在极其艰苦的条件下，坚持田间试验和研究工作，亲手作记录，参加小麦播种和收获，培养出著名的"中农二十八"小麦，并选育出9个小麦新品种，产量较当地农家品种高20%—30%，且成熟早，抗逆性强，有广泛适应性，在淮河流域与长江中下游推广。中国迄今只有两个品系的小麦是以人名来命名的，其中之一就是以沈骊英之名命名的小麦品种，这就是广为人知的骊英1号、3号、4号、5号和6号小麦。这些品种，直到沈骊英去世后十多年仍在上述地区广泛种植。沈骊英为我国粮食增产作出了重大贡献，深受群众的爱戴。

她同时又是一位克勤克俭、公忠爱国的女志士。沈骊英与大文学家冰心是同学，两人曾同在美国威尔斯利女子大学读书。冰心说："她相信我们妇女的地位，不是能用空空的抗议去争来，而是要用工作成绩来获取的。骊英和我谈到种种妇女问题时常常表示，'妇女问题，已过了宣传时期，而进入工作时期'。她主张'女界同志一本自强不息精神，抓住社会埋头苦干'，她主张'自问已劳尽力为国家服务，而不必斤斤于收获之多少'。这种'不问收获，但问耕耘'和'多做事、少说话'的态度，也是骊英最不平常之处。"

同时，沈骊英还兼为教育有方的良母、相夫成业的贤妻。她对荣誉看得很轻，却把孩子看得很重，她说那是她一生的作品。

沈骊英是一位在平凡朴素生活中的不平凡的人物。她一生为人的美德与风度，是值得学习与称赞的。她是中国妇女光辉的旗帜，是中国科学界骄傲的典型，是中华民族可贵的珍宝。

手里没有戒尺的老师

沈先生于1921年至1924年在苏州振华女校小学部任教3年，1929年学成回国后，又到振华女校担任教务主任。她是一位面带笑容、和蔼可亲、手中没有戒尺的好老师，她会微微地摇着头说："孩子们，你们什么时候才会定心做一个算题？"这些形象在作为学生的费孝通笔下有清晰的记载。1941年10月1日，费孝通从云南呈贡县云南大学和燕京大学合办的社会学研究室所在地魁阁，前往不远处的三岔口探望友人徐季吾。当听说他在振华女校最喜欢的老师沈骊英在云南荣昌的中央农业实验所服务时，回来后就坐在魁阁的窗边，给他20年没有见面、也没通过消息的老师写了一封长达5页的信。信中说："当您在实验室里工作得疲乏的时候，您可以想到有一个曾经受过您教育的孩子，为了要对得起他的老师，也在另一个性质不同的实验室里感觉到工作后疲乏的可贵。"这封信寄出后，费孝通屈指数日子，盼望得到一封会使他兴奋的回信。然而，不到一个星期，徐季吾跑到魁阁告诉费孝通：10月7日，他最喜欢的老师沈骊英猝发脑出血，殉职于荣昌中央农业实验所内。于是，被退回来的这封信便成为费孝通一封未拆的信。若干年后，费孝通以《一封未拆的信》为题，撰文纪念对他早年精神成长影响颇深的沈骊英老师。

一封未拆的信
——纪念老师沈骊英先生
费孝通

从我们魁阁走上公路，向北，约摸半个钟点的路程，就到三岔口。中央农业实验所有一个分站疏散在这个村子里。疏散在附近的文化机关时常有往来，大家用所在地的名称作各个机关的绰号。三岔口的徐季吾先生上下车站，顺道常来我们魁阁，我们星期天有闲也常去三岔口看望他。在一次闲谈中徐先生讲起了沈骊英先生。

"沈先生是我的老师"，我这样说，"我在小学时，最喜欢的老师就是她。"

我停了一会儿，接着说："说来这已是二十多年前的事了。最后一次我见着她是在东吴的校门前，那时我就在这所大学的附中念书。我母亲去世不久，她是我母亲的朋友，一路和我说了许多关于我生活细节的话。中学时代的孩子最怕听这些，尤其像我这种乱哄哄的人，一天到晚真不知干些什么，她那时所说的，听过也就忘了。但是，我一闭眼，还记得这位老师的笑容：一副近视眼镜，一个拖在脑后梳得松松的髻，那时看来算是相当时髦的。至少，她所穿的那件红方格子西装带裙子的衣服，在我印象里是件标准的西装。"

我一面说着，二十多年前的印象似乎越来越逼真：天赐庄夹道的两道红墙，东吴大门口的那棵大树——在这地方我们分手了。本来是路上偶然相逢，你想，一个十五六岁的男孩子在路上遇着了他幼年的女教师，怎么会说得上什么清楚的话？手插在裤袋里，脸红红的，眼睛潮润润的，只怕有哪个同学看见，多不好意思！

徐先生打断了我的回忆："沈先生不是在苏州那个女子学校里教过书的吗？怎么教得着你的呢？"十多年前，我如果听到这话，一定要脸红，绝不会接着说："是呀，我是在女子学校里长大的呀。"徐先生好奇地听我说下去："那个学校名叫振华，苏州人大概都知道这学校。现在的校址是织造府，苏州的织造府谁不知道？就是曹雪芹住过的地方，据说他所描写的大观园就以这个织造府作蓝本的。"

我在中学里时，最怕是有人提起我的来历，越是怕，越成了同学们取笑的把柄。"女学生！"——在这种心理压力之下，我怎么会有勇气，在我女教师的身边并排着走？校门救了我，我飞跑似的冲进铁门，头也不敢回，甚至连"再会"两字也没有说。可是，虽则这样鲁莽，我却并没有这样容易把这事忘却，二十多年后，还是这样清楚地记得那副眼镜、那件红方格的西装和温存的语调。

我进高小刚十岁，初次从小镇里搬到苏州，羸弱多病使我的母亲不敢把我送入普通的小学。振华靠近我们所住的地方，是我母亲的朋友王季玉先生所办的，而且是个女学，理论上说女孩子不像男孩子那样喜欢欺负人，至少欺负时不太动用武力。不久我成了这女学校里少数男学生之一。入学时我母亲还特地送我去，那时校址是在十全街，就在那时我被介绍给这位沈先生。以后她常常带我到她的房里去，她房里的样子现在已模糊了，只记得她窗外满墙的迎春花，黄黄的一片。当时，沈先生，我后来总是这样称呼她，其实还是和这一片黄花一样的时代，但是在我却免不了认为她已经属于"什么都懂，什么都能"的伟大人物那一类了。我当初总有一点羞涩，也有一些异样：在四年的小学中，老师在我心中是一个可怕的人物，打手心的是她，罚立壁角的也是她——一个似乎不太讲理，永远也不会明白孩子们心理的权威。可是这个老师却会拉着我的手，满面笑容，是个手里没有戒尺的人，这使我不太明白。我想，我那时一定没有勇气望着她的眼，不然，我怎么会现在只记得满墙的迎春花呢？

沈先生教我算学，每次做练习，我总是第一个交卷，习题做快了，又不重看一遍，不免时常把6写成8，2写成3。"这样一个粗心大意的孩子！"其实我的心哪里是在做算学，课堂外的世界在招惹我。可怪的是沈先生从来没有打过我这个小顽皮的手心，或禁闭过这个冒失的孩子。她望着我这匆忙的神色、忙乱的步伐，微微地摇着头："孩子们，你们什么时候才会定心做一个算题？"

过了有十年的一个暑假，我在沪江的暑期学校里选了三门算学课程。天气热得像是坐在蒸笼里，我伏在桌子上做题。入晚靠窗眺望黄浦江的夜景，一个个还是几何的图形。我不知为什么，一直到现在还是记不住历史上的人名，地理上的地名，而对于数字并不怎么怕；若是有理由可说的话，该是我高小里历史和地理的教师并不是姓沈的缘故吧。多少孩子们的兴趣在被老师们铲除送终？等大学毕业，一个人对于学术前途还没有全被封锁的，该算是很稀少的例外了。

我的性格也许是很不宜于算学的，可是为了有这个启蒙的教师，我竟为了它牺牲了一个可以夏游的暑天。

从那天偶尔在街上见面之后，我一直没有见过这位老师，我也没有去想着她的理由。天上的雨，灌溉了草木，人家看到苍翠，甚至草木也欣然自感茂盛，雨水已经没入了泥土，没有它的事了。多少小学里的教师们，一天天、一年年把孩子们培养着，可是，培养了出来，向广阔的天地间一送，谁还记得他们呢？孩子们的眼睛望着前面，不常回头的。小学教师们的功绩也就这样被埋葬在不常露面的记忆之中了。

一直到徐季吾先生说起了沈骊英先生在中央农业实验所服务，我才引起了这一段内疚。其实，如果不是我当时也在教书，也许这段内疚都不会发生。人情原是这样的。我问起沈先生的生活，徐先生这样和我说："她已是一个一群孩子的好母亲，同时也已成了我们种麦的农民的恩人了。华北所种的那些改良麦种就是她试验成功的。她从南京逃难出来，自己的衣服什物都没有带。可是，她却把我们所里那些麦种一粒不漏地运到了重庆。我们现在在云南所推广的麦种，还不是她带进来的种子所培植出来的？所里的人都爱她。她是所长的太太，但是，她的地位并不是从她先生身上套取来的，相反，她帮了她先生为所里立了这一项最成功的业绩。"

我听完了，不知为什么心跳得特别快，皮肤上起了一阵冷。一个被认为早已"完成"了的小学里的老师，在我们分离的二十多年中，竟会生长得比她的学生更快。她并没有停留，她默默地做了一件中国科学界里罕有的大事。改良麦种，听来似乎很简单，可是，这是一件多么繁重的事！麦子的花开得已经看不清楚，每朵花要轻手轻脚地包好，防止野蜂带来野种。花熟了，又要一朵朵地把选择好的花粉加上去。如果"粗心大意"，一错就要耽搁一年。一年，多少农民的收入要等一年才能增加？

家务、疾病、战争在阻碍她的成功，可是并没有打倒她。她所改良的麦种已经在广大的华北平原，甚至在这西南偏僻的山村里，到处在农民的爱护中推广了。

我从三岔口回来，坐在魁阁的西窗边，写了一封将近五张纸长的信给我这二十多年没有见过面、没有通过消息的老师。我写完这信，心上像是放下了一块石头。我想，任何一个老师在读着他多年前学生的信，一封表示还没有把老师完全丢在脑后的学生的信，应当是一件高兴的事。我更向她说："当您在实验室里工作得疲乏的时候，您可以想到有一个曾经受过您教育的孩子，为了要对得起他的老师，也在另一个性质不同的实验室里感觉到工作后疲乏的可贵。我可以告慰您的不过是这一些。让我再加一笔，请您原谅我，我还是像在您班上时那样粗心大意，现在还没有定心做过一个算题。"

我把这信挂号递给呈贡的邮局，屈指数日子，盼望得到一封会使我兴奋的回信。

不到一个星期，徐季吾先生特地到魁阁来告诉我一个消息：沈骊英先生脑出血死在她的实验室里了。我还是坐在靠西窗的椅子上，隔着松树，远处是一片波光，这不是开迎春花的时节，但是波光闪烁处，还不是开遍了这黄花？

又过了一个星期，我寄出的信退了回来，加了一个信封，没有夹什么字。再没有人去拆这封信了，我把它投入了炉子里。

美国求学，立志农学

1914年，沈骊英受美国一位女教育家资助，前往著名的卫斯理女子大学攻读植物学，获得理学学士学位，复入康奈尔大学研究农学两年。在美国求学期间，沈骊英"得慈母手谕，内附其先严遗笔，嘱以子女一人学农，研究粮食生产，以继其志"。沈骊英对母亲最为孝顺听话，于是她选择了农学作为自己的毕生事业。她常常和同窗冰心说到她一定要在科学界替女子争一席地位，用功业来表现女子的能力。之前她听美国教授介绍世界学术进步概况，列举科学家姓名、国籍以鼓励学生，但所举的唯独没有中国人。骊英有感而发，立志献身科学，报效祖国。带着如此美好的愿望，骊英潜心攻读，刻苦钻研，顺利获得美国威尔斯利女子大学理学学士学位，然后又进入美国著名的康奈尔大学潜心研读农学。在那里，奠定了她一生的研究方向，也结识了她未来的伴侣沈宗瀚，沈宗瀚同在康奈尔大学研究院主修作物育种研究。婚后两人志同道合，夫唱妇随，成就时代佳话。沈骊英曾对冰心说，希望自己未来的职业和婚姻能并行不悖，她愿意有个快乐的家庭，也有个称心的职业。生活在旧时代的一个新式女子，沈骊英有如此既合传统又趋现代的想法，非常难得，而且，她是这样想也是这样做的。

悼沈骊英女士
冰心

民国十四年（1925）夏季，我在美国康奈尔大学暑期学校里，收到北平燕大一女同学的信，说"本年本校有一位同学，沈骊英女士，转学威尔斯利大学，请你照应一下"。

我得着信很欢喜，因为那年威大没有中国学生，有了国内的同学来加入，我更可以不虞寂寞。

暑假满后，我回到威大，一放下行装，便打听了她住的宿舍，发现她住的地方和我很近。我即刻去找她，敲了屋门，一声"请进"，灯影下我看见了一张清癯而略带羞涩的脸。说不到几句话，我们便一见如故了。我同她虽没有在燕大同时就读，但是我们谈到我们的教师，我们的同学，我们的校园，谈话就非常亲切。当天晚上，我就邀她到我的宿舍里，我从电话里要了鱼米菜蔬，我们两个在书桌上用小刀割鱼切菜，在电炉上煮了饭。我们用小花盒当碗，边吃边谈，直流连到夜深——我觉得我欢喜我这位新朋友。

那一年我们大家都很忙，她是本科一年级，后修功课相当繁重，我正在研究院写毕业论文，也常常不得闲暇，但我们见面的时候还相当的多。那时我已知道她是专攻科学的，但她对于文学的兴趣，十分浓厚。有时她来看我，见我在忙，就自己翻阅我书架上的中国诗词，低声吟诵，半天才走。

威大的风景，是全美有名的。我们常常忙中偷闲，在湖上泛舟，野餐纵谈。年轻时代，总喜欢谈抱负，我们自己觉得谈得太夸大了点，好在没有第三人听见！她常常说到她一定要在科学界替女子争一席地位，用功业来表现女子的能力。她又说希望职业和婚姻能并行不悖，她愿意有个快乐的家庭，也有个称心的职业。如今回想，她所希望的她都做到了，只可惜她自己先逝去了！

民国十五年夏，我毕业回国，此后十九年中便不曾再见面，只从通信里，从朋友的报告中，知道她结了婚，对方是她的同行沈宗瀚先生，两个人都在农业机关做事，我知道骊英正在步步踏入她理想的乐园，真是为她庆幸。

去年这时候，我刚从昆明到了重庆，得了重伤风。在床上的时候，骊英忽然带了一个孩子来看我。十余年的分别，她的容颜态度都没有改变多少，谈起别后生活，谈起抗战后的流离，大家对于工作，还都有很大的热诚。那时妇指会的文化事业组的各种刊物正需要稿子，我便向她要文章，她笑说："我不会写文章，也不会谈妇女问题，我说出来的都是一套陈腐的东西。"我说："我不要你谈妇女问题了，我只要你报告你自己的工作，你自身的问题，就是妇女问题了。"她答应了我，暮色已深，才珍重地道别。此后她果然陆续寄了几篇文章来，分发在《妇女新运》季刊和周刊上，谈的都是小麦育种的工作，其中最重要也最能表现她的人格的，便是那篇《十年改良小麦之一得》。

今年春天的一个星期日下午，她又带了一个孩子来看我，据她说沈宗瀚先生就在我们住处附近开会，会后也会来相见。

那天天气很好，大有春意，我们天南地北，谈到傍晚，沈先生还不见来，她就告辞去了，那是我们末次的相见！

本年十月里在报纸上，忽然看到了骊英逝世的消息，我觉得心头冰冷，像她这样的人，怎么可以死去呢！

无论从哪一方面看，骊英都是一个极不平常的女子。我所谓之不平常，也许就是她自己所谓的"陈腐的一套"。女科学家中国还有，但像她那样肯以"助夫之事业成功为第一，教养子女成人为第二，自己事业之成功为第三"的，我还没有听见过。这正是骊英的伟大之处，假如她不能助夫、不能教养子女，她就不能说这种话，假如她自己没有成功的事业，也就不必说这种话了。

在《十年改良小麦之一得》一文里，最能表现骊英工作的精神，她相信我们妇女的地位，不是能用空空的抗议去争来，而是要用工作成绩来获取的。骊英和我谈到种种妇女问题，她常常表示，"妇女问题，已过了宣传时期，而进入工作时期"。她主张"女界同志一本自强不息精神，抓住社会埋头苦干"，她主张"自问已劳尽力为国家服务，而不必斤斤于收获之多少"。这种"不问收获，但问耕耘"和"多做事，少说话"的态度，也是骊英最不平常之处。

骊英对于她工作的成就，处处归功于国家之爱护与友人之协助，我觉得这一点也不平常。抗战期间，普遍是困苦的环境多于顺利的环境，而有的人很颓丧，有的人很乐观，这都在乎个人的心理态度。骊英是一个"已婚女子"，以"生育为天职"，同时又是一个"公务员"，"亲理试验乃分内事"。在双重的重负之下，她并不躲避，并不怨望，她对于下属和工友，并不责望躁急，并不吹毛求疵，她处处表示"钦慰"，表示"这工友不可多得"，她处处感谢，处处高兴，这是她平日精神修养的独到之处，使她能够以"自信心与奋斗力与环境合作，渡过种种的难关"。最后她积劳成疾，"卧床两月，不能转动，心至烦躁不耐"，这是我对她最表同情的地方。我年来多病，动辄卧床休息，抑郁烦躁，不能自解。而骊英却能"看得淡，看得开"，认为"卧病实于我为有益"。因为她以生病为读书修养之机会，这也是常人所不及之处。她的结论是"我等当保养体力争取长时间之胜利，不必斤斤于一日之劳逸而贻终生之痛苦"。这是句千古名言，我要常常记住的！

今天是重庆妇女界追悼骊英的日子，骊英是最值得妇女界追悼的一个人，我愿意今日的妇女青年都以骊英的言行为法。我自己又是因病不能到会，但是在床上写完了这一篇追悼的文章，心里稍稍觉得温暖。我万分同情沈宗瀚先生和他们的子女，我相信在实验室里，在家庭中，在她许许多多朋友的心上，她的地位是不能填满的！然而骊英并没有死，她的工作永存，她未竟的事业，还有沈宗瀚先生来继续，她对于妇女界的希望，我们要努力来奔赴，骊英有知，应当可以瞑目。

"我为事业，非为钱而工作"

民国十八年（1929）沈骊英学成回国，短期至振华担任教务主任。1930年与沈宗瀚结婚，出任浙江省建设厅农林局农艺组技师，该局随后改名为省农林总场、省立农业改良场，沈骊英选集全省稻麦单穗数万个，举行单穗行试验，奠定了浙江省稻麦育种基础。

1933 年起任职于中央农业实验所技正八年零一个月之久。一名女子从事科学研究已属难得，而从事农业科学研究更是难得之至。比如，选育良种需坚毅的努力，沈先生投身于此，孜孜不倦。赴苏、皖、湘、桂、川、黔等地试验小麦杂交育种。她常冒大风雨，赤足行走于泥泞中，逐一审察试验之作物。

沈宗瀚在《亡妻沈君骊英行述》中，形象地描述了沈骊英发现"中农二十八"小麦新品种的情景：二十三年春，麦将熟矣，天忽大风雨，倒屋折树，势甚凶猛，经一昼夜而风势稍杀。君即趋麦地，见附近农民小麦俱已倒卧，试验地之世界小麦亦全数倒伏；唯君以锐利之目光察觉一千七百余品种间之倒伏程度，颇有差异，乃赤足跋涉于泥泞中，对每一品种详加观察记载，发现有一品种依然直立，有众靡独挺之概，此即"中农二十八"小麦之源是也。以后在各地历经试验，证明其茎坚、产丰、抗病力强，尤适应于川、鄂、黔、陕等省。自民国二十八年起，川省即加大规模推广，故名"中农二十八"。

在沈宗瀚的记述里，我们清晰地看到沈骊英冒着暴风雨，在麦地中实地观察，终于发现良种"中农二十八"的感人情景。妻子对农业科学事业的执着与坚忍、敬业与无畏，作为著名农学研究专家的丈夫也深为敬佩。

抗战爆发，中央农业部随国民政府从南京撤退，要裁撤所有女职员。沈骊英恳切要求留在农业部，以继续完成试验，宁愿不领薪水。她说："我为事业，非为钱而工作。"农业部负责人被她的精神所感动，同意她留下工作。她以妊娠之身带子女三人开始流亡，丈夫不在身边，自己还要照顾幼儿、防空袭、躲警报，仍亲携历年试验记录和种子箱，自宁而湘而黔，颠沛流离，辗转数千里，抵达四川荣昌县。途中，她常拒雇汽车而颠顿跋涉于蜀道，她说："抗战期间，一滴汽油，即为国民一滴血。"1938 年，沈骊英患双腿剧痛症，仍不离职守，每逢田间收种，必抱病前往，忍痛观察记录农作物的性状，亲手作记录，坚持田间试验和研究工作，参加小麦播种和收获，由于她终日埋头丘垄与实验室内，终至积劳成疾。

1941 年 10 月 7 日上午 11 时许，沈先生在荣昌宝城寺中央农业实验所的实验室突发性中风，倒下来后延至下午 2 时即告气绝，年仅 44 岁，留下子女共 4 人，时长子君山年仅 9 岁。来不及看见母亲最后一面的沈君山被人从教室内叫出去，看到母亲已经躺在门板上，身上覆盖着白布。因为母亲死不瞑目，有人要沈君山帮忙让母亲闭上眼睛，茫然的沈君山照着做了。

卒后，国民政府明令褒扬，重庆各界沉痛追悼。冯玉祥、李德全夫妇、邓颖超、邓初民、张申府、史良、谢冰心等前往吊唁。董必武作五言长诗哀挽；邓颖超在《新华日报》发表《中国妇女光辉的旗帜——沈骊英女士》一文，赞扬她"是一位埋头苦干、努力精研、孜孜不倦、奋斗终生的最优秀的女科学家，又是一位克勤克俭、公忠爱国的女志士"；冰心撰文追悼，称"骊英是最值得妇女界追悼的一个人，我愿意今日的妇女青年都以骊英的言行为法"。

沈骊英留有著作 22 本，大半译载于英、美作物育种学和生物学杂志，常为各国学者所引证。沈骊英的丈夫沈宗瀚博士，是世界闻名的中国农学家，原中央农业实验所所长。沈骊英对沈宗瀚事业的成就具有不可分割的作用，被誉为"助夫之事业成功为第一，教养子女成人为第二，自己事业之成功为第三"的最典型、最模范、最聪明、最识大体的贤妻良母。

陶行知先生 1946 年 10 月在苏州振华女校毕业典礼上的讲话中特别推崇沈骊英先生"对于（小麦）品种的改良方面，有着历史上不可磨灭的伟大贡献，我们称她是'麦子女圣'，希望贵校能继续产生像沈骊英先生一样的女圣，产生不被暴风雨所摧毁的女圣"。

互动问答

1. 为何费孝通先生把沈骊英先生称为"手中没有戒尺的老师"？你有怎样的体会？有没有遇到过给你类似感觉的老师？

2. 在冰心的悼文中，你从沈骊英先生身上看到了哪些品质？请结合具体事例来说明。

3. 陶行知先生称沈骊英先生为"麦子女圣"，从她的哪些事迹能体现出这个称呼名副其实？

附录

生平介绍

沈骊英（1897—1941），女，原名家蕙，浙江嘉兴乌镇人，世界闻名的中国农学家，对小麦育种曾作出卓越的贡献。1921年，沈骊英毕业于上海神州女中后，1921—1924年在苏州振华小学任教三年。旋留学美国，在威尔斯利女子大学研究植物学，获理学学士学位；复入康奈尔大学研究农学两年。在美期间，教授介绍世界学术进步概况时列举学术专家之姓名、国籍，以鼓励各国学生，所举国名甚多，而唯独无中国。沈骊英感触颇深，遂立志献身科学，报效祖国。1929年回国，到苏州振华女校任教务主任。1930年任浙江省建设厅农林局农业技师，从事水稻、小麦品种改良之研究。1933年，任中央农业实验所农业系技正。此后，赴苏、皖、湘、桂、川、黔等地试验小麦杂交育种。其所选育之9品系优良麦种，亩产较当地小麦高出20—50公斤，且适种范围广，抗病害力强，成熟期提早5—10天，并可不碍水稻前期播种。其中"中农二十八"，系从世界小麦1700余品种中作对比试验，经7年不懈努力，优选培育而成。此良种抗病、早熟、丰产、质优，适应于中国，尤其是川、鄂、黔、陕等省。1937年起大面积推广，在成都三年比较试验结果中，平均亩产高于当地小麦20.5公斤，获巨大成功。沈骊英所选出的小麦杂交育种9个体系，新中国成立后被命名为骊英1—9号，其中骊英3号和4号得到大面积推广。沈骊英终日埋头丘垄与实验室内，终至积劳成疾，1941年10月7日，猝发脑出血，殉职于任上，年仅44岁。沈骊英身后留下著作22种，大多被翻译刊载于英、美作物育种学和生物学杂志，经常为各国学者所引证。

董必武悼亡诗

挽沈骊英女士 [①]

国以民为本，民以食为天 [②]。况在战争时，粮食更居先。

君身既学稼，所从事独贤 [③]。勤劬如老农 [④]，跋涉于泥田。

男生尚不易，女子争华妍 [⑤]。求真甘脱俗，不复理花钿 [⑥]。

杂交育麦种，实验费钻研。中农二十八 [⑦]，成绩甚灿然。

能抗暴风雨，能将锈病捐 [⑧]。成熟期较早，增产报连阡。

优点贵普遍，选择多历年。功深参造化^⑨，艺精由力专。

农夫欣有岁^⑩，战士饥可填。此功诚不朽，此业要薪传^⑪。

方冀期颐寿^⑫，造福于人间。胡为天不吊^⑬，夺君何速焉！

积劳而致疾，突发未能痊。凶问播遐迩，听之泣涕涟。

后稷教稼穑^⑭，奕叶礼祀虔^⑮。君灵应配享，荐新岁岁鲜^⑯。

作品注释

① 沈骊英：1897 年出生于浙江省乌镇。早年留学于美国，中国著名的农学家和植物学家。抗日战争期间，在四川研究小麦杂交育种颇有成绩。1941 年病逝。

② 天：依存或依靠。《汉书·郦食其传》："王者以民为天，而民以食为天。"

③ 贤：善。

④ 勤劬：勤劳。劬，劳苦。

⑤ 华妍：华美。妍，美好。

⑥ 花钿：首饰。

⑦ 中农二十八：沈骊英女士培植的新麦种。

⑧ 捐：除，去。

⑨ 参造化：可以同天地创造育化万物媲美。参，参与，参加。造化，创造育化，是说天地创造育化万物。

⑩ 岁：年，此处指一年的农事收成。《左传·哀公十六年》："国人望君，如望岁焉。"

⑪ 薪传：薪尽火传之意；即，柴虽燃尽，火种仍可流传。比喻道术学业师徒相传。

⑫ 期颐：百岁。《礼记·曲礼上》："百年曰期颐。"

⑬ 胡为：何为，为什么。不吊：不善，不仁。

⑭ 后稷：古代周族始祖。传说他擅长种植各种植物，在尧舜时代担任农官，教民耕种。

⑮ 奕叶：世次相续不断。

⑯ 荐存：用新成熟的五谷或者别的时新食物祭师。

参考文献

1. 冰心 . 悼沈骊英女士 . 冰心全集（第三卷）. 海峡文艺出版社，1995，8

2. 费孝通 . 一封未拆的信——纪念老师沈骊英先生 . 人生漫笔 . 同心出版社，2001，8

3. 沈骊英 . 十年改良小麦之一得 . 妇女新运（第一期）.1930，3

4. 沈宗瀚 . 沈宗瀚自述（上中下）. 黄山书社，2011，9

5. 钱天鹤 . 钱天鹤文集 . 中国农业科技出版社，1997（1）

资料链接

1. 凤凰网 · 历史 · 腾飞中国：农学先驱钱天鹤
2. 凤凰网 · 历史 · 腾飞中国：农学伉俪：沈宗瀚与沈骊英

王淑贞——中国现代妇产科学奠基人

经验是从实践中来的，医生的经验就是从询问病史、详细检查、作出诊断与正确处理过程中慢慢地积累起来的，缺一不可。

王淑贞

编者导读

中国现代医学史上杰出的女性和最早留美学医的女性——王淑贞教授，是我国著名的妇产科学家，曾是国家卫生部科学委员会委员、中华妇产科学会副主任委员、中华妇产科学会上海分会主任委员、上海妇产科医院院长，现代妇产科学奠基人之一。王淑贞这位苏州十全街怀厚堂王家走出来的三小姐，在这座古老的城市中度过了她的童年与青年时期。祖父王颂蔚是清朝进士，祖母创办了振华女校。在其祖母和母亲的影响下，王淑贞少年时便立志学医。因其家教甚是有方，其兄弟姐妹共 12 人，其中 7 人皆为一流科学家。1918 年王淑贞成为我国第一位获"庚子赔款"留学的女医师。她先后在波尔的摩高等女子大学、芝加哥大学、约翰·霍普金斯大学医学院就读，1925 年获霍普金斯大学医学博士学位，并在该医学院附属医院任医师。

王淑贞一生热爱医学，从事妇产科事业 60 余年。她曾抢救了很多生命垂危的妇女，治疗了无数疑难杂症。她严格教导年轻医师，组织全国知名教授编写医学生用的妇产科教材、供医师用的大型参考书和学术专著。她还从事女性内分泌、计划生育、难产及肿瘤等科学研究。她忘我的工作精神也令人敬佩。王淑贞长期担任医院的行政领导，工作繁忙，但她仍坚持担任本科生的妇产科教学工作，在她的长期培养下，院内人才辈出，在全国学术领域确立了优势地位。王淑贞教授不仅医术高超，而且医德高尚，能想病人之所想，急病人之所急，长期以来她以身作则，树立了医术精湛、医德至上的榜样。1991 年 11 月 2 日，王淑贞教授因病医治无效与世长辞，享年 92 岁。为缅怀王淑贞教授奉献的一生，医院于 1994 年院庆 110 周年之际，为她塑了一尊汉白玉半身像。60 多年来，王淑贞的名字与我国妇产科学的发展史紧紧相连，她的业绩和精神将与我国妇产医学事业永存。

医学院第一位中国籍校长，开妇产科学先河

1918 年 5 月的一天，天空明丽，阳光灿烂。上海外洋轮船码头，人头显得特别拥挤。在开往美国的外轮前，有 9 名二十来岁的学生模样的女孩，身边都围着一帮前来送行的家人与亲朋好友，她们依依不舍地与亲人一一告别，登上开往美国的轮船，她们就是考取清华大学庚子赔款奖学金的第三批派往美国留学的中国女学生。其中有一位漂亮的苏州姑娘，身材苗条高挑，在人群中真有点鹤立鸡群之感，她便是来自苏州的王淑贞。

光绪二十五年（1899）农历五月，王淑贞出生于北京，一个月后即随父母南归回到苏州老家。她是明代大学士王鏊的后裔，父亲王季同早年留学英国，是著名的数学家、机电学家，曾当选为中央研究院研究员。

8 岁时，王淑贞生母管尚德因产褥病不幸去世，这在她幼小的心灵中留下了深深的创伤。王淑贞是王季同的第三个女儿，但因其兄姊出生后先后夭折，她在家庭里素来是长女大姐的角色。10 岁那年，她进入由祖母创办的振华女中读书（今苏州市第十中学）。13 岁那年，她生了一场大病，病后身体十分虚弱，休学两年。由于自己长期生病感到苦闷，同时又看到生母因产褥病而死亡，继母第一次生孩子时也险些丧命，她于是立下了学医的志愿。16 岁时，她进入苏州景海女子师范学校（教会学校）学习。18 岁转入位于苏州沧浪亭的省立医学专门学校求学。两年后，她以同等学力

考取清华大学中美庚子赔款奖学金而赴美国留学。

来到美国后，王淑贞先在波尔的摩高氏女子大学学习一年，后转到芝加哥大学。她刻苦好学，用 3 年时间就读完了 4 年的课程，并获得理学学士学位。1921 年考入美国第一流的医学院——霍普金斯大学医学院，因成绩优异，多次受到学校奖励，1925 年获得医学博士学位，深得老师的赏识。原本可以申请继续深造，但因为她是中国女学生而不能被录取，于是她只能在该院任妇产科医生。一年后，她遇到了传教士劳合理（音译），劳合理是一位内科医师，是上海西门妇孺医院和前上海女子医院的主要美籍负责人。经他介绍，1926 年 8 月，王淑贞怀着报效祖国的强烈愿望，离开美国回国，应聘到开设在上海南市区方斜路的上海西门妇孺医院工作。

当时的西门妇孺医院还没有妇科，王淑贞进院后首先创办了妇科，并担任妇产科主任，同时还兼任上海女子医学院教授。她工作认真，医术高明，很快得到了老百姓的信任，医院业务不断发展。1932 年，国民政府教育部命令私立学校必须立案，并规定只有由中国人负责领导的学校才能申请立案。由于王淑贞高明的医疗技术和良好的威信，该校董事会一致推选她担任该校校长职务，终于使学校得以顺利立案。这样，王淑贞成了该校历史上第一位中国籍校长。

医学救国

1937 年"八·一三"事变后，医院遭到严重破坏，医疗和教育工作陷入停顿，王淑贞积极投入医疗救护工作，并支持丈夫倪葆春教授（著名整形外科专家，早年毕业于苏州东吴大学附中）发动在沪医护人员赴内地为抗日军民服务。日军侵占上海时，她利用地丰路觉民小学设立"难民医院"，收治从敌占区逃到上海的孕产妇和新生儿。一个月后，她租得徐家汇路 850 号骨科医院创立临时医院，为贫苦的病人提供免费治疗。同时，她带领部分医护职工在枪林弹雨中抢救残存的医院设备，并于 1938 年恢复女子医学院。

1941 年太平洋战争爆发后，医院的美籍医生护士均被送入集中营，医院具体工作即由王淑贞等数人负责。当时物价飞涨，医院收支难以平衡，她除了医疗业务外，还须负责财务，与全体职工想方设法坚持工作。1942

年，日本侵略者强令上海各大学必须向日伪政权注册登记，她毅然决定解散上海女子医学院，以维护民族尊严。

在战争中，位于南市区旧医院的房屋被枪炮流弹所击，至抗日战争胜利结束时只留下断垣残壁。为了修复医院，王淑贞于1946年底再渡重洋，赴美国募集捐款，制订出修理房屋计划，并由救济总署拨款购买部分医院设备。经过她的不懈努力，医院终于在1947年完成重建并恢复业务。重建后的医院屋顶为红色琉璃瓦，因此被沪上百姓亲切地称为"红房子医院"，一直流传至今。

当时国内战争进入高潮，国民政府管辖下的上海物价飞涨，民不聊生，很多人劝王淑贞："凭你的医疗技术为什么不去中国香港或者美国行医呢？"王淑贞则坚决拒绝，坚定地回答："我是一名中国医生，我不能离开祖国。"在极其困难的条件下，她与丈夫倪葆春教授一起毅然留下，坚持办院，迎接上海解放。1951年底，西门妇孺医院、上海红十字会医院及中山医院的妇产科合并为上海第一医学院附属妇产科医院，王淑贞出任妇产科医院院长兼教研组主任。在抗美援朝期间，王淑贞积极参加反美爱国活动，热情支持丈夫参加抗美援朝医疗队。她还多次写信给当时在美国的亲属，动员他们回国为新中国服务。在她的鼓励下，妹妹王明贞教授一家于1953年从美国返回祖国。王明贞回国后就职于清华大学，成为清华大学历史上第一位物理学女教授。

王淑贞始终坚信共产党的正确领导，拥护社会主义制度。她顾全大局，从不计较个人恩怨得失。1958年开展所谓的"拔白旗运动"，她遭到不应有的批判，受了很大的委屈。事后院党委向她道歉，她既往不咎，依旧积极投身于医学事业。"文化大革命"期间，"造反派"勒令她打扫厕所，长期的靠边劳动，王淑贞的身心遭受严重摧残，但她始终未动摇对党、对社会主义的信仰。1978年平反时，她坦荡地说："全国这样大的运动，连国家主席都被打倒了，我个人得失算得了什么？只可惜我的大好时光浪费掉了。"说到这里，她流下了热泪。

王淑贞唯一的儿子在美国工作，1980年夫妇俩去美国探亲，这对早年都留美的老教授，对美国的生活自然是熟悉和习惯的，照理完全可以定居美国，全家老小团聚在一起，享受天伦之乐。然而，他们始终觉得自己的事业在祖国，原本一年的探亲时间，结果3个月就提前回来了。后来，他们还动员亲属专程从美国赶回上海，向上海市教育发展基金会捐献了420万元人民币。

探索创新，永无止境

在医学探索的漫长征途上，王淑贞非常重视科学研究，洞察国内外学科发展动向，注重新兴学科建设。早在20世纪40年代妇科内分泌学处于萌芽状态时，王淑贞教授就着手进行研究，并组织医生开设内分泌门诊，建立实验室，开展临床应用，使该院妇产科在内分泌学术领域至今仍保持着国内领先地位。产后流血是危害产妇的严重并发症，20世纪50年代初期，王淑贞即对产后流血的防治进行研究，写出了《产后流血的研究》。之后，她又从事腹膜外剖宫产的研究，在国内首先开展腹膜外剖宫产的操作，对以后进行腹膜外剖宫产手术具有指导性意义。1954年起，她又开始从事产道异常的研究，在院内开设产道异常门诊，进行骨盆外测量的研究，填补了国内的空白，引起国内妇产科学者的广泛重视，为以后研究难产奠定了基础。她同时开展妇科肿瘤的普查普治工作，并组织开展妇科恶性肿瘤根治手术，宫颈癌、子宫内膜癌及输卵管癌等疗效达到了国际领先水平。1958年，王淑贞出席在莫斯科召开的苏联第十次全苏妇产科医师代表大会，在会上宣读了《原发性输卵管癌》论文，获得与会者的好评。后来，此论文发表在1958年的苏联《妇产科杂志》上。

王淑贞是我国最早从事和研究计划生育的妇科专家之一。20世纪60年代，她通过在美国行医的儿子得到了宫内节育器，并将其应用于临床，为这一简易可行的避孕方法推广至全国奠定了基础。1963年，她开始担任第一届全国计划生育委员会主任，继续探索更有效的避孕方法。身为全国人大代表，她在提案前都会作大量的调查研究，推动中国妇产科学的发展，并努力开展了全国妇幼保健工作和计划生育工作。她从国外引进宫内节育器，为以后在国内推广使用打下了基础。1964年，周恩来总理亲自"点将"，由她担任全国计划生育临床组负责人，她卓有成效地领导了全国计划生育的临床研究，为中国特色的计划生育研究与发展作出了积极贡献。她还曾担任中国首届计划生育协会理事会理事，并在自己所在的医院指定专人从事计划生育工作，摸索有效的避孕方法等。

60 余载，心系医教研

在临床医疗中，王淑贞对病人认真负责，业务上精益求精，素以诊断正确、处理果断、手术细致著称。她治学严谨，反对照本宣科，主张启发式的讨论，提倡学习国外先进技术和经验。她经常教导下级医生："经验是从实践中来的，医生的经验就是从询问病史、详细检查、作出诊断与正确处理过程中慢慢积累起来的，缺一不可。"她的手术操作细致、干净、利落，解剖层次清楚，独具一格。她对下级医生做手术要求很高，当下级医生还不能胜任某类手术时，她绝不随意放手，更不允许在病人身上练刀，她常说："手术不在乎做得多，而在于做得精，做一次手术要有一次收获；手术不在乎快，而在于妥善地解决问题，更不允许给病人造成不良后果。"她对消毒隔离要求严格，不赞成乱用抗生素，她对手术的病人很少用抗生素。她工作勤奋刻苦，常常工作到深更半夜，有时工作忙就干脆住在医院集体宿舍内，一周回家一次。平时午饭后她从不休息，不是批改论文就是阅读文件和报表。星期日对她来说只不过是"星期七"。她家住市郊，为节省时间，自 1958 年起，她干脆住进医院的集体宿舍，每到周六才回家一次。这样，无论白天黑夜，她随叫随到。尽管长期担任医院的行政领导，工作繁忙，但王淑贞仍然坚持担任本科生的教学工作，在 60 岁高龄的时候，她仍坚持门诊和手术，树立了医术精湛、医德至上的榜样。

王淑贞是著名的医学教育家，无论在女子医院任教还是在妇产科医院担任教学工作时，她都十分认真负责，精心准备每堂课，因其教学效果好，深受学生欢迎，20 世纪 50 年代初即被评为一级教授；她治学态度刻苦严谨，作风一丝不苟，审改论文认真细致，从设计、统计数据包括汉字简化、标点符号等都逐字逐句修改，任何细小的缺点和谬误，都逃不过她的眼睛；她对培养下一代更是倾注了满腔热情，83 岁高龄时还坚持亲自为研究生审阅修改论文，主持论文答辩会。

王淑贞对我国妇产科学发展作出的杰出贡献，还体现在她丰富的著作上。1960 年，她主编出版了我国第一本全国高等医学院校教科书——《妇产科学》，一直为国内各医学院校所用，10 年内再版 3 次，1977 年荣获全国科学大会奖。1979年，她以80岁高龄主编出版了《现代妇产科理论与实践》一书，是妇产科领域中最新而又最实用的参考书。1985年，86岁的王淑贞又着手主编大型参考书——《实用妇产科学》，于1987年出版问世，1990年荣获全国优秀科技图书一等奖。此外，她还担任《中国医学百科全书》"妇产科学"分卷的主编，参加全国大型辞书《辞海》"医学部分·妇产科学"的编写修订以及《医学英语辞典》的编订工作，给后人留下了宝贵的知识财富。

王淑贞还担任了大量的社会工作，历任中华妇产科学会副主任委员，中华妇产科学会上海分会主任委员，中华医学会总会理事，中华妇产科杂志编委，卫生部科委委员，上海医科大学专家委员会委员，上海医科大学妇产科医院名誉院长，中华医学会理事，中华妇产科学会副主任委员，中华妇产科学会上海分会主任委员、顾问，中华医学会妇产科杂志副总编辑，首届中国计划生育协会理事会理事，上海市第七届妇联副主任等职，先后被选为全国及上海市第一、二、三届人大代表，第五届全国政协委员。1978年、1982年两次被评为上海市"三八红旗手"。为表彰她对我国妇产科学事业所作的杰出贡献，1984年中华医学会授予她"表彰奖"，1985年她又荣获首届中国福利基金会妇幼儿童工作"樟树奖"。

1986年，是王淑贞从医执教六十周年，医院的全体同志为她举行了热烈而隆重的庆祝大会。妇产医学界的知名人士、上海市卫生局、上海市妇联及上海医科大学的领导均到会祝贺，向她颁发了奖状，高度评价和赞扬她为妇产科事业所作出的贡献，而她却谦逊地说："这是大家的功劳。"1991年11月2日，王淑贞教授因病医治无效与世长辞，享年92岁。为缅怀王淑贞教授奉献的一生，医院于1994年院庆110周年之际，为她塑了一尊汉白玉半身像。60多年来，王淑贞的名字与我国妇产科学的发展史紧紧相连，她的业绩和精神将与我国妇产医学事业永存。

互动问答

1.1918年春，清华大学在沪招考留美女学生，年仅19岁的王淑贞考取中美庚子赔款奖学金，告别祖国和亲人，赴美留学。在美期间，她用3年时间读完4年课程，于1921年获得理学学士学位。同年考入美国第一流的医学院约翰霍普金斯大学医科学习，她勤奋努力，成绩优异，受到学校奖励，获金质奖章三枚。1925年，她获得医学博士学位。王淑贞的学习生涯令人赞叹，你从她的学习生涯中体会到了什么？对你自己的学习生活有何启示？

2. 在抗日战争期间，王淑贞抵御重重艰难和阻碍，毅然坚持她的医学救国事业。你从她的行为中体会到了什么样的品质？

3. 王淑贞十分重视第一手资料和基本功的训练，经常教导下级医生："经验是从实践中来的，医生的经验就是从询问病史、详细检查、作出诊断和正确处理过程中慢慢积累起来的，缺一不可。"学习医学的过程是这样，高中学习同样也是这样。对照王教授对下级医生的指导，你能对自己提出一些学习上的要求和指导吗？

附录

生平介绍

王淑贞（1899—1991），医学专家、医学教育家。1899年5月21日出生于北京，出生后一个月就随父母移居苏州老家。1914年从振华简易师范毕业。1917年入江苏女医学堂学医，次年考取清华大学庚子赔款奖学金赴美留学。1921年获芝加哥大学理学学士学位，同年，考取霍普金斯大学医学院，1925年获医学博士学位。1926年回国，在上海西门妇孺医院任妇产科主任，兼上海女子医学院教授。1932年任院长，是该校第一位中国籍院长。

"八·一三"事变后西门妇孺医院遭破坏，王淑贞积极投入战时医疗救护，利用小学校舍办难民医院。1942年，日本侵略者强令上海各大学向日伪政权注册登记，为了维护民族尊严，她毅然解散了上海女子医学院。抗日战争胜利后，王淑贞再渡重洋，赴美募集捐款，于1947年重建西门妇孺医院。由于重建后的医院屋顶为红色，民众亲切地称之为"红房子医院"。1951年西门妇孺医院改组为上海第一医学院附属妇产科医院，王淑贞一直担任医院院长兼妇产科教研室主任。1978年妇产科研究所成立，王淑贞兼任所长。

20世纪40年代末，王淑贞在医院建立妇科内分泌实验室，开设内分泌门诊，使这一学科在国内保持领先地位。50年代，研究实施妇科恶性肿瘤根治，取得较好疗效；同时开展产后流血防治、腹膜外剖宫产和产道异常的研究，其中产道研究取得中国妇女骨盆外测量的正常数据，填补了国内空白。60年代初，从国外引进节育器，并在国内推广使用。

王淑贞是中国妇产科学的奠基人之一，与著名妇产科专家林巧稚齐名，有"南王北林"之誉。1960年，她主编了我国第一部全国高等医学院校统一教材《妇产科学》，该书曾多次再版，1977年获全国科学大会奖。1979年主编的《现代妇产科理论与实践》，获国庆30周年献礼奖，1982年获全国优秀科技图书奖。1987年主编的《实用妇产科学》，获1990年全国优秀科技图书一等奖。她还曾主编《中国医学百科全书》妇产科学分册，参加《辞海》医学部分和《医学英语辞典》等书的编写和修订。

新中国成立后，王淑贞历任卫生部医学科学委员会委员、中华医学会理事、中华妇产科学会副主任委员、《中华妇产科学杂志》副总编辑、首届中国计划生育协会理事；曾任上海医科大学妇产科医院名誉院长、一级教授；还先后被选为第一、二、三届全国人大代表，第五届全国政协委员，上海市第七届妇联副主任。1978年、1982年两次被评为上海市"三八红旗手"。1984年中华医学会授予其"表彰奖"。1985年获首届中国福利基金会妇幼儿童工作"樟树奖"。1991年11月2日于上海病逝。

王淑贞从医执教60余年，治学严谨，医德高尚，一生献给医学事业。生前她把自己的存款捐给上海第一医科大学作为出国奖学金，还把自己的住宅捐献给上海市政府，后作为传染病医院院址。

参考文献

1．李嘉球．王淑贞："红房子医院"的掌门人．苏州日报．2013，4

资料链接

1．颜志渊．我国现代妇产科学的奠基人王淑贞教授．九三学社上海市委员会官网

2．纪录片：大师：王淑贞

3．复旦大学上海医学院妇产科学系

王明贞——首位清华大学女教授

对学生提的问题，如果一时没有答案，千万不要急于回答，要告诉学生，回去查一下再给他们准确意见，这是对学生负责，更是对职业负责。

王明贞

编者导读

她，出生苏州名门。她的家庭是当时国内罕见的知识分子世家。远祖可以有记录地追溯到明朝的一位文渊阁大学士（相当于宰相），名叫王鏊（1450—1524）。祖父王颂蔚（1848—1895）是王鏊的第十三代孙；祖母谢长达是我国近代著名的女教育家、当时苏州知名的女权运动先驱，她一手创办了苏州振华女中（新中国成立后改称苏州市第十中学）；父亲王季同是清末民初著名的数学家、电机学家；叔伯辈中有王季烈、王季点、王季绪等科技专家、教育家；她的兄弟姐妹7人都与清华有很深的渊源，都是一流的科学家，其中两人为中科院院士。

她，中国最早的女物理学家之一。她对统计物理学，尤其是玻耳兹曼方程和布朗运动有深入系统的研究。首次独立地从福克－普朗克（Fokker-Planck）方程和克雷默（Kramers）方程中推导出自由粒子和简单谐振子的布朗运动。与导师 G.E. 乌伦贝克（Uhlenbeck）合作写成《布朗运动的理论》

一文，至今一直作为了解和研究布朗运动最主要参考文献之一。她被誉为"中国的居里夫人"，这一称号曾被用在 3 名女物理科学家身上，另外两位为吴健雄、何泽慧（王明贞的表妹）。

她，清华大学首位女教授，杰出的物理学教育家。清华大学对她作出了这样的评价："王明贞先生为我校统计物理学科的建设开创了先河。她以其广博而深厚的平衡态和非平衡态统计理论融会于教学之中，形成了王氏风格。王先生担任统计物理热力学的教学工作，为培养我国自己的物理学家、工程物理学家作出了重要贡献。"

早年学业几度坎坷

显赫出身

在苏州古老的十全街上，有一户叫"怀厚堂"的百年老宅。1906 年初冬，王明贞就出生在那里。母亲因难产去世，失去母爱的王明贞，一直受到祖母谢长达的爱护。她的家庭是当时国内罕见的知识分子世家。

祖母谢长达是我国近代著名女教育家、社会活动家。她忧愤于民族精神之羸弱，女子地位之低下，创办了一所女子学堂"振华女子学校"（新中国成立后改称苏州市第十中学），取孙中山先生"振兴中华"之意，她是那个年代民主自由风气的大声疾呼者和身体力行者，一生致力于教育救国事业。

父亲王季同是清末民初著名数学家、电机专家，是我国第一个在国际数学刊物上发表学术论文的学者。他自学成才，精通数理化。他一生的工作是在电机、化学、机械工程三方面；伯父王季烈是清末民初物理学著作翻译家，他是将日文"格致"翻译成"物理学"的第一人，并将其翻译出版的第一本具有大学水平的教科书命名为《物理学》，为近代物理在中国的传播作出了重要贡献；王明贞兄弟姐妹 12 人，除 5 人早夭外，其他 7 人都曾就学或执教于清华大学或西南联大，其中两人为中国科学院院士。

在王明贞的童年记忆中，母爱只是一个模糊的概念。印象最深的是永远严厉、不苟言笑的父亲。幼年的王明贞几乎没有看过父亲的笑脸，只在不经意间看见过他为了改进电器线路而独自思考的严肃表情。王明贞兄弟姐妹也常常"受父命"思考一些数学或物理方面的小问题。

同父亲一样严肃的还有祖母，在王明贞的记忆中，"她是一位令人畏惧的长者"。在王明贞 10 岁的一天里，祖母看到王明贞在家给弟弟穿衣服，便愤怒地说道："明贞这时应当去学校念书，怎么能把她留在家里当婢女使唤？"从那以后，王明贞便进入了振华女中附小读书，走上了一条与当时绝大多数女孩截然不同的人生道路，并在此确立了她最初的学业与人格。

辉煌的中学时代

入学后的王明贞很快表现出高于常人的学习天赋：在振华女中读小学时跳过级。大约在她念完初中二年级时，父亲携全家搬到了上海。

几经周转她来到了晏摩氏女中——一所美国人创办的教会学校，直到高中毕业。这所学校的学生多半家境富裕，而王明贞的穿着比较寒酸，总是受到同学的嘲笑。在第一个学期的大考结束后，同班同学发现她的成绩是全班第一，每门课的总分都是"A"。这使大家十分惊奇，从此她们对她非但不歧视反而很敬重。此后的三年里，尤其是最后的两年里，她感到生活越来越轻松愉快。在校长赛里女士的办公室桌上放着一只银杯，凡是符合三个条件的学生可以享受把名字刻在这只银杯上的荣誉。第一个条件是学习成绩始终全"A"，第二个条件是不缺席一次宗教活动，第三个条件是上课没有请过假。王明贞赢得了这个殊荣。

在晏摩氏女中的最后半年，是她最忙的一个学期。除了日常功课外，她还要参加两件大事：一是毕业演出，二是编辑毕业班的年刊。毕业演出是由英语老师一手包办的，最后确定的剧本是莎士比亚的《仲夏夜之梦》。这个剧本有 5 个主角，她扮演了其中的一个女主角。而由毕业班出年刊，这在晏摩氏还没有先例。年刊是用中英文写的，不过主要是英文。王明贞被推选为总编辑。

王明贞的成绩让同学们对她刮目相看，有同学写诗赞曰：

明贞苏产也
聪颖过人
不必孜孜苦习而成绩斐然
每试辄冠全级
然君未尝以此自足矣

和蔼接物以诚

本刊物编辑非君莫可

以知其才能矣

进大学一波三折

王明贞中学毕业后进入大学，并非一帆风顺。父亲所持的态度是既不赞成也不干涉，因为他自己是自学成才，希望儿女们也自学。继母则坚决反对，一门心思地张罗着给她托媒提亲。中学毕业后的王明贞身无分文，感到前途渺茫。其间，她险些被迫与父亲老友的儿子成婚，好在对方要到德国留学4年，她才得以暂时解脱。

订婚后不久，正好遇上姐姐王淑贞（杰出的妇科专家，与林巧稚齐名）学成回国。姐姐得知她的想法之后全力支持她继续读书。1926年秋，王明贞以优异的成绩顺利进入南京金陵女子大学。1928年秋她转学到另外一所教会大学——北平燕京大学，直接进入燕大物理系的三年级。

在燕大，她记得选过一门解析几何课。教课的老师是位英国人，叫莫根夫人，她讲课特别认真。在三年级的第二学期开学前，莫根夫人问王明贞："下学期有个护士预科班需要一个教数学的教师，不知你愿不愿意担任这个工作。每周两堂课，报酬是每月8元。"追求独立的王明贞一听就立即答应下来了。王明贞给她们上课时，莫根夫人常去听课，提些意见。她从此学会了认真教课的本领，获得了一定的教学经验。

出国留学再遭坎坷

大学毕业后王明贞的第一个计划就是想出国留学，但婚约成了拦路虎。她决定解除婚约，但遭到了父亲的坚决反对，并以断绝父女关系相要挟。姐姐又一次给她解了围。姐姐向父亲说："明贞想出国留学，这是她一贯的志愿。你若勉强她结婚，结果不会使她快乐，搞不好也许会造成悲剧。"父亲听了觉得也有理，所以就同意了。

解除婚约后的王明贞一身轻松，在1930年她立即写了一封信到美国密歇根大学，索要到一份申请奖学金的表格，很快把中学、大学的成绩单和老师的几封介绍信一并寄去。对方立即回信表明，可以给明贞一个4年全额奖学金，包括学费和生活费，不过赴美的路费得自己出。

赴美路费在当时是笔很大的数目，自强独立的王明贞不愿意向继母要，也不愿意再麻烦哥哥或姐姐，决定工作几年攒够路费再去申请，所以就写信到密歇根大学回绝了奖学金，推托说由于母亲生病而不能去。这当然是撒谎。当时，她没有想到，此举使她留学的行程延迟了整整8年。

王明贞留在了燕京大学做助教，同时攻读硕士研究生。1935年的一个夏天，她以第一名的成绩考取了当时被称为"庚款考学"的公派留学资格。然而，在决定庚款人选名单的会议上，吴有训，这位物理学界的权威拍板定音："送一个女子去学物理，就好比将钱扔到水里，不如让第二名去！"（第二名，当然是个男生）整个委员会同意了吴的意见。于是，命运又一次捉弄了她。唯一的理由，仅仅因为她是女人！

失望之余，王明贞来到金陵女大任教。1937年抗战爆发，不久，战火向南京蔓延。金陵女大大本营迁往成都。那时，金陵女大校长吴贻芳了解到王明贞的遭遇，深为不平，特向密歇根大学写了封推荐信。王明贞再度得到了期盼已久的密歇根大学4年全额奖学金，这才圆了她的留学梦。

回忆这段经历时，王明贞感慨地说："人生就是机遇，我还算是幸运的。"

负笈海外成为"另类"

学业再创辉煌

1938年，王明贞扬帆起航，终于来到了美国密歇根大学。在美国读书时，王明贞被教授称为"中国的居里夫人"，对这样的褒奖她是谦而拒之的，但她的聪慧却是令教授们难忘的。

在美第一学期的考试，明贞很想考得好一点，给教授留个好印象。可是事不凑巧，金陵女子大学前校长告诉她下周要来探望她，她只好一边应筹一边备考，根本无法全力以赴。考试之后的第一堂课，同学们心里都不免暗自打鼓，教授一进教室，脸拉得老长，大伙一看就知道不妙。那天的评卷课，明贞至今难忘，她讲道："丹尼斯教授大发雷霆，说从没见过一群这么笨的学生，全班最高分只有36分！我心想，假如我只得了36分，那就意味着我必是犯下了很多很严重的错误，我也不能再跟先生学了。"想到此，一下课她就夺门而出，问丹尼斯教授："我到底得了多少分？"教授答道："你得了 100 分！"原来，丹尼斯教授根本没把她算在学生内，在他的眼里，她是一个外国人，班上唯一的外国人。

秀外慧中的王明贞理论课成绩全是"A"和"A+"，有一门数学课还得到了"A++"；4 年课程实际只用 3 年就修完了；在校期间她还获得了 3 枚金钥匙奖，其中一个是当时全美学生的最高荣誉奖。

骄人的理论物理成就

1942 年，王明贞获得博士学位。不久之后太平洋战争爆发，王明贞原计划学成回国，现在只好在美谋职。她的导师谷德斯密（Goudsmit）教授就把她推荐给老友老搭档乌伦贝克（Uhlenbeck）。谷德斯密和乌伦贝克都是埃伦费斯特（Ehrenfest）的学生，两人最有名的工作是发现了电子自旋。而埃伦费斯特是玻耳兹曼（Boltzmann）的学生（埃伦费斯特对相变理论有很大贡献，并在量子论的兴起中起了一定作用）。谷德斯密后来长期担任《物理评论》（Physical Review）的主编，创办了今日吃物理饭的人孜孜以求的《物理评论快讯》（Physical Review Letters）。所以王明贞是玻耳兹曼学派的嫡系门人。

麻省理工学院（MIT）的辐射实验室（当初的创办目的是为战争服务，属于辐射实验室的一部分）是雷达的诞生地，属保密机构。任何人想要进入那里工作，首先要接受美国联邦调查局严格的背景调查。经过长达 3 个月的等待，王明贞进入辐射实验室理论组工作，再一次成为"唯一"。作为十几位理论研究者中唯一的女性，王明贞负责研究噪声理论。开始时，有些美国人对她态度冷淡，在看到她确实解决了一些有难度的计算问题后，才逐渐对她表示尊重。1945 年秋季，第二次世界大战结束后，麻省理工学院把几年来辐射实验室为战争而进行的研究工作，用一部丛书的形式公开发表，其中，王明贞所做的关于噪声理论方面的工作全部载入了这部丛书。

后来，王明贞和导师乌伦贝克加入了谷德斯密的实验室。年轻的施温格 [Schwinger，战后发展量子电动力学，后与费曼（Feynman）和朝永振一郎（Tomonaga）一起获诺贝尔奖] 也在那里工作。1944 年夏，王明贞和导师联名写了一篇关于布朗运动理论（On the theory of Brownian motion）的论文，刊登在 1945 年的《近代物理评论》（Review of Modern Physics）上，连吴大猷先生都曾提起"她写的论文很出名"。在之后的半个多世纪里，这篇文章一直被评为"20世纪上半叶物理学方面最有影响的论文之一"。据 SCI（世界著名的三大科技文献检索系统之一）记录，该文已被引用 1500 次以上，即使在 60 多年后的 2009 年还被引用了 19 次。50 多年后，在美国学者撰写的纪念"噪声"诞生一百年的文章中这样写道："王的论文，思路清晰，直接明了，比阅读过去 50 年来出版的无数随机微分方程方面的著作要好几个数量级，堪称经典。"

回国执教，清华流芳

回国路有险阻

1946 年，王明贞回到祖国，接受云南大学邀请到那里任教，并在那里结识了她后来的丈夫俞启忠。俞先生比王明贞小 7 岁，学的是文科，但他为人正直，聪明有才，两人一见如故。婚后，俞先生很想到国外进修，明贞为此积极联络。后来收到美国诺屈丹姆大学之邀，他们一起赴美。

1949 年 8 月，王明贞再次踏上了美国的土地。与多年前不同的是，她并非孤身一人了。在美国，王明贞依旧作她的研究，而丈夫俞启忠则在各个学校参观"取经"。

出乎夫妇俩意料的是，1949 年竟成了如此不平凡的一年——新中国成立的消息传来，唤起了留美中国学生回国报效国家的热忱，王明贞夫妇归心似箭。

然而，当时的美国，麦卡锡主义盛行，对华人归国百般阻挠，在美国保密机关工作过的科学家们更是上了"黑名单"。移民局多次召王明贞去盘问，王明贞毅然辞职，不愿再为美国政府效力，也因此失去了丰厚的收入。

当时，王明贞夫妇留下了半年的生活费，哪知美方敌意的态度让他们的计划搁浅了两年之久。靠学教育学的丈夫在一个旅馆里做管理员，生活才得以维系。从 1952—1955 年 3 年多的岁月充满了斗争、焦灼、愤慨和期待，他们度过了一段漂泊的岁月，她甚至担心 FBI 为阻止她回国，会把她投进监狱。他们屡次去预订船票，又屡次延期。这两年中，王明贞的家成了很多有志归国的旅美青年的联络站。

1955 年，在周恩来总理的直接关怀下，不惑之年的王明贞和丈夫回到祖国，他们成为年轻的共和国的骄傲。

刚刚回到祖国的王明贞，在留学生工作志愿表上写下了"服从分配"4个字。于是，她很快被教育部分配到清华大学物理教研组工作。1955年9月，王明贞夫妇将住所搬到清华大学，自此开始了她的清华从教生涯。

淡泊名利，潜心教学

王明贞成为清华大学建校以来的第一位女教授。她中断了对"布朗运动"和"噪声理论"的研究，悉心搞起了教学。

来到清华，王明贞做的第一件事就是成立理论物理教研室。她加入理论物理组后，时任理论物理组组长的徐亦庄教授想让王明贞做组长，被她婉言谢绝；明贞到校不久，她找到领导说，教授的级别要降一级，只因为同船回来的徐樟本先生比她少一级，她认为这不合理，如果不降这一级，她宁可放弃这项工作。

王明贞的教学让人印象深刻。曾经在理论物理教研组担任助教的王诚泰老师回忆说："王先生备课极为认真，她对每一个公式、每一项系数都要推导和检验，她鼓励学生提问并与他们平等讨论。"侄女王忆至今还记得王明贞说过的话："对学生提的问题，如果一时没有答案，千万不要急于回答，要告诉学生，回去查一下再给他们准确意见，这是对学生负责，更是对职业负责。"

20世纪60年代前后，王明贞成了"沉默的王教授"，用她自己的话说，就是"不喜欢抛头露面"。有一次，全国妇联要在北京开大会，邀请王明贞作为北京市妇女代表参加，王明贞说："我认识的北京市妇女很少，怎么能做全市妇女的代表呢？"大会工作人员说："您的名字已经正式通过，改动也不方便。"王明贞只好勉强前往参加，却在小组会上一言未发。

王明贞执教清华11年，直至1966年"文革"开始，她被迫走下讲台。"我是认真备课的，从来没有在课堂上说过一句废话。"这就是王明贞对自己11年清华从教生涯的评价。

风骨永存，山高水长

五年铁窗生活

时光犹如潮水，它把人抛向一个又一个无法预料的际遇里，让人们时而满怀希望，时而深感无奈。命运偏偏要与恶魔为伍，摧残这位女科学家，以囚禁来考验她的心灵。1968 年，62 岁的王明贞遭"四人帮"迫害入狱。

1968 年 3 月的一个夜晚，俞启忠刚穿好衣服，两名公安就强行把他带走了。明贞和老俞未能告别，就双双陷入囹圄，冤狱经历了五年零八个月。

面对不公，她没有丧失信念

王明贞还记得，她在监狱里如饥似渴地阅读马克思的著作，她专门将书中作为证明理论的每一道公式全部在脑子里推演一遍，竟然发现有三四个地方的计算结果和理论不符。王明贞想，这一定是因为这本著作出版时，马克思去世了，出版人恩格斯也没有发现这些错误。

1973 年王明贞终于战胜时间，得到释放。结论是："事出有因，查无实据"，直到 1979 年，中央组织部为启忠的哥哥俞启威（党内名字叫黄敬，原天津市第一任市长、第一工业部部长）平反，在会议上宣布对俞家的迫害都是江青一手操纵的。一切不幸都来自那道魔鬼般的阴影——俞启忠的哥哥曾是江青的情人。

90 多岁的王明贞在和别人谈起这段岁月时，轻轻付之一笑，从容、淡然。

1973 年，王明贞重返工作岗位，并利用退休前最后 3 年时间编撰字典。1976 年，"四人帮"被粉碎，这一年她已经 70 岁了，也正式退休了。是年华似水，还是人才似水，着实令人戚戚焉！

简朴、平静的晚年生活

退休后的王明贞安居在清华园的家中，花园里有月季，屋里有盆景……夫妇俩订了七八份报纸，《参考消息》天天从头读到尾。1999 年老伴去世后，王明贞便很少出门，只在天气暖和的早晨到户外晒晒太阳。她每天用的藤椅还是 1955 年回国时买的。40 多年了，几经她亲手修补，一直都在用；97 岁高龄时，她还亲自缝制了一件皮袄，她坚持每天做半个小时，从拼皮到挂面都是自己做的，还配上自己缝制的不同色彩的纽扣。

爱生如子

王明贞夫妇膝下无子，只有一个年老的保姆和他们共同度过了十几个年头，当然，还有王明贞的学生们。为人师者，感染着学生的是才学和魅力，而王明贞更把学生视如子女，学生视她如慈母。

2002 年，96 岁高龄的王明贞为了请学生吃饭，执意亲自下厨。每一个海参都被她精巧地做成蝴蝶造型，学生们吃的每一颗草莓都是她当日清晨亲自去采购的，为了这顿和学生的聚餐，王明贞足足准备了一个星期。

一次，90多岁的王明贞在校园散步时，发现一名学生正在复习统计力学，她竟然给这个学生答疑了两个多小时。快到下午1点钟了，还没有回家吃午饭，急得家人四处找她。

学生们每逢元旦、春节、教师节都要去拜访王明贞，会书法的学生写了韩愈的《师说》条幅送给她，她把条幅一直挂在客厅里。

一生爱国，无怨无悔

退休后的王明贞从来没有向学校和院系提过任何要求。"她是那种能不麻烦别人就不麻烦别人的人，唯一一次很严肃地召见我，竟是向我打听遗体捐献的事宜。原来，他们夫妇相约去世后将遗体捐献给祖国的医学事业……"吴念乐说着说着哽咽了。

"希望在我有生之年，台湾能够回归祖国。"90岁生日时王明贞许下的这个心愿，至今仍在她的弟弟、中国科学院院士王守觉耳边回响。"姐姐平和的语句，震撼着我们每个人的心灵，她对祖国的这份赤诚没有人会忘记。"

这就是王明贞的一生，放射过光芒，也经历过磨难。正是这个具有强大理性的女人，在人生的任何时候，都一以贯之地用达观的态度超越种种的不利，使她的人生放射出耀眼的珍珠般的光芒。

互动问答

1. 王明贞先生早年研究布朗运动，你能说一下什么是布朗运动吗？

2. 王明贞先生一生淡泊名利，听从祖国召唤，为国奉献，对你有何启示？

附录

生平介绍

王明贞（1906—2010），中国早期理论物理学家，曾就读于振华女校。1906年生于江苏苏州，1923—1926年，在教会学校上海晏摩氏女中学习。1926—1928年，在南京金陵女子大学学习。1928—1932年就读于燕京大学物理系，先后获得学士、硕士学位。1932—1938年，在金陵女子文理学院数理系任教。1938—1942 年，在美国密歇根大学物理系学习，取得博士学位。1943—1945 年，在美国麻省理工学院雷达研究室任理论物理组副研究员，参加美国早期军用雷达研制。1945 年，与乌伦贝克合作发表论文《布朗运动的理论》。1947—1949 年回国任云南大学物理系教授。1949—1952 年二度赴美，从事理论物理研究，担任美国诺特丹姆大学副研究员。1955—1968 年，在清华大学物理教研组理论物理组任教授。1968—1973 年，遭受"四人帮"迫害入狱。1973 年返回清华大学工作，1976 年 12 月退休。2005 年，在清华园度过百岁华诞。2010 年 8 月 28 日，王明贞因病在北京逝世，享年 104 岁。

王明贞先生对今天的启示

王明贞先生对今天的启示

朱邦芬（作者系中国科学院院士、清华大学物理系教授）

我在中科院半导体所工作时认识大王先生（王守武）和小王先生（王守觉），也听说过他们的姐姐——王明贞先生。2000 年以后我到清华工作，尤其是 2003 年以后当了物理系主任之后，和王明贞先生有了较多的直接接触。

王明贞先生是一位著名的女物理学家和杰出的物理学教育家，这两个称号可以概括她的一生。今天我们追思她，可以从她这一生所走过的道路，从她所取得的成就和为人，悟出一些教书育人的道理，也悟出一些做人和做事的准则。

王先生是一位作研究非常认真、非常沉得住气、非常纯的人。她一生发表科学论文不到 10 篇，比许多人一年发表的论文数还要少，但她的多项研究工作都经得起时间的考验。她 1945 年在《现代物理评论》（Review of Modern Physics）上发表的论文《关于布朗运动的理论 II》（On the Theory of the Brownian Motion II），前两天，我查了一下 Web of Science 上的收录情况，从今年初至今还有 9 次引用。65 年过去了，她的论文还有人在阅读、在研究、在引用，这是很了不起的，说明她的著作是沉淀下来的经典著作。此外，王先生在第二次世界大战中对噪声理论的研究，为雷达的研究和改进作出了重大贡献。一个科学工作者一辈子发表文章的数量是没有多大意义的，重要的是能为后人留下点有价值的东西。王先生这种求真的精神，正是科学研究的真谛，值得这个时代的科研工作者好好学习和继承。

王明贞先生淡泊名利，我们现在的许多教授和她完全不能相比。现在有些号称从国外"全职回来"的人，一年在国内工作的时间很短，但是什么待遇都伸手要。王明贞先生从国外回来的时候，清华大学给她定了二级教授，但是她知道与自己同船回国、同到清华物理教研组工作的徐璋本先生只是三级教授，她硬是辞掉了二级教授，改成了三级教授，坚称这样对学校的工作有利。这种高风亮节是我们今天特别缺乏的。王先生回国以后对教学和培养学生极为投入。中国的科研领域现在成绩很大，但阻碍我们进一步提高的一个大问题是急功近利，我们欠缺的是王明贞等老一辈科学家不计较个人得失、甘为人梯的精神。

王明贞先生的家族，从父辈到他们这一辈出了很多杰出人才。我们现在对于培养杰出人才有一个基本观点，认为杰出人才不是课堂上教出来的，关键是要创造一个使杰出人才能够脱颖而出的良好环境。现在我们的学生当中也存在类似现象，优秀人才是一批一批出现的。有时候，同一个班级、同一个宿舍的学生都很优秀；而有的班就不行，一个优秀学生都没有冒出来。这说明环境是一个重要因素。我觉得王明贞先生的家族是值得研究的，到底是什么环境、什么条件使他们一个个地脱颖而出？

王明贞先生虽然走了，但是她留给我们的宝贵精神遗产，值得我们去总结、去发扬。作为王明贞先生的同事和晚辈，我们应该继承王先生的精神和思想，以纯净之心治学，以博大之心育人。

参考文献

1. 王明贞. 转瞬九十载. 物理. 2006（3）

2. 董蔚. 一代女才　玉汝以成——记我的邻居王明贞. 家在清华. 山东画报出版社，2008，4

3. 朱邦芬. "中国居里夫人"的传奇人生——追忆物理学家王明贞. 中国教育报，2010，11

4. 韩永茂. 王明贞：中国的居里夫人. 人物周刊. 2011（2）

蒋恩钿——月季夫人

只有在和平时代才能创造美丽。没有和平，只有创伤，像第二次世界
大战时，我们天天住在防空洞里，谁还能看见这美丽的世界呢？

蒋恩钿

编者导读

月季花的定名有许多有趣的故事：有的育花人杂交出来的新品种，都
想把自己和月季花联系起来，蒋恩钿在这方面很关注爱花人的心态。比如
当时国务院典礼局的局长余心清，当他看见有一种月季好像京剧中的戏袍，
因为它是一面红一面金，蒋恩钿灵机一动，便说："我们称它为将军袍。"
她并没有将月季花的取名都按外国花名而定下来。有的花只要有特点，又
是育花人培育出来的，她便协助取新品名，如"金背大红""红双喜""蓝
绿绿"等。老一代的领导人对于蒋恩钿的成就都曾给予高度的评价。我们
敬爱的周总理曾请蒋恩钿在天安门纪念馆前开辟月季园地，陈毅副总理曾
称蒋恩钿为"月季夫人"，北京市副市长吴晗曾嘱蒋恩钿美化北京城市。另
外还有许多艺术家和作家都以互换月季交友，或者在自己庭宅小院栽上月
季，如赵朴初老人、作家刘白羽等都曾以月季交流心声，这些人都和蒋恩
钿一样对月季花情有独钟。蒋恩钿曾说："只有在和平时代才能创造美丽。

没有和平，只有创伤，像第二次世界大战时，我们天天住在防空洞里，谁还能看见这美丽的世界呢？"然而，正当蒋恩钿准备在月季事业上大展宏图的时候，"文革"爆发了。人民大会堂的月季在"红八月"中被完全拔除，改种茄子。蒋恩钿在天津艰难度日，尽管如此，她仍守护着自己家中园地里的最后一批月季。1975年，科学院决定恢复香山植物园，拟请蒋恩钿再次担任顾问。不料67岁的蒋恩钿因手术事故不幸在天津逝世。她没有来得及看到鲜花盛开的日子。北京、天津的花匠们出席了她的追悼会，并在她的遗体上洒满了月季花。时光流逝，日月斗转，蒋恩钿的思想和为人就是为人类创造美丽的世界，蒋恩钿也是名副其实的"美学专家"。我们期盼人人都献出爱和美，这世界就会变得和谐与安宁。

出生太仓的杰出女性

　　1908年9月17日，蒋恩钿出生于江苏省太仓市城厢镇新华西路一个书香家庭。据蒋恩钿的弟弟、现年83岁的蒋恩铮先生介绍，他家祖上较富足，到父亲蒋桐侯当家时，家里虽有些田亩出租，但家道已开始中落，靠父亲当小学教师为主要生活来源。蒋恩钿从小聪明好学，读了大量的古典文学作品，11岁时不幸母亲去世，她在太仓读完小学、初中后只得去当小学教师。继母许蕴玉是个胸怀宽阔、慈爱善良的女性，她感到很有才气的继女蒋恩钿读完初中就工作非常可惜，于是冲破"女子无才便是德"的旧观念和当时女孩一般不读书的旧传统，在蒋家家道开始中落的情况下，用自己的私房钱并让娘家人出钱，供蒋恩钿到苏州教会办的振华女中读高中，与钱锺书夫人杨绛成为校友。蒋恩钿在振华女中学习认真刻苦，成绩优异，且口才很好，屡获演讲比赛第一名，深受留美归来的王季玉校长的器重。1929年，清华大学首次到南方招女生，蒋恩钿被西洋文学系录取。在家中实在无力供她就读的情况下，王季玉校长筹资借贷支持蒋恩钿去清华大学就读。

　　蒋恩钿在清华大学西洋文学系的同班同学中有钱锺书和万家宝（曹禺）。蒋恩钿日后常对人讲起这两位同班同学的情况："钱锺书上课坐在后面，常常是边听边看别的书。老师讲错了，他抬头看看，老师脸一红，他又接着看他的书。好像钱锺书来清华就是来用图书馆的。"而正巧蒋恩钿的振华女中校友杨绛后来成了钱锺书的夫人，自然她与钱锺书夫妇走得很近。她对曹禺的回忆是："万家宝上学时没看出有什么特别，可是等他的《雷雨》一出来，那真是叫人佩服得不得了。"

蒋恩钿入读清华后，有一位从武汉大学转来专攻历史的女同学袁震，她的父母均在参加革命后牺牲，她是个孤儿，但勤奋好学。过早丧母的蒋恩钿对袁震十分同情，因而成为好友，后袁震因患结核病被迫休学、养病，严重到卧床不起时，蒋恩钿就和袁震住在一起照顾她，以至最后用王校长贷款助学的钱来支撑自己和袁震的生活及袁震的治疗费，直到袁震嫁给吴晗。在这期间，袁震的姐姐袁溥之从山西监狱出来，到北京和袁震住在一起生活和养病，蒋恩钿又多了一份照顾资助袁溥之的责任。袁溥之嫁给了后来任广东省委书记的陈郁。

1933 年，蒋恩钿从清华大学毕业后，为了还债，应聘到内蒙古的绥远第一女师教英语，虽然每月薪金有 170 大洋，但这时她有三份经济负担：一是还王校长的贷款，二是为父亲赎回抵押出去的田地的贷款和补贴家用（每月给太仓家里寄 70 大洋），三是先后负担袁震、袁溥之的生活费、治疗费。

1935 年，蒋恩钿回到清华担任助教兼女生宿舍的舍监，出于正义感，她掩护一位学生领袖陆璀摆脱了反动军警的追捕。清华校史记下了这段蒋恩钿保护学运领袖的事迹："一二·九"运动中，反动军警 400 人闯入清华，搜查到女生住的静斋时，被蒋恩钿以舍监身份挡在门外，并平静而庄严地宣布，"根据清华校规，楼内住女同学，任何男性不准上楼，警察也不例外"。反动军警被她从容不迫的气度镇住了，当他们打电话叫来女警察时，藏身于静斋的学运领袖陆璀已乘机脱身。

1937 年，29 岁的蒋恩钿在大学毕业参加工作多年后，等到在经济上完全自立，才嫁给了从相知到相爱 8 年、当时已经成为银行家的清华经济系同学陈谦受。时任清华大学校长的梅贻琦亲自为他俩主婚。结婚后，蒋恩钿计划和丈夫一起去美国留学，但在她和丈夫到香港登船之前，接到婆婆病重的电报，又闻知七七事变爆发，感到作为有志青年不应在国家危难之时离开祖国，于是又返回北京。日本占领内地后，她丈夫因暗中资助抗日的同学被日本人抓进监狱，被银行赎出后不久，又闻讯日本人要第二次逮捕他，于是蒋恩钿和丈夫带着一儿一女逃离北京来到重庆。蒋恩钿在迁往内地的上海护士学校教书，迎来了1945年抗战的胜利。1948年，为了弥补当年未能到美国深造的遗憾，蒋恩钿与丈夫带着子女到美国考察学习，大大开阔了眼界。

捐建人民大会堂月季园

1950年，蒋恩钿和丈夫怀着建设新中国的强烈愿望回到了祖国的怀抱。蒋恩钿研读的是西洋文学，然而命运却让她与月季结下了不解之缘。那是20世纪50年代初，蒋恩钿与丈夫从美国回到北京后，常去一位旅欧华侨吴赉熙家中做客。吴先生17岁入读剑桥大学，到34岁取得了7个学位，最高为医学博士。他热爱月季，倾注了平生精力，到1948年为止，已引进200多个国外月季新品种。他热情好客，北京的寓所成了他义务接待华侨的场所，每当他家的月季花开放，就主动邀请客人赏花，并亲自端上茶水，一年最多要举行9次赏花酒会。吴先生的寓所成了文人、画家、名流会聚的地方。这期间，蒋恩钿和丈夫成了吴先生家的常客，欣赏和研究月季花特别专注认真。

1951年，70岁的吴先生病重，临终前提出接替他月季事业的人要符合三个条件：年富力强，能把月季花当作事业来办，而且有财力把花买过去；懂英文，可以研读他一生积累的几十本欧美月季花专门书刊；家里要有个大院子，能把吴家的400棵月季移植过去。实际这三个条件完全是按蒋恩钿的情况设定的。吴先生病逝后，蒋恩钿接受了吴先生的重托，把400棵月季移栽到自己北京的家中并精心培育。1953年，蒋恩钿的丈夫到天津工作，一家人居住在睦南道97号，这400棵月季花又从北京搬到了天津睦南道。蒋恩钿在家中园子里为月季松土、剪枝、浇水、施肥、扦插、繁殖，并通读了吴先生留下的有关月季栽培种植的书刊。她的手臂被月季刺扎得没有一块好皮肤，但她无怨无悔，虚心向园艺家陈俊愉、汪菊渊教授请教。经过5年的努力，她成了月季花的种植高手。

1958年，时任北京市副市长的吴晗专程到天津看望他的清华老同学陈谦受、蒋恩钿夫妇，当面邀请蒋恩钿帮助北京为迎接国庆10周年而进行的城市美化工作，并明确提出希望能在新建的人民大会堂周围建一个月季园。蒋恩钿经实地考察，在丈夫的支持下，把自己园中的月季花全部捐给了人民大会堂月季园。因为蒋恩钿已经有过两次移植月季的经验，这次从天津家中移植月季到人民大会堂非常成功。蒋恩钿爱花识花，只要一看月季花的叶子就可得知是开什么颜色的花。移植仅几个月，到国庆10周年前夕，数百种月季不但准时绽放，而且完全按照蒋恩钿事先设计安排的颜色、组成的图案开花，为新建的人民大会堂增添了缤纷的色彩，吸引了众多市民和游客驻足观赏，受到了周恩来总理的称赞。

"月季夫人" 精心培育3000多个品种

人民大会堂月季园成功后，蒋恩钿应北京园林局之邀出任顾问。从1959年到1966年的7年中，她全身心地完全义务地投入到了月季事业中。蒋恩钿在这7年中，工作地点设在天坛公园，不拿天坛公园的工资，只拿往返京津的车旅补贴，即每月50元的车马费，其实是义务工作。在天坛公园祈谷坛西坛院的斋宫内，有一排原是太监为皇帝准备糕点的五间一溜坐北朝南的小平房，东面两间打通作为蒋恩钿的工作室兼卧室，西面三间是四位女工的宿舍。蒋恩钿这间住房里面的陈设非常简单，一床一桌，两张旧沙发之间是个小圆桌，进门一边是个脸盆架，一边是个简易书架，里面没有厕所。真难以想象，蒋恩钿在天津睦南道家住的是别墅，条件很好，这里的住处却那么普通，上厕所只能去户外的蹲坑厕所，大冬天很冷，她从来没讲过一句抱怨的话。徐志长教授回忆说，为了照顾天津的家，蒋恩钿一个星期在北京工作，一个星期回天津。到北京工作时，蒋恩钿早上从天津坐火车到北京，手提一只白藤条篮，里面总有几枝月季花枝，赶到天坛公园住处，她脱掉大衣，换上自制的与普通女工一样的工作服，就到月季花园工作。她平易近人，对谁都很客气，与普通工人打成一片，凡事都尽量身体力行，不搞特殊化。每天吃早饭时带一个竹壳暖瓶自己打水回来，不要工作人员帮忙。早上是一碗玉米面粥，半个馒头就咸菜。中午她实在吃不下窝窝头时，就到小食堂买一碗馄饨两个烧饼，但绝不超过工人两毛钱的伙食标准。到了年底，公园给职工分点猪肉等年货，她从来不要，知道明天要分东西，她提前一天就走了。她生活上俭朴，工作却非常认真投入，为了摸索月季花的扦插技术和过冬技术，她因地制宜节约成本，从公园边的旧货店两分钱一个买来1000个广口玻璃瓶，倒扣在扦插枝上，完成了《如何生产大量的自根苗》和《月季花怎样过冬》的课题研究，非常实用。她的培育基地选在祈年殿西北的一片桃园内，从解散的技校选了4个十二三岁的男孩和一个清洁工当徒弟，手把手地教他们种植月季。后来这5个人在蒋恩钿的言传身教下，都成了种月季的能手，那个清洁工就是后来成为全国一流花卉高级技师的刘好勤师傅，他是继蒋恩钿后能通过看月季叶子识别以后开什么花的又一位奇人。当时在月季花培育基地边还有个更简陋的小工棚，里面有一把捡来的三条腿的破藤椅，断腿用几块砖垫着，藤椅中间有一个洞，找件破棉衣铺在上面，蒋恩钿经常坐在这把破藤椅上给工人讲栽培技术。而来这里参观的郭沫若曾十来次坐在这张破藤椅上与蒋恩钿交流种植花卉的经验，并用自家的小枣树来换月季花。蒋恩钿平时很关心人，看到小青年做错了事或者做得不合适，从来不直接批评，而是用自己的行动或婉转的语言暗示应该怎么做，因此大家都很尊敬地叫她蒋先生。一天，蒋恩钿看到小青年张高焕在独自默默地流泪，就过去问他为什么哭。他说，他姐姐得了急病住院，没钱做手术。蒋恩钿问需多少钱。他说，要50元。当时他一个月工资才18元。蒋恩钿马上拿出钱让他姐姐抓紧做手术。后来张高焕成了北京市花木公司副经理，有一次遇到蒋恩钿的儿子时还感叹说："是你母亲救了我姐姐的命。"

1963年5月中旬，天坛公园迎来当年第一个月季花季，相当轰动。当时三年困难时期刚刚结束，百姓从五彩缤纷的月季中又看到了未来美好生活的希望，因此成千上万的市民争相到天坛公园观看月季，一些重要领导人如朱德、陈毅、张鼎成、郭沫若等都到天坛月季园来观赏。一次，朱德、陈毅一起来到月季园，蒋恩钿也在场，陈毅对朱德说："你是兰花司令（朱德喜欢养兰花），"然后指着蒋恩钿说，"你是月季夫人。"这就是月季夫人的来历。

在天坛月季园的7年间，蒋恩钿阅读了大量的中外月季文献，写下了许多实验记录。她考证出：月季来自中国。1806年，即清嘉庆十一年，英国胡姆爵士在广州郊区花地将四种中国月季带到欧洲，从此使中国月季走向世界。蒋思钿的这一发现打破了过去认为月季玫瑰来自欧洲的传说，这是她重要的学术研究贡献。蒋恩钿还对所有可以收集到的月季品种作了分类，编写了月季品种目录。对于只有英文或法文名字的月季，她逐一翻译并编定中文名字。

月季品种的鉴定对于弄清中国品种、指导今后的杂交以及培育新品种十分重要。7 年中，蒋恩钿共对 500 多种月季作了名字的鉴定。

同时，蒋恩钿还和刘好勤、郑枕秋、徐志长等工程技术人员一起研究解决了批量提供月季成品苗的难题，打破了一些收藏家力图将珍稀名种据为己有的旧观念，把近代杂交茶香月季推向全社会。她还经常与上海、常州、无锡、杭州、厦门的园艺师们研究技术，交流品种。到 1966 年，天坛的月季园已拥有 3000 多个品种。除了天坛公园外，蒋恩钿还和陶然亭公园的陆翠斋工程师合作，帮助建起了陶然亭月季园。此外，利用回天津的时间，她不但恢复了家里的月季园，还和天津园林局的马筠筠工程师一起，帮助建起了天津睦南道月季园。短短 7 年间，她帮助京津地区先后建了 4 座月季园。

在此期间，蒋恩钿还协助北京和英国皇家月季花协会建立了联系。并利用业余时间翻译出版了美国小说《自由列车》和《富兰克林书信札》。

正当她准备在月季事业上大展宏图的时候，1966 年一场"文革"风暴袭来，人民大会堂的月季在"红八月"中被完全拔除，改种茄子。令蒋恩钿感到庆幸的是，刘好勤师傅及时锁住了位于斋宫高墙内的苗圃大门，使天坛的所有月季品种在百花凋零的年月得以幸存。

1973 年、1974 年两年夏天，徐志长受天坛公园赵春如园长委托，两次到天津看望蒋恩钿，看到在艰难度日之中的蒋恩钿，仍精心守护着家中园地里最后一批月季，她还养了鸡，用鸡粪为月季施肥。第二次看望蒋恩钿时，她已患了乳腺癌，但她还很乐观，表示手术后想再回到北京从事她的月季事业。此时她的丈夫已经去世，以后她不用两地跑，可以专心到北京从事她喜爱的月季事业了。这时，北京市决定恢复香山植物园，也拟请蒋恩钿再次担任顾问。谁能料到，1975 年，67 岁的蒋恩钿因手术后出现问题，不幸于 6 月 22 日在天津逝世。徐志长、刘好勤和北京、天津的花匠们出席了她的追悼会，并在她的遗体上撒满了月季花瓣，以告慰她的在天之灵。蒋恩钿对月季事业的奉献精神已长存于五彩缤纷的月季花之中。

月季事业后继有人

党的十一届三中全会后，我国又迎来了百花盛开的日子。天坛公园的月季花园，经过几代花工的努力，现在又到了姹紫嫣红的季节。在月季花园内，一朵朵含苞欲放的月季正是蒋恩钿女士当年花费大量心血的延续。

蒋恩钿女士在月季花种植方面收过不少徒弟，最著名的有三位：一位是著名物理学家、时任中国科学院副院长的吴有训，他在科学院住所大种月季，挖坑、浇水、施肥、剪枝、打药、除草，样样亲自动手，又按科学规律办，所以他养的月季棵壮花大，屡屡受到蒋恩钿的表扬。另一位是康有为女儿康同璧的外孙女罗仪凤，康宅也种了月季，她爱月季如命，可叹在1966年"文革"开始后，罗仪凤被迫用开水浇死了月季花，当时有人甚至十分担心她有辞世之心。还有一位是文学家叶君健的夫人苑茵，她在改革开放后，和朱秀珍女士共同发起成立了北京月季花协会（后来的中国月季花协会）。苑茵20世纪80年代随叶君健应丹麦女王之邀出访，在法国拿破仑公园的花园中，接受了一枝当年约瑟芬王后的名种。她将之带回中国，在广州下飞机时被海关拦住，后由省委书记任仲夷作指示："苑茵是研究月季花的，请放行。"这株花才得以进入中国，现仍在苑茵家，爬满了院墙。最近苑茵出版的《往事重温》中提到了这个细节。1982年、1993年，蒋恩钿的多位学生联合出版了《月季花事》和《月季花》等专著，冰心老人和陈慕华分别作序，肯定了月季夫人蒋恩钿为月季事业作出的贡献。冰心在20世纪30年代初在清华兼课，蒋恩钿听过她的课，长期以来，冰心和蒋恩钿一直保持着亦师亦友的亲密关系，冰心亦是蒋恩钿月季事业的全力支持者。

欣闻在蒋恩钿女士100周年诞辰之际，江苏太仓市政府为了纪念蒋恩钿女士，在现代农业园内筹建了恩钿月季公园，既作为研究培育月季花的一个基地，又作为旅游观赏的一个景点。5月下旬，一个来自欧洲的多次获奖的新品月季被命名为"恩钿女士"，世界月季协会联合会主席梅兰博士专程从瑞士来到北京植物园月季园出席命名仪式，并将其将移栽到恩钿月季公园内。

互动问答

1. 蒋恩钿被称为"月季夫人"的典故是从何而来的？

2. 在蒋恩钿培植月季、阅读书籍、精心付出的过程中，你能读出什么？

3. 蒋恩钿对待自己的工作有怎样的精神？这点对我们的学习和生活有什么意义？

附录

生平介绍

蒋恩钿（1908—1975），江苏太仓人，出生书香家庭，曾就读于振华女校，后就读于清华大学西洋文学系，曾与钱锺书、曹禺是同班同学。20 世纪 50 年代初，蒋恩钿与丈夫陈谦受把 400 棵月季移栽到自己北京的家中并精心培育。1953 年，蒋恩钿的丈夫到天津工作，一家人居住在睦南道 97 号，这 400 棵月季花又从北京搬到了天津睦南道。蒋恩钿在家中园子里为月季松土、剪枝、浇水、施肥、扦插、繁殖，并通读了有关月季栽培种植的书刊，经过 5 年的努力，她成为了全国闻名的月季花种植高手。1958 年，时任北京市副市长的吴晗邀请蒋恩钿帮助北京为迎接国庆 10 周年进行城市美化工作。蒋恩钿经实地考察，把自己园中的月季花全部捐给了人民大会堂月季园。此举受到了周恩来总理的称赞，陈毅曾称蒋恩钿是"月季夫人"。蒋恩钿阅读了大量的中外月季文献，写下了许多实验记录。她考证出月季原产于中国，打破了中国人认为月季玫瑰来自欧洲的传说。与此同时，她帮助修建了天津睦南道月季园。1959—1966 年间，她帮助京津地区先后建了 4 座月季园。1975 年，67 岁的蒋恩钿因乳腺癌术后问题，在天津去世。

参考文献

1．马樱健，苏莉鹏．天津睦南道名人故居："月季夫人"蒋恩钿．城市快报．2010，3

2．绿瑛．清华女生蒋恩钿．今晚报．2007，9

3．苑茵．怀念月季夫人蒋恩钿．大地．2008（10）

4．朱凤鸣．"月季夫人"蒋恩钿．人物．2008，8

5．李坚．"月季夫人"蒋恩钿．新民晚报．2007，6

资料链接

1．恩钿月季公园

http://www.taicang.gov.cn/art/2011/2/16/art_1369_107602.html

何怡贞——中国第一位物理学女博士

> 我一生的追求，就是把自己的全部智慧和精力献给我深深热爱的祖国和人民。
>
> 何怡贞

编者导读

何怡贞，中国第一批留美物理学女博士，我国著名的固体物理学家，被尊称为"何先生"。

"中国人不比外国人差，女性不比男性差"，回看何先生的一生，都在为这两点在奋斗。这是何先生的外婆王谢长达女士的名言，也是他们家族的信条。

何先生的科学成就不仅仅是取决于家庭的教育和熏陶，更来自于她对科学孜孜不倦的追求。她在国内外的求学生活，以及日后在国内的工作生活无不体现着这一点。

何先生与葛先生这对科学伉俪一起携手走过将近 60 个年头，他们性格互补，相辅相成，患难与共，不离不弃，堪称一对完美组合。

像所有的老一辈科学家一样，何先生一直关心着年轻一代科学人才的成长。她曾在燕京大学、东吴大学任教，讲过多门课程，培养了一批年轻的科技骨干。她亲自给他们上课，带他们做实验，逐字逐句修改他们的论文，注重培养他们独立思考、开拓创新的精神。她在80高龄时仍坚持在第一线工作。她以严谨的学风、科学的态度熏陶着学生们。

何先生除了以自己的学识为祖国服务外，还积极投身于各项社会活动和公益事业、妇女儿童事业，是一位出色的社会活动家。

何先生曾说过：我一生的追求，就是把自己的全部智慧和精力献给我深深热爱的祖国和人民。她说到做到，令人敬佩，更值得我们学习。

从书香门第走出的巾帼英雄

书香门第家族

何先生的先辈可谓人才济济，光父亲何氏这一脉累计中进士的就有14名，其中翰林9名，武进士1名，举人13名，在清廷中枢机关供职的60余名。

父亲何澄早年赴日留学，由农转学陆军，之后入陆军士官学校。1905年加入孙中山领导的"中华革命同盟会"。辛亥革命爆发后，担任沪军都督府参谋长，陈其美遇刺后退出军界，定居苏州。抗战期间不屈服于日寇的威逼利诱，不任伪职，保持了民族气节。在父亲的耳濡目染下，何先生的这颗爱国的种子已然在心中生根发芽。

但就对何怡贞先生的影响程度来说，还是她的母亲这边，苏州王家。王氏家族明清两朝共出状元1名、探花1名、进士11名、举人46名。

外祖父王颂蔚，王鏊第十三世孙，是名噪一时的"苏州三大才子"之一，光绪六年中进士，曾任翰林院庶吉士，后升任内阁侍读学士。

外祖母王谢长达是近代著名女教育家、社会活动家。她忧愤于民族精神之羸弱，女子地位之低下，于1906年创办了一所女子学堂，定名为"振华女校"，为现在江苏省苏州十中的前身。她的这一观念对何先生产生了深深的影响，何先生这一生都在为此而奋斗，谁说女子不如男，我们走着瞧。

大舅王季烈，清光绪甲辰科进士，清末民初物理学著作翻译家。他是将日文教科书中"格致"译为"物理学"的第一人，并将翻译出版的中国第一本具有大学水平的教科书命名为《物理学》，还编著了中国第一本中学物理课本，主持编印了《物理学词汇》，为近代物理在中国的传播作出了重要贡献。有这样的一位大舅在旁，不能说他对何先生今后的选择毫无影响，所谓近水楼台嘛！

二姨王季茝，美国芝加哥大学教授，化学家。三姨王季玉由美国学成回国后接管振华女校，为此重任呕心沥血，终生未嫁。这两位都在日后何先生出国留学时鼎力相助。

何先生就是在这样一个人才济济的书香门第中，于1910年，出生于北京安福胡同。她是父亲何澄和母亲王季山的第一个孩子。

求学二十载

据何先生自己回忆，之后所选的路也并不是她的第一志愿。小时候很贪玩的她本来是想学医的，但后来被人担心说会由于贪玩而耽误病人，搞出人命。年少的她也觉得有道理，于是就放弃了自己的第一个梦想。假如这个世界有如果，我相信她也一定会是一位非常出色的医生。态度决定一切嘛。

她5岁那年被家人送去上学，但由于贪玩，误把墨汁弄洒，结果母亲又让她等了一年才上学。所以从6岁进入振华女校读书起，何先生开始了她漫长的求学之路。在振华女校期间，她是非常男孩子气的，短头发、大头、淘气这些是何先生给人留下的印象。从振华女校毕业后，16岁的何怡贞于1926年考入金陵女子文理学院数理系，主修数学和物理，辅修化学。这在当时绝对算得上壮举，就在现在，也是值得让人竖起大拇指的，但不可否认这样的选择跟她的家族氛围密不可分。一开始的选择或许受到家人的影响，但成与不成，还是要靠自己的。1930年，她从金陵女子文理学院毕业，之后去了镇江一所教会学校任教一年。有一天，父亲交给她几千元钱，对她说："如果你想嫁人，这钱就做嫁妆；如果想出国留学，就当学费。"不难猜测，何先生选择了后者。她踏上了去往美国的航船，前往她三姨王季玉先生的母校——蒙托霍育克女子大学，进入物理化学系攻读硕士学位。在那里，何先生一方面依靠奖学金，一方面靠替系主任批改卷子的收入维系着她在异国他乡的学习生活。两年间，她主修的有机化学和物理丝毫不比美国同学差，另外，系主任也非常满意她的工作表现。硕士毕业后，系主任问她是否继续深造，由于当时身上已没有钱让她继续读下去，所以何先生当时有犹豫是否回国。这当中又有一个小插曲，系主任问她，如果有条件是否继续读书，何怡贞说不想读了，想回去教书。系主任笑着对她说："才读这么点书就想去教书？"这句话让她受了刺激，人和人的差别有时很容易体现出来，有些人在受了刺激后就会失去理智，说些或做些让自己日后后悔的话或事，但有些人却能够理智地反抗说："如果有奖学金就继续读博士。"作为旁观者，心想这样的人能成功是有道理的。所以之后在系主任的推荐下，何先生拿到一笔助学金，前往密歇根大学，攻读了 4 年博士，于 1937 年获得物理专业哲学博士学位。

国难当头归故里

怀着对祖国和家人的思念，何怡贞忧心忡忡地登上了归国的轮船，她从欧洲起程，经香港、上海，回到已经被日军侵占的苏州老家。没时间和家人共叙天伦之乐，何怡贞就随着父母以及全家人逃难至光福镇，在那里度过了半年的逃难时光，之后回过苏州又去了上海，在租界里偷安了一段日子。1938 年秋，何怡贞又随着家人从上海来到北平。先在北师大教了几个月的物理，又转到燕京大学任教。这一年时光，是何怡贞人生的重要转折点，在燕大，她遇到了一个才华横溢的学生，这就是葛庭燧，这一年，何怡贞的情感波澜起伏，这个大家闺秀不乏追求者，这让她在感情上一度彷徨不已。但工夫不负有心人，过程虽然坎坷，但最终何怡贞还是接受了葛庭燧的爱意，确定了关系。按照中国民间的传统礼节，葛庭燧于 1941 年 5 月 22 日，给何怡贞的父母写了一封求婚信。1941 年 7 月 7 日，葛庭燧与何怡贞在位于上海九江路的清华同学会举行了婚礼。婚后在已成为私家花园的苏州十全街上的网师园度蜜月。

集多重身份于一身的伟大女性

重返美国的两篇"论文"

婚后一个多月，何怡贞与葛庭燧双双赴美，葛庭燧自费留学，而何怡贞这次故地重游并没有将她的学者梦延续太久，因为很快她就做妈妈了。1942 年 3 月 30 日，他们的女儿葛运培在加州出生。之后于 1947 年他们的儿子葛运建出生。这些年何怡贞完成了由学者至"家庭妇女"的转变。据刘深所著的《戈与荷》中描述，何怡贞有一个 50 多页的小活页本，从

1946 年 12 月到 1949 年 8 月 25 日，何怡贞记录了儿子的成长过程，详尽记录了儿子生命的起点，包括第一次大笑，第一次坐起来，第一次爬行，学说的第一个单词，第一次认出妈妈，长出第一颗牙，第一次独立站起来，第一次独立行走等等。看了这些描述，读者有这样的感受：原来她有着和普通母亲一样的心情，她也关心着和我们一样的事情，虽然她是这样一位德高望重的大师。

葛庭燧在晚年曾说，何怡贞重返美国之后最杰出的成就是完成了两篇"论文"，那就是生下了他们的两个孩子。

科学无国界，科学家有祖国

何怡贞先生是一位把祖国看得高于一切的科学家。在"科学无国界，科学家有祖国"的思想指导下，早在留美期间，她就积极支持和参加其丈夫葛庭燧教授领导的爱国华人组织的活动，支持他号召、动员和组织华人学者回到祖国贡献聪明才智。新中国成立后仅一个月，她就和葛庭燧教授及其子女，冲破重重阻力，毅然决然地回到祖国，投身新中国的建设事业。

新中国的光谱先驱

在何怡贞第二次赴美的 8 年时光里，主要时间都用于哺育两个孩子，然而，在此次赴美的头几个月中，她怀着身孕来到美国东部的艾满司脱学院从事科研工作，在女儿出生后的几个月中，她曾短期恢复工作，其中包括与丈夫在波士顿的剑桥麻省理工学院及芝加哥金属物理研究所度过的日子。

在美国期间的何怡贞始终没有离开过光谱研究，从她首次赴美最早标定发表金属钇从可见光到紫外光的谱线开始，直至回到新中国的 20 世纪 50 年代到 60 年代，她依然继续她的专业研究，并发表了一批有影响的发射光谱分析论文。1952 年，她随丈夫来到沈阳，在金属研究所做研究员。这时，丈夫曾表示想再要一个孩子，但是，何怡贞坚决拒绝了丈夫的想法，她的理由是要把时间和精力全部用在工作上。

1956 年 4 月，由北大赵广增教授、金属研究所何怡贞研究员及中科院应用物理所的王传钰组成代表团，参加了在荷兰阿姆斯特丹召开的第六届国际光谱学会议。这是新中国成立后，中国首次派代表团参加国际光谱学会议，何怡贞在会上宣读了两篇学术论文，引起了热烈的讨论并全文刊登在国际光谱学杂志上。就在那次会议后举行的宴会上，何怡贞代表出席会议的三位中国科学家发表了即席讲话，她流畅的英语和缜密的言辞，给与会各国科学家留下了深刻的印象，展示了新中国科学家团队的风采，尤其作为一个女性的风采。

何先生在光谱专业方面的研究工作并没有局限于纯粹的理论探索，而是将自己的特长应用于新中国的冶金工业建设。为了深入探索机理，她率领学生展开了合金钢中的微量稀土元素的光谱分析方法研究，进而深入到原子发射光谱分析涉及蒸发、激发等基本过程的学术理论研究高度。

中国非晶态物理学术带头人

即便是在"文革"期间，何怡贞也始终坚持通过各种途径关注国际最新的科技动态和研究成果。20世纪60年代，她就在晶体位错直接观察和电子显微学方面取得了许多新成果，引起国内外同行的高度关注。

20世纪70年代中期，她根据国际学术发展动向，在国内率先开展金属玻璃研究，为中国非晶态物理的发展作出巨大推动，从而成为非晶态物理的学术带头人。1979—1981年，她作为高级访问学者，到前联邦德国和法国从事金属玻璃领域研究。而在1982年，她以72岁高龄追随丈夫，到合肥创建中科院固体物理研究所。

非晶态合金具有特殊的物理性质，所以，它的广泛用途一直受到何怡贞的关注，然而，由于20世纪六七十年代中国极"左"政治的影响，何先生的梦想受到了巨大的阻挠和破坏。在"文革"结束后，何先生一直致力于金属玻璃的力学性质和结构稳定性的研究。

在合肥科学岛上，何怡贞领导的研究室在国际上率先测定了金属玻璃与晶化有关的完整的内耗峰和晶化的内耗行为，并发现了与金属玻璃转变相关的新型内耗峰。在此期间，她参与编写了《非晶态物理学》一书，她的代表性论文《等温实效对金属玻璃 $Pd_{80}Si_{20}Tg$ 附近内耗峰的影响》和《金属玻璃 Tg 附近的一种新型内耗峰》，1988年荣获中国科学院科技进步二等奖，成果的名称为"金属玻璃的力学性质和结构稳定性"。

2005年，95岁高龄的何先生荣获李薰成就奖，这是中国科学院金属研究所和沈阳材料科学国家实验室共同设立的李薰奖系列中的最高荣誉，每年评出一名，授予在国际材料科学与工程领域有重大影响、为我国材料科学与工程和金属发展作出杰出贡献的科学家。

为人师表

像所有的老一辈科学家一样，何怡贞先生一直关心着年轻一代科学人才的成长。她说，没有青年一代投身科研，就没有科学事业的未来，要为年轻人开山铺路。她曾在燕京大学、东吴大学任教，讲过多门课程。20世纪50年代，何先生在沈阳金属所培养了一批年轻的科技骨干。在金属所、固体所，她指导和培养了20多名硕士和博士研究生，她亲自给他们上课，带他们做实验，逐字逐句修改他们的论文，注意培养他们独立思考、开拓创新的精神。她在80高龄时仍坚持在第一线工作。她以严谨的学风、科学的态度熏陶着学生们。她早期培养的学生多已成长为我国有关科研教学领域的重要专家学者，中期培养的学生已成为重要的学科带头人，晚年培养的学生也已成为各自领域的科研骨干。

出色的社会活动家

半个多世纪以来，她服从国家需要，先后在北京、沈阳、合肥克服重重困难，默默无闻地做着教育、科学事业的奠基性、开拓性工作。清贫的生活，艰苦的条件，政治风浪的扰乱，都没有动摇她对祖国和人民的忠诚，没有改变她对科学事业的满腔热忱和忘我投入。她除了以自己的学识为祖国服务外，还积极投身于各项社会活动和公益事业、妇女儿童事业。她1956年参加九三学社，先后担任过全国妇代会代表，第三届全国人大代表，辽宁省人大代表、人大常委，沈阳市政协常委，中国物理学会理事、辽宁省科技普及协会常务委员，安徽省政协常委，九三学社中央顾问，九三学社参议委员会中央委员等，积极地为国家建设献计献策。她和丈夫时时想到要报效国家和社会，要为人民群众多做些有意义的事，并身体力行，主动为幼儿园捐款，为亚运会捐款，为失学的孩子、为灾区人民奉献爱心。她曾获安徽省"巾帼建功"先进个人和安徽省"三八红旗手"等荣誉称号。她是一位卓有成就的爱国科学家，也是一位出色的社会活动家。

一个世纪才女的生命终点

何怡贞在少女时代品学兼优，做妻子安于贤妻良母，学习与工作生涯贯穿一生，其中两个动力最令人感慨万千：一是兴趣，一是祖国建设的需要。

人的自我价值观以社会评价体系作为标准，这诚然是无可厚非的，但是，出于人的本性而不违背人生准则的坚守，则更加令人动容。何先生有过优裕的生活，但她始终以简朴的生活为荣，甚至在"十年动乱"期间，甘于尊严受辱，甘于贫乏的物质生活，而从无怨言。她在求学的年代聪慧而机敏，她因此而将教书育人作为人生最大的快乐与美德。

1980年，她得知自己在中科院学部委员评选中落选之后说，谢希德也是女同志，她的当选是当之无愧的，她是非常出色的科学家，而自己还很逊色。

何先生对于人的成功有长存于自己心中的一成不变的标准，她是为了自己所追求的完美人生而放弃该放弃的，轻视该轻视的，珍惜该珍惜的，热爱该热爱的。

何先生在沈阳的6年最后时光，经历了人生最灿烂的那一抹晚霞。尽管年老体弱，病魔缠身，但她的精神生活是非常健康和愉快的，晚年享受了亲戚、朋友、同事、学生和四世同堂的天伦之乐。

2008年7月，距离她百年华诞仅仅相差两年，那是她生命的百尺竿头。她终于走到了这个世界的尽头，她的灵魂在另一个世界重新诞生。那是一个她所期待的一切美好、一切心愿都像荷花一样盛开的世界。

何怡贞轶事

40年的同窗情谊

JO女士曾于1975年写信至沈阳的金属研究所，但一直没有回音。1987年8月2日，由她口述，请一位中国留学生贺苏惠帮助写了三封中文信件，并委托她分别寄给中国科学院人事处、金属研究所人事处和沈阳市公安局户籍处，其中的一封信经由中国科学院转到沈阳金属研究所人事处，当月转到了何怡贞的手中。

虽然只有一封信，但信中所传达的同窗之情穿越了40年时光、跨越了汪洋大海，带给人们一份感动。可以想象，在20世纪30年代的美国，风华正茂的异国女孩之间在一起说说笑笑、跑跑跳跳的情景；可以想象，那校园内外如闺中密友般的窃窃私语；可以想象，那岁月的磨砺和来自遥远青春的牵挂，而当她们在书信往来中述说友情与思念的时候，都已经是年近八旬的老人。

茫茫人海，犹如中美两国相隔的太平洋一样浩瀚，在这几十年时光中，大洋上空弥漫过世界大战的硝烟；朝鲜半岛上，有过中美两国军队之间的血肉搏杀；漫漫时空中，有过相互敌视与谩骂的意识形态间的仇恨与对峙……然而，这一切都没有隔断青春年少的日子里所结下的情意。

制止所长在实验室吸烟

有这样一个细节一直在金属研究所传为佳话：有一次，李薰所长叼着烟斗走进光谱室，何怡贞严肃地要求这位曾以"氢脆"研究出名的资深所长掐灭烟斗，她平静而又严厉地说："烟尘会污染实验室。"何怡贞不仅要求实验室内时刻保持清洁，她还要求长年不断地记录每天的室温，后来，这些室温数据对校验光谱片的黑度变化规律起到了重要的作用。

戈与荷

这是取自李深所著《戈与荷》的书名，戈代表着葛庭燧，荷则代表着何怡贞。何先生与葛先生的性格截然相反，她波澜不惊的性情宛如静静湖面上的荷花，根植坚实，含而不露，叶色深沉，花朵孤傲，果实隐忍。

这对伟大的科学伉俪，不属于青梅竹马、两小无猜的那一类，以 20 世纪之初旧式中国的门第观念而言，他们的结合是那个时代叛逆的楷模。他们是"姐弟恋"，何先生比葛先生要年长 3 岁；他们是"师生恋"，何先生曾是葛先生的老师；他们的家庭环境相差很大，何先生是典型的书香门第，而葛先生家几代都是农民，放到如今的社会，想成月老之美也是比较困难的，更不消说在他们那个年代，这和何先生自幼获得的更富于人文色彩、平等自由与知识熏陶的良好家庭教育密不可分。何先生是很理性的人，从情感、家庭、尊重甚至迁就丈夫的角度，她是无可挑剔的，但夫妻之间的摩擦也是难免的，尤其是两个具有良好教育背景并卓有成就的科学家之间，对于他们夫妻间的纠葛，孔庆平先生称何先生对葛先生是"小骂大帮忙"。但是尽管如此，他们还是携手一起走过了 60 余年，他们是 20 世纪最有影响力的科学伉俪之一。

摄影

何先生爱好广泛，比如游泳、唱歌、弹琴、养花、集邮等，从她留下来的大量照片，也足见她对照相的喜爱。何先生曾经教过摄影课，从楼上

往下照过自行车的轮子，在她保存的旧照片里确实有这张照片。1937 年
6—8 月，何怡贞和妹妹何泽慧在欧洲旅游，去了德国、丹麦、挪威、瑞士、
瑞典等许多国家和地区。两人买了一架德国蔡司照相机，在 50 多个景点留
下了 200 多张照片，多数是自拍的。

20 世纪 50 年代，她要给女儿在校门口照相，女儿当时不好意思照，
最后她只照了个空校门回来，气鼓鼓的。后来女儿读高中时，她把女儿带
到家附近的运河边照相，照出的运河弯弯曲曲很有情致。

互动问答

1. 何怡贞先生的身上有许多优秀的品质，你觉得哪一点最让你敬佩？
请举例说明。

2. 何怡贞先生不仅是一位伟大的物理学家，她在其他多个领域都表现
出杰出的才能。请你想一想，专业科目方面，你最擅长哪一科，有没有付
诸努力？结果如何？除了专业科目外你还有没有其他擅长的事情，你是如
何做的？请举例说明。

3. 何怡贞先生一生都很节俭，对自己、对家人都是。但对祖国她从不
吝啬，不仅捐钱，还将自家的老宅——网师园，以及父亲的大量收藏毫无
保留地捐献出来。自问你有这样的心胸吗？如果目前还做不到如此，你能
做到怎样的程度？请举例说明。

4. 何怡贞先生无疑是很多女性的偶像，因为她毫不逊色于很多男性。
人们常说理工科是女生的弱项，你同意吗？你的理科如何，又是如何做的
呢？你觉得学好理科的重点在哪里？

附录

生平介绍

何怡贞（1910—2008），著名的科学家，20 世纪我国杰出的知识女性
之一。她的一生都与我国现代科学事业紧紧地联系在一起。1912 年随父
母迁居苏州之后，何怡贞于 1916 年在苏州振华女校开始了她的学习生活。
1930 年毕业于金陵女子文理学院数理系。1933 年获美国马萨诸塞州蒙脱霍
育克学院物理化学硕士学位。1937 年获美国密歇根大学物理系哲学博士学

位。1941 年赴美国，先后在马萨诸塞州艾满司脱学院、芝加哥大学从事研究工作。1949 年 11 月与丈夫葛庭燧携儿女回国，投身到祖国的科学建设中，直到 2008 年 7 月 31 日早于沈阳逝世，享年 98 岁。

何先生在物理方面的贡献有：她最早标定发表了从可见光到紫外线的钇的光谱线。新中国成立初期，她把自己丰富的光谱学知识应用于当时钢铁工业上的合金钢和炉渣分析，不但填补了光谱分析的空白，解决了生产急需，还培养了一批化学分析的骨干。她呕心沥血，撰写了《十年来的中国科学——物理学》中的《光谱学》部分。她结合工业生产实践，写出的两篇论文《钢的组织结构对光谱化学分析的影响》《杯形电极溶液电弧法用于平炉渣的光谱分析》，在 1956 年第 6 届国际光谱学会议大会上宣读（荷兰），受到了国际同行的好评。20 世纪 70 年代中期，何怡贞先生根据国际上学术研究的发展态势，在我国最早开拓了非晶态物理及金属玻璃研究领域。她带领助手和学生们在金属玻璃的力学性能和结构的稳定性研究上做了大量工作，在国际上率先测定了金属玻璃与晶化有关的完整的内耗峰和晶化的内耗行为，并发现了与金属玻璃转变相关的新型内耗峰，发表了代表性论文《等温实效对金属玻璃 $Pd_{80}Si_{20}Tg$ 附近内耗峰的影响》和《金属玻璃 Tg 附近的一种新型内耗峰》。这一重大成果，荣获了中国科学院 1988 年科技进步二等奖。她还亲自参与编写了《非晶态物理学》（金属玻璃部分）一书。几年后，她又在低能位错组态的电镜观测、非晶态合金在玻璃转变附近的物性及微构研究中取得重要进展，分别荣获了 1995 年、1996 年中科院自然科学三等奖。20 世纪 70 年代末 80 年代初，作为高级访问学者，何怡贞先生又先后在联邦德国斯图加特马普金属所、物理所和法国国家应用科学学院（里昂）从事用高压电镜研究金属玻璃的工作，并在法国各地考察了有关非晶态物理方面的科研动向。1982 年，她来到中科院合肥分院所在地科学岛，参加筹建固体物理所，先后担任了金属玻璃研究室主任和所学术委员会常务副主任、主任。在此期间，她领导的关于机械混合非晶化的研究又取得了重要进展，为非晶合金的应用开辟了广阔前景。

何怡贞在其他方面的工作还有：

1938—1939 年任燕京大学研究院物理讲师。

1940 年到上海东吴大学任教。

1950 年 1 月回到燕京大学任物理系任教授。

1952 年 11 月参与筹建中科院金属研究所工作，全家迁居沈阳。

1953 年任金属研究所研究员，学术委员会委员，参加九三学社。

1979—1980 年在联邦德国做高级访问学者，从事用高压电镜研究金属玻璃的工作。

1980—1981 年在法国做高级访问学者，从事金属玻璃的研究工作。

1982 年到合肥参加筹建中科院固体物理所，此后一直在固体物理所工作。

参考文献

1. 刘深 . 戈与荷——葛庭燧　何怡贞传 . 清华大学出版社，2011，5

2. 葛运培等 . 何怡贞——世纪掠影 . 清华大学出版社，2012，3

3. 朱震刚 . 缅怀何怡贞先生 . 物理 .2009（03）

4. 丁天顺 . 科苑何氏三姐妹——记晋籍科学家何怡贞、何泽慧、何泽瑛 . 文史月刊 .2003（02）

何泽慧——"中国的居里夫人"

> 国家是这样一种东西，不管对得起对不起你，对国家有益的，我就做。
>
> 何泽慧

编者导读

她是大家闺秀，她是著名的核物理学家，她是钱三强的夫人，她的一生跌宕起伏，而她依然保持着率真，她是一个温暖而智慧的女人。她出身名门，是山西灵石声名显赫的何家第十六世孙。1932 年，她从 3000 名考生中脱颖而出，以优异的成绩考取了清华大学物理系，4 年后，以第一名的成绩毕业。她前往德国选择实验弹道学为攻读方向，是因为"日本人欺负我们，我想回来打日本人"，获得博士学位后，她毅然回到了祖国；她的丈夫是中国原子弹之父、"两弹一星"元勋钱三强，在他们的婚礼上，约里奥·居里夫妇首次破例双双出席。她，就是我国第一位物理学女博士、中科院第一位女院士、中国第一代核物理学家、中国著名的物理学家，被国际科学界誉为"中国的居里夫人"的何泽慧先生。

求学之路

天资聪慧，轻松考取清华

何泽慧出身名门，是山西灵石声名显赫的何家第十六世孙。何泽慧出生于"五世翰林"家族，她的外祖父王杲卿是明朝宰相王鏊的后代，曾任内阁侍读学士；外祖母王谢长达是当时著名的教育家和妇女活动家，创办了新式西学——振华女子学校（现苏州第十中学前身）。她的父亲何澄，早年追随孙中山革命，是老同盟会员，山西剪辫子第一人，也是山西第一位前往日本的留学生。何澄在日本入读梁启超创办的"清华学校"学农艺。这所学校也是蔡锷、蒋介石在日本首选的学校。父亲为全家人谋得了安逸的生活。何泽慧年幼时，父亲开办着工厂，家里有汽车，暑期父亲经常带着他们到全国旅游，家里早早购买了照相机，何家儿女因此留下了丰富的影像资料。父亲何澄也是著名的文物鉴赏家，长期担任振华女中校董。母亲王季山，是王谢长达的四女儿，王季玉先生的妹妹。1913 年，何家在苏州的"灵石何寓"落成。第二年，何泽慧出生在这座古典的苏州园林式的大宅院。她排行老三，自幼机灵敏捷，酷爱读书，成绩优异，深受父母的宠爱。然而，她渐渐地有些孤傲，不愿意陪弟妹们玩耍，认为那是在浪费时间。稍长，她被父亲狠狠地批评了一次，开始抽空陪弟妹玩耍，还为他们织毛衣。

1932 年，何泽慧从外祖母创办的苏州振华女校高中毕业，随同学前往上海考大学。考试前，父亲和她开玩笑说："考上大学就去上，考不上就当丫鬟。"

何泽慧随身带了两元钱，与几位女同学搭船来到上海，在一位同学家里搭铺过夜。在上海，她分别参加了浙江大学与清华大学的招生考试。她的第一志愿报的是浙大，第二志愿是清华。

没想到，抱着"考不上就去做小保姆"的念头，何泽慧考了个女状元。她后来对报社记者回忆："考浙江大学的人有 800 多，我报考的是物理学系，他们取的只有我一个女生，你说我的运气好不好？清华大学人特别多，一共有近 3000 人，清华的希望小得不得了！"

然而，就是她最不抱希望的清华，也被她考中了。当年总共录取了 28人，她是其中之一。

虽然浙江大学发了录取通知书，何泽慧最终还是选择了清华。

学物理差点儿被拒

1932 年，何泽慧高中毕业，考入清华大学物理系——一个最直接的目的——物理和军工关系最为密切，她要练好本领护国打跑侵略者，当然，也是受学物理的表哥王守竞的影响，这一年清华大学物理系一共招收了28名学生，其中有10名是女生。但由于受到传统偏见的影响，教授们认为女生学物理难以学有所成，于是纷纷劝她们转系。

谈起当年险些被劝退的经历，直到白发苍苍的年纪，何泽慧依然愤愤不平："我上物理系，碰着一个老封建，谁呢？叶企孙。他说不要女生，我们就造反了。为什么不要女生？那时候几百人考物理系，有几十个人考上，女生都不要，我们就造反。"

何泽慧是坚决不转系的3名女生之一，毕业时拿到毕业论文的全班最高分。

为打日本侵略者去德国学弹道学

然而作为女性，何泽慧于1936年自清华大学毕业找工作时，再次受到了挫折——男生可以去南京军工署，女生却没人要。就在何泽慧苦于找不到工作施展抱负时，她得到了一个消息：那时的山西省政府有一项规定，凡是毕业于国立大学的山西籍学生，山西省均资助3年共3000大洋的公费出国留学。何泽慧虽出生在苏州，祖籍是山西省灵石县。于是，她得到父亲在日本军校时的老同学阎锡山的帮助，在故乡获得了这笔资助，赴德国柏林高等工业学校学习弹道学。日后，她在答苏州十中学生问时说，自己倾情于物理学，要出国去学习弹道学，就是因为"日本人欺负我们，我想回来打日本"。

20世纪30年代，为了抗击日本帝国主义的侵略，中国与德国在军事上有一定的合作关系。出国前何泽慧从在南京军工署工作的同学王大珩那里得知，德国柏林高等工业学校技术物理系的系主任曾经在南京军工署当过顾问。1936年9月3日，何泽慧从北平动身，坐火车经莫斯科于9月15日到达柏林。到德国后，她直接找到了技术物理系的这位系主任，然而那时柏林高等工业学校的技术物理系与德国的军事工业有着密切的关系，保密程度很高，一般不会接受外国人在那里学习，更不可能吸收女性学习弹道专业。为此，何泽慧与这位系主任辩论起来，何泽慧说："你可以到我们中国来当我们军工署的顾问，帮我们打日本鬼子，我为了打日本鬼子，到这个地方来学习这个专业，你为什么不收我呢？"这位系主任哑口无言，于是破例接受了何泽慧。

因此，何泽慧是该校第一个选修弹道学专业的外国人，也是第一个选修弹道学专业的女生。何泽慧曾回忆说："我后来到他那个实验室，他们德国人自己都不许去，他允许我去。我就在那里做实验，做什么实验？我说我就是要打日本人，我说要搞军工方面。他们说真是奇怪，你一个女孩子搞军工。"

何泽慧去德国留学的第二年，中日战争全面爆发。身在德国的何泽慧一直惦记着沦陷的祖国以及家中的父母兄妹。她在给大姐的一封信中说："这两天中国人天天在饭店里兴高采烈地庆祝——中国打胜仗！——国内的消息一天比一天坏，我们也许立刻都要回国也未可知，我学的弹道学，也许军工署就要来电报请我回去服务，不是中国兵打炮发不准，放枪放不准吗？其实只要我一算，一定百发百中！"

1939 年，聪慧好学的何泽慧没有让老师失望，以一篇题为《一种新的测量子弹飞行速度的方法》的论文获得博士学位。

1940 年，何泽慧进入柏林西门子工厂实验室参加研究工作，1943 年她又到德国海德堡威廉皇家学院核物理研究所从事原子核物理研究。1945 年，她在导师的指导下，从云室中发现了正电子和负电子间几乎全部能量交换的弹性碰撞现象，被英国《自然》杂志称之为"科学珍闻"。

中国的居里夫妇

一封短信定终身

钱三强是一代国学大师钱玄同的儿子，天性聪敏，勤奋好学。受家风影响，钱三强从小博览群书，兴趣广泛。在清华大学读书时，他与何泽慧成了同学。根据学校餐厅用餐男女生搭配编席的规定，钱三强和何泽慧及另外 6 名男生编在一桌。何泽慧发现钱三强每逢入席退席，总是彬彬有礼，颇具风度。在清华大学读书时，他与何泽慧就被物理系的同学称为"郎才女貌、天生一对"。

何泽慧在德国研究弹道时，钱三强则被物理学家、北平物理研究所所长严济慈选中而考到法国巴黎大学居里实验室，跟随居里夫人学习镭学——博士毕业后的一次大学同学聚会中，何泽慧得知了这个消息。

1943 年初，由居里夫妇推荐，钱三强担任了法国科学中心研究员。每当傍晚，30 岁仍单身的钱三强走出实验室，漫步在鹅卵石铺就的小路上，浓浓的思乡之情便向他袭来。想起祖国，想起亲人和同学，那个梳着两条长辫子的俊美姑娘何泽慧便浮现在眼前。他摸出那张毕业照，在路灯下仔细端详。恰在这时，一封发自德国的信函飞到他的身边。在浅蓝色的信笺上写着简短的话语，署名是他十分熟悉的字迹：何泽慧。这使得钱三强激动万分。

由于战时限制，只能利用 25 字以内的信件交流——信的大意是：问钱三强是否还在巴黎，如可能，代她向家中的父母写信报平安。

从此，两人恢复了联系。经过两年的通信，1945 年，钱三强终于鼓起勇气，向远在德国的何泽慧发出了求婚信："我向你提出结婚的请求，如能同意，请回信，我将等你一同回国。"何泽慧回复："感谢你的爱情，我将对你永远忠诚。等我们见面后一同回国。"同样是短短的来信，胜过万语千言。钱三强如获至宝，欣喜若狂。

1946 年，二战结束后的第一个春天，何泽慧离开德国海德堡威廉皇家学院核物理研究所，来到劫后面貌一新的世界花都巴黎，与钱三强正式结婚。平日里深居简出的约里奥·居里夫妇出席了这对年轻有为的中国青年的婚礼，向他们祝福。约里奥在致辞中说："令人怀念的比埃尔和玛丽·居里夫妇，曾经在一个实验室中亲密合作；以后，我和伊蕾娜又结为伴侣。事实证明，我们这样的结合，其后果非常之好。亲爱的钱先生，尊敬的何小姐，我们的'传染病'今又传给你们了。我和伊蕾娜共同祝福你们家庭美满，祝愿你们亲密合作，在科学事业上结出举世振奋的丰硕果实。"

从这一天开始，何泽慧与钱三强的生活和事业就紧紧地结合在了一起。何泽慧顺利进入巴黎大学居里实验室，与钱三强成为同事。居里实验室是世界上最著名的实验室，居里夫妇先后去世以后，他们的女儿伊蕾娜和丈夫约里奥继续领导这个实验室的工作。

在 1946 年召开的一次国际学术会议上，钱三强在一位英国学者投影的原子核裂变一分为二的照片中发现，原子核裂变除一分为二之外，可能还存在着其他的裂变方式。此后，他与何泽慧在居里实验室开始对原子核裂变作深入的研究。他们从核分裂时两头重、中间轻的现象出发，进行数万次观测，终于发现约 300 个核裂变中就有一个分裂为三块，这就是三分裂现象，这一成果和随后由何泽慧第一个发现的四分裂现象，被居里夫妇称作第二次世界大战后该实验室第一个最重要的成果。不少西方国家报刊刊登了此事，并称赞"中国的居里夫妇"发现了原子核新分裂法。

1948 年春天，钱三强怀着欣喜的心情，找到了中国共产党驻欧洲的负责人刘宁一和孟雨，向他们表达了他们夫妇盼望回归祖国的急切心情。这年夏天，处于事业巅峰期的何泽慧与钱三强带着约里奥·居里夫妇的赠言"要为科学服务，科学要为人民服务"和年仅半岁的女儿经过 1 个月零 8 天的海上颠簸回到了祖国。

科学伉俪发挥超高能量

何泽慧 1948 年回国后与钱三强开创了北平研究院原子学研究所。何泽慧曾是北平研究院原子学研究所唯一的专任研究员，以此为基础，新中国成立初期，钱三强和何泽慧受命筹建中国科学院近代物理研究所，这是当时中国唯一的专门核物理研究机构。当时整个国家百废待兴，资金短缺，加上帝国主义国家对新中国的经济封锁，他们的筹建工作遇到了种种困难。当时，连最简单的实验仪器都没有，何泽慧和钱三强每人骑一辆自行车，在北京旧货店和废品收购站寻找可以利用的旧五金器材、旧电子元件。资质聪颖的何泽慧一丝不苟地绘制图纸，心灵手巧的钱三强动手制作。不久，两台简易的车床制造出来了。接着，他们便利用这两台车床制造出了急需的仪器设备。

中国科学院 1950 年成立近代物理研究所，并逐步演变为物理研究所、原子能研究所，直到成立高能物理研究所。1950 年后，何泽慧在中国科学院近代物理研究所任研究员，领导研制成功原子核乳胶，获 1956 年国家自然科学三等奖。

到了 1955 年，由钱三强担任所长的近代物理研究所已经初具规模——科研人员由最初的 5 人扩大到 150 人，新中国第一支核物理研究队伍形成了。他们自己设计并建成第一台、第二台静电加速器，并着手回旋加速器的设计。在何泽慧的具体指导下，研制成我国第一台核物理探测器。这年的 1 月 15 日，毛泽东主席亲自主持召开了有关发展原子能事业的政治局会议。列席会议的钱三强，用何泽慧设计并制造的一台小型探测仪做了现场探测铀矿的表演。

在这次有着重大历史意义的会议之后，中国便全面展开了研制中国第一颗原子弹的工作。这期间，钱三强被任命为中国科学院原子能物理研究所所长。

在筹建"两弹一星"团队时，名单里原本有何泽慧，却因为她是钱的家人，又是女性，最终与研究团队擦肩而过。何泽慧以自己的方式参与了"两弹一星"工程。氢弹研发时，一个重要的数据，便是由何泽慧带人在实验室完成的验证。

在"文革"中，她被作为"反动学术权威"受到审查和批判。1969 年冬，何泽慧和钱三强被下放到陕西合阳的"五七"干校，由于身体不好，何泽慧负责敲钟。不管处境如何，她都保持着一贯的坚忍和乐观，负责敲钟和做科研一样，认真、准确，一秒不差，敲得很精准，时间甚至可以用来对表。钱三强则认为在干校是浪费时间，很焦躁，何泽慧却很豁达，"着什么急，听天由命吧"。

"文革"结束后，钱三强离开他一手创建的原子能研究所，回到中国科学院工作，何泽慧则被调到中国科学院高能物理研究所担任副所长，分管宇宙线研究与图书情报工作。虽然机构不断调整，但她始终处在科研第一线，领导着关键部门，支持国家的核武器研制任务，培养了众多的科研人才，获得了科技界乃至全社会的尊敬。1980 年她当选中科院学部委员，1997 年获得何梁何利科学与技术进步奖。

1992 年 6 月 28 日，钱三强因心脏病逝世。钱三强病重时，医生嘱咐不能让他有过多的应酬。何泽慧索性搬了个小板凳，坐在病房门口拦着，说不管是谁，多大的官来了都不让进。

自钱三强去世后，家里的东西几乎没有变过——就连女儿买了新房子让母亲搬过去住也被她拒绝了。家里面没有什么像样的家具，木地板上的漆都已磨掉了。不论是卧室还是书房，何泽慧都尽可能地保持着钱三强生前的样子，也许这就是她纪念钱三强的最好方式。让何泽慧欣慰的是，1999 年 9 月，中共中央、国务院、中央军委授予钱三强"两弹一星功勋奖章"。

品质优秀　淡泊人生

优秀品质

何泽慧在开明进步的家庭和学校环境中，自小培养了自尊自强的进取精神。青年时期，正逢国难当头，为了国家富强，何泽慧立下了献身科学的志愿。留学国外期间，和当代一些优秀科学家进行个人接触，深受他们在学术和品德方面的教育和熏陶；而各种艰苦条件，更进一步磨炼了她性格中刚强的一面。中华人民共和国成立后，她把爱国深情全部倾注在对新中国科学事业的自觉奉献之中。她听从党和国家的召唤，为原子能事业在中国生根而努力奋斗，忘我工作。在完成国家重要任务中，她发扬了主动服务、甘当配角的精神，从不计较个人得失，更置名利于度外。

在科学研究中，她坚持严谨求实的学风，同时表现出思想上的活跃和开放，不为书本或前人的框框所束缚。她尊重客观事实，善于从实验现象中捕捉问题，有所发现和创新。无论在研究正负电子弹性碰撞现象或是发现三分裂和四分裂现象的过程中，都充分地反映出她所具备的敏锐而细致的观察能力，在科学实验中不放过任何一点异常迹象的探究精神以及对新现象作出正确分析和判断的本领。她曾经用"立足常规，着眼新奇"八个字精辟地总结了自己数十年科学研究实践的主要体会。

她一贯倡导尽量利用简单的实验条件作出有意义的研究结果。对此，她始终身体力行，形成自己科研工作的一个突出风格。她先后开拓和推动的核乳胶及固体核径迹探测技术领域，中子物理、裂变物理，宇宙线以及高能天体物理等研究方向，无一不贯彻了"从我国实际情况出发、充分利用一切可以利用的条件、少花钱多办事"的原则精神。她所坚持的不仅是一般意义上的俭朴美德，而且充分体现了物尽其用的积极思想。她反对那种大手大脚任意挥霍国家资金的大少爷作风，也不能容忍有着现成条件而不会善加利用，包括取得了大量数据而不去认真分析那样的浪费行为。

她满腔热情地培养扶植后学，甘当人梯。20世纪50年代以来，在她指导下在核物理方面完成了许多科研成果，而经她用心推敲改定的论文上却从没有署过自己的名字。对于年轻人，她一方面充分发挥他们的主动性，十分爱护他们的首创精神，放手让他们到实践当中去闯；另一方面又密切关注他们的发展和成长，热情鼓励他们从点滴进步中增强信心，耐心启发他们从自身教训中学习提高。在她的带领和影响下，不止一代年轻人迅速成长起来，成为我国原子核科学事业各个方面的骨干力量和带头人。何泽慧个人生活极其简朴，她在任何场合都把自己放在普通人的位置上，平易谦虚，没有一点架子。她摒弃虚荣和出风头，在荣誉面前始终保持着冷静清醒的头脑。她坚持实事求是，绝不苟且附和，其质朴直率的性格鲜明可见。

作为一位杰出的女科学家，何泽慧在日常的科研活动之外，还十分关心和积极参与妇女工作，重视妇女权益和强调妇女本身的自强自立精神，成为我国知识妇女界的一面旗帜。

何泽慧先生常挂在嘴边的一句话是："国家是这样一种东西，不管对得起对不起你，对国家有益的，我就做。"

光环背后的淡泊人生

外界少为人知的是，直到耄耋之年，何泽慧仍然坚持全天上班。当然，因为年事已高，她已经不能从事具体的研究工作，只是坐在办公室里翻阅文献。

与对科学的执着热情不同，生活中何泽慧却是"不讲究"。有一次，现任中科院高能物理研究所党委书记、副所长的王焕玉同何泽慧一起参加国际会议，她穿的鞋居然打了三层补丁，手里提着一个人造革书包，带子断了，用绳子扣着，革裂开了，用针缝起来。王焕玉惊讶不已："一个吃过洋面包的科学家能这样，真的让人非常敬佩。"

"淡泊名利，没有架子，不求享受，严谨做事"，是许多下属、同事以及朋友对何泽慧的真切感受。何泽慧老人的生活非常简朴，衣服上都是补丁，脚穿老式解放鞋，饿了就从食堂买几个包子、馒头带回去吃，渴了就喝点白开水，这是她留给许多老同事的印象。

就是这样一位德高望重的科学家，在 1994 年国家科学出版社出版《中国现代科学家传记大辞典》时，何泽慧坚决不同意为自己立传。故在此系列丛书第 6 集"物理学"部分，没有她的名字。她的传记出现在了书的最后。编者不得不加了特别说明："此篇传记虽早已约稿，但因何泽慧本人坚决不同意立传，后在本书编辑组一再要求和催促下，作者才着手撰写并于全书付印前交稿。因全书页码已定，不便插入相应学科，故补排在最后。

特此说明。"

半个世纪以来，何泽慧一直住在破旧的小楼里，家具也大多是 20 世纪 50 年代的旧物，唯一一件新家电是一台白色的吸氧机。除了治学与探求真理之外，何泽慧对于物质生活毫无要求。她的女儿、北京大学化学系教授钱民协说："我妈这一辈子不讲吃、不讲穿、不讲住，从来不计较什么条件。他们那一代人，活得轰轰烈烈！或许她觉得自己是非常幸福的，从不认为自己有多大贡献，只是做了她应该做的。"在女儿的眼中，何泽慧就是个普通老太太，"我们家里所有人的毛衣都是妈妈织的，现在还保存着一抽屉的毛衣针"，钱民协说，"妈妈一直是那么自信乐观、自强自立，她对每个人的要求都很严格，总是督促我们努力工作。她从不会把对我们的爱挂在嘴上，但心中却怀着一种深沉的大爱。"

晚年，何泽慧每天练习书法、演算、看书、散步。她的书法以篆隶立基，以颜、魏立骨，极具审美价值。老人的听力、视力不错，能看英文书，还特别爱看电视。

温家宝总理 5 次连续看望

从 20 世纪 90 年代初起，温家宝和钱三强夫妇就开始交往。那时，温家宝曾多次登门拜访两位科学家。就任总理后，温家宝在 2005 年中秋节来到这里看望何泽慧，并和老人相约每年来一次。

2009 年 8 月 6 日，国务院总理温家宝乘车来到北京北四环外一个普通居民小区。对于中国科技事业来说，这里并不普通：小区内的 3 栋青砖灰楼，是新中国成立之初为招贤纳士所建的"特楼"，曾经居住着包括钱三强、何泽慧夫妇在内的新中国科技事业的一批开拓者。

当温家宝走进何泽慧陈设简朴的家时，2009 年已经 95 岁的何泽慧老人满头银发，精神很好。温家宝十分感慨：20 世纪 90 年代初，他曾到这里拜访过钱三强夫妇。就任总理以来，自己已是连续第 5 年登门看望何泽慧。何泽慧刚刚得了一场病，不太说话，只是一直微笑着。总理亲切地向坐在一旁的何泽慧女儿钱民协询问老人的近况："能看电视读报吗？还看物理书吗？"钱民协告诉总理，母亲经常看书报，有时候也写写字。对面钢琴上摆放的钱三强、何泽慧夫妇的一张照片引起了总理的注意。看着照片上衣着朴素的何泽慧，温家宝深有感触地说："您一直那么朴素，穿的衣服像工作服，就像是在实验室一样。这是您作为一个科学家的本色：朴素、真实、勤奋、诚实，讲真话。"温家宝接着对何泽慧说，"我一定不失约，每年都来看您，就是希望您身体健康！"何泽慧说："谢谢。"

临别时，温家宝用手扶着何老站起来，温总理走到院子里时，回首向站在二楼窗口的何泽慧挥手道别，大声说道："多保重。"

2010 年 8 月 7 日一大早，温家宝又来到中关村的一个普通居民小区，看望在这里居住了半个多世纪的核物理学家何泽慧院士。"何先生，您好，我来看看您。按我们的约定，我每年都来看您。"看到白发苍苍的何先生站在家门口等候自己，温家宝疾步上前，握住老人的双手。何泽慧微笑着点头说："谢谢。"还是那个简朴而充满书香的小屋，还是那间窄小而整洁的客厅——组织上虽然多次提出给老人调房，都被她婉言谢绝了，因为这里承载着她太多的回忆。温家宝扶着 96 岁的何泽慧，在沙发上并肩坐下，和老人促膝交谈。"身体比去年怎么样？"温家宝十分关心老人的健康状况。"好多了，您去年救了她一命。"老人的女儿钱民协激动地插话说。原来，温家宝去年登门看望何泽慧时看到老人身体欠佳，就安排老人到医院检查，何泽慧进一步查清了病情，及时进行了治疗。

温家宝深情地说："三强先生对国家有很大贡献，何先生在女科学家中也是少有的，是人中龙凤，所以照顾她是应该的。我们现在有这个条件，也有这个能力，要尽全力爱护她。"他叮嘱说："还可以定期检查一下，哪怕一年去一次也行。"接着，温家宝认真询问老人的起居、饮食等日常生活情况。钱民协告诉总理，老人现在吃饭比较正常，每天还练习书法、演算、看书、散步，笑容也比以前多。老人的听力、视力都挺好，能看英文书，还特别爱看电视，"昨天还看了两集电视连续剧《杜拉拉升职记》……"听到这里，现场的人们都笑了起来。温家宝叮嘱家属和随行有关部门负责人："我们大家努力，不仅要让老人家长寿，而且生活质量要高。""看到您身体好，我就放心了。"看到老人精神比去年还好，温家宝脸上露出欣慰的笑容，"您为国家作过贡献，国家和人民没有忘记您。这就是我每年来看您的原因。您自己得多保重！""好，谢谢。"何泽慧回应说。分别的时候到了，温家宝和钱民协一起弯腰扶着老人站起来，边扶边说："站一会儿，不着急。"在温家宝的搀扶下，老人执意送他到门口，依依惜别。

听说温总理又来看望何泽慧老人，院子里挤满了小区的居民，他们纷纷向总理表示问候……

互动问答

1. 何泽慧先生的治学经历给你带来怎样的启示？
2. 你从何泽慧先生身上看到了哪些品质？请结合具体事例来说明。

附录

生平介绍

何泽慧（1914—2011），曾就读于振华女校。中国实验物理学家、中国物理学家、中国科学院院士。

1936 年毕业于清华大学物理系。

1936—1940 年在德国柏林高等工业大学研究弹道学，首次提出测量子弹飞行速度的新方法，获博士学位。在德国海德堡皇家学院核物理研究所研究正电子和负电子的碰撞现象，发现了正负电子能量几乎全部交换的弹性碰撞现象。

1946 年在法国法兰西学院原子核化学实验室工作时，与钱三强等人合作发现了铀的三分裂，并首先发现了铀的四分裂现象，何泽慧被西方媒体称为"中国的居里夫人"。

1948 年回国。新中国成立后，历任中国科学院原子能研究所、高能物理研究所研究员、副所长，中科院数学物理学部委员。

20 世纪 50 年代初期，与陆祖荫、孙汉城等研制成对粒子灵敏的原子核乳胶探测器。

20 世纪 50 年代后期，领导建立了中子物理和裂变物理实验室；完成了大量的核参数测量任务并开展了相应基础学科的研究，从而培养了一批具有基础科学研究素质的人才。

20 世纪 70 年代后主要从事空间科学方面的工作，发展了科学高空气球的研制；在西藏建立了高山宇宙线观察站；充分发挥和利用中国特有的有利条件（山高地广），花少量的经费，在高能天体物理、宇宙线物理和超高能核物理等领域，取得了具有中国特色的科研成果，使中国成为当时少数几个能生产核乳胶的国家之一，推动了中国高能天体物理的研究工作。

何泽慧是中国人民政治协商会议第五、六、七届全国委员，空间科学学会原常务理事，中科院高能所原副所长。

何泽慧院士于 2011 年 6 月 20 日 7 时 39 分在北京协和医院逝世，享年 97 岁。

主要成果

在德国期间　首先发现并研究了正负电子几乎全部交换能量的弹性碰撞现象。

在法国期间　与钱三强等首先发现并研究了铀的三分裂和四分裂现象。

20 世纪 50 年代初期　与陆祖荫、孙汉城等研制成对粒子灵敏的原子核乳胶探测器。

1957 年，她又和陆祖荫、孙汉城、刘惠长一起制成了对电子灵敏的核乳胶。领导建立了中子物理和裂变物理实验室；完成了大量的核参数测量任务并开展了相应基础学科的研究，从而培养了一批具有基础科学研究素质的人才。

20 世纪 70 年代后期　主要从事空间科学方面的工作，发展了科学高空气球的研制；在西藏建立了高山宇宙线观察站；充分发挥和利用中国特有的有利条件（山高地广），花少量的经费，在高能天体物理、宇宙线物理和超高能核物理等领域，取得了具有中国特色的科研成果。

正负电子弹性碰撞现象的首次实验观察

何泽慧 1943 年来到海德堡威廉皇家学院核物理研究所，在玻特教授直接指导下开始了核物理的最早研究工作。1945 年，她在利用磁云室研究锰 52 的正电子能谱时，从上千张照片中注意到一种近似于 S 形状的奇特径迹。经过仔细分析，弄清楚这种径迹原来是正负电子的弹性碰撞过程。关于这类过程，虽然印度理论物理学家 H.J. 巴巴（Bhabha）曾在 10 年前计算过它的可能性，但是在何泽慧之前的实验中，由于无法区分碰撞前的正电子和碰撞后获得绝大部分能量的负电子，因而一直没有被人注意。

何泽慧的测量表明，在 240 米正负电子径迹中（能量处于 25—800keV 之间，最大强度约为 200keV，有 178 个单次弹性碰撞事例，其能量交换

A ≥ 0.1，与理论计算基本上符合；另外观察到 3 个正电子湮没的事例，与根据狄拉克正电子理论计算出来的结果也符合得很好。

这项成果先后于 1945 年 9 月在英国布列斯托尔举行的英法宇宙线会议和 1946 年 7 月在英国剑桥举行的国际基本粒子与低温会议上报告，引起与会者的极大兴趣，并被英国《自然》杂志载文介绍称之为"科学珍闻"。何泽慧在这项研究中显露了敏锐细致的观察能力，穷追不舍的探索精神以及对新现象作出正确分析的本领。

铀核三分裂和四分裂现象的发现

1946 年何泽慧从德国到了法国。在法兰西学院原子核化学实验室和居里实验室，她和钱三强以及两位研究生 R. 沙士戴勒（Chastel）与 L. 微聂隆（Vigneron）合作，发现了铀核裂变的新方式——三分裂和四分裂现象。

自从 1938 年底核裂变发现以来，人们关于核裂变的观念就是一个重原子核分裂成为两个较轻的原子核。理论上曾经预言了裂变成为三个碎片即三分裂的可能性，但是在实验上并未引起人们的注意。1946 年 7 月，在英国剑桥举行的国际基本粒子与低温会议上，两位英国青年科学家出示了一组用核乳胶研究裂变现象的照片，其中一张记录到一个三叉形状的径迹，当时被简单地解释成裂变的两个碎片伴以一个 α 粒子，而没有作进一步的探讨。这张照片引起了钱三强的很大兴趣，回到巴黎后，他立即带领两位研究生着手用核乳胶进行实验。

何泽慧稍后参加进来，很快以其细致和耐心在工作中发挥了重要作用，实验观测到大量裂变径迹，其中包括相当多的三叉形径迹。通过对三叉事例每条径迹物理性质的仔细研究，他们首次令人信服地证实了三分裂这一新的原子核裂变方式。1946 年 12 月 9 日在法国科学院《通报》（Comptes Rendus）上公布了初步研究结果。

在研究三分裂现象的过程中，何泽慧于 1946 年 12 月 20 日首先发现了一个四叉形径迹。这个结果作为第一个四分裂事例的证据于当年 12 月 23 日在法国科学院《通报》上发表。次年 2 月，他们又找到了第二个四分裂事例。

在关于三分裂和四分裂的全部研究成果正式公布之前不久，约里奥·居里于 1947 年春在巴黎召开的世界科学工作者协会会议上宣布了这项发现，认为是"第二次世界大战以后物理学上的一项有意义的工作"。这项发现正式公布以后在各国科学界引起了很大反响。英国、加拿大和美国的几个实验室都先后观测到了裂变中的三个碎片（未观测到四个碎片）的事例，但都把第三个轻碎片简单地看成是裂变产物放出的 α 粒子而不是铀核发生三分裂的结果。虽然钱三强当时就正确指出这是三分裂的结果，而且预言了三分裂中轻裂片的质量谱，指出除 α 粒子外可能存在氚核和氦6核，但限于实验条件，这一预见直到 20 世纪 60 年代半导体探测器问世以后才被苏联、美国和波兰等多国的实验确证。至此，三分裂现象彻底得到了物理学界的承认。四分裂的进一步证实是在 20 世纪 80 年代初。德国 GSI 研究所的科学家们在重离子裂变过程的研究中，利用固体核径迹探测器观察到了相当多的四分裂变甚至五分裂变的径迹。虽然它们产生的机理与中子引起的有所不同，但是这类裂变的存在则是客观事实。

以钱三强、何泽慧等的实验为开端而引发的一系列研究及其成果，深化了人们对于裂变现象的认识。三分裂现象作为研究裂变过程中断裂点特性的一种独特的探针，至今仍然是裂变物理领域有兴趣的研究对象。

在法兰西学院原子核化学实验室工作期间，何泽慧还利用核乳胶技术进行了钍的裂变碎片总动能的测量以及铋、铅、金、铂、钨的快中子裂变截面上限值的测量，并发表了论文。

原子核乳胶制备过程的研究

1950 年，新中国第一个核科学研究机构——中国科学院近代物理研究所成立后，何泽慧主持开展了制备原子核乳胶的研究课题。

原子核乳胶是 20 世纪 40 年代中期发展起来的核探测技术，在核物理与粒子物理的实验研究中发挥了重要作用。50 年代初，世界上还只有英国和苏联两个国家掌握制造原子核乳胶的技术，分别生产依尔福（Ilford）和涅克菲（Никфи）乳胶，代表着当时的世界水平。

何泽慧领导的研究小组在十分简陋的条件下开展了工作，借助于极其有限的文献资料，经过反复试验、总结规律，终于在 1956 年成功地掌握了原子核乳胶的制备方法，制成对质子、α 粒子及裂变碎片灵敏的原子核乳胶核 –2 和核 –3，在灵敏度等主要性能方面达到与英国依尔福 C2 相当的水平。利用核 –2 乳胶还制成了探测慢中子用的核 –2 载硼和核 –2 载锂乳胶。

何泽慧和她的合作者以"原子核乳胶制备过程的研究"获得 1956 年颁发的中国科学院奖（自然科学部分），即首次国家自然科学奖。

在以上成果的基础上，何泽慧等根据照相乳胶增感的理论以及苏联科学家的经验，进一步试验在原子核乳胶制备过程中使用金增感的方法，于 1957 年制成了对电子灵敏的核 –4 和核 –5 乳胶。前者的灵敏度接近于苏联涅克菲 P 和英国依尔福 G5，后者的灵敏度接近于苏联镭学研究所研制的 Πp 型核乳胶，超过了英国的依尔福 G5 核乳胶。

由何泽慧创建的核乳胶小组 20 世纪 50 年代以后一直保留了下来，继续从事原子核乳胶的开发和制备。近年来，原子核乳胶在许多方面已被其他实验技术取代，但由于它所具备的若干突出优点（体积小、花钱少、连续灵敏以及空间分辨好等），在一些场合下，例如在医学、生物学上用放射自显影技术进行各种研究时，仍然是不可缺少的工具。核乳胶组坚持每年制备出几十升原子核乳胶，以满足全国各地研究所、大学和医院等 100 多个单位的需要。国产原子核乳胶为我国原子核及其他科学技术事业的发展作出了不可磨灭的贡献。

开拓中国中子物理和裂变物理实验领域

1956 年以后，何泽慧在相当长的时期里全面负责领导了物理研究所（后为原子能研究所）中子物理研究室的工作，为开拓我国中子物理与裂变物理实验领域并配合核武器研制作出了重要贡献。

在全面规划的基础上，何泽慧领导创建了基本实验条件。首先围绕我国第一座反应堆和第一台回旋加速器建造了几台不同类型的慢中子谱仪和其他实验设备，掌握了包括裂变中子数、裂变截面和其他截面在内的各种热中子和共振中子核数据的测量方法。考虑到核武器研制的下一步需要，她又着手筹划快中子物理和轻核反应方面的实验工作。她看准了快中子谱学的国际发展趋势，不失时机地安排力量开展研究，在回旋加速器上研制成功快中子毫微秒飞行时间谱仪，使我国快中子实验工作很快达到当时的国际水平。在她的领导和支持下，还很快建造了两台高压倍加器并在其上开展了各种快中子和轻核反应截面测量的方法研究。她还倡议将 1.2 米回旋加速器改装为可变能量回旋加速器，以便解决快中子实验中 8–13MeV "空白能区" 的问题。她重视中子标准问题，组织力量创建我国自己的中子计量标准。经过努力，中子源强度和中子通量计量标准都达到了国际水平，从而使原子能研究所的中子核数据测量工作有了坚实的基础，同时也为全国的中子计量提供了一个牢靠的基准。

到1964年为止，利用建立起来的实验条件，何泽慧领导完成了一系列基础核数据的测量工作。我国第一颗原子弹爆炸成功后不久，她又亲自主持了系统测量若干轻核反应截面的紧急任务。她身先士卒，带领30来人，经过4个半月的苦战，攻克了一系列实验技术难关，完成了两个轻核的入射粒子能量从20—600keV六个反应道的截面数据的系统测量工作，为我国早期氢弹技术路线的选择提供了重要的基础数据。在这前后，她还为解决武器研制与现场测试中的一些关键性技术问题进行了大量组织和指导工作。

在为国家任务服务的同时，何泽慧重视基础性研究与新方向的探索。20世纪50年代末，她有远见地部署力量开辟了采用纳秒飞行时间技术的快中子能谱学实验方向，就是很好的例证。这种当时刚刚出现的新兴技术，以后发展成为主宰现代快中子物理实验领域的基本研究手段。60年代初，她及时抓住了固体核径迹探测器技术的苗头，经她的倡导和培育，这种与原子核乳胶有着类似优点的技术，很快为我国科技工作者所掌握，先是用于裂变物理实验，后又推广到了其他许多领域。

推动宇宙线超高能物理和高能天体物理研究

1973年，何泽慧重返科研岗位，她担任高能物理研究所副所长，十分关心宇宙线方面研究工作的进一步发展。为了尽快提高我国的科研水平，她主张开展交叉学科的研究，发展新的生长点。她提出，在我国还没有加速器的条件下，利用核物理的知识和技术，以宇宙天体为实验场地，以科学高空气球及高山站等为手段，推动宇宙线超高能物理及高能天体物理研究的开展。

在她的倡导与扶持下，高能物理研究所宇宙线研究室通过国内、国际合作，在西藏岗巴拉山建成了世界上海拔最高（5500米）的高山乳胶室；还从无到有、从小到大地发展了高空科学气球，并相应地发展了空间硬X射线探测技术及其他配套技术。这些和其他实验基地及设备条件的建立，为取得有意义的物理成果打下了良好的基础。

何泽慧与苏州十中学生座谈

振华·读书

何泽慧：同学们，你们好。我对你们这代人，可以说根本不了解。我在北京接触不到你们这个年纪的孩子，我外孙女还在上小学，其他都是机关、研究所的人，都是年纪大的了。所以对你们这一代人我实在接触得很少。我自己的孩子也快50岁了。所以，我不知道你们有什么要求，要我讲60年前的事情，是不是？我们那个时候哪有这样？我今天进来就都不认识了。那个时候我们住宿舍，在后边那个宿舍。住楼上，楼上可以看楼底，楼板有那么宽的缝的。所以你叫我讲多少年前的事……你们有什么问题，你来问，我来解答。

生：您对我们的读书发表一下意见？

何：你们读书？

生：现在我们学生的学习负担啊。你们那时候是什么样的？

何：我们那时候不像你们现在什么都要考，要做什么家啊，有远大的理想多得很。我也经常听到人们问，你怎么当科学家的？怎么变成个科学家的？我说我哪是科学家？我跟所有人一样。我记得我中学毕业的时候，根本什么家什么家都没有的，那时候中学毕业，考得上大学的考大学，那时候也没什么你非得考上大学，也不帮助我们去考。我们自己就去报名，我记得那时候我们苏州还没办法考，要跑到上海去考。去了上海住哪儿呢？几个同学一块儿就借谁家谁家本来在上海的，搭个铺大家都睡在那边。也没什么准备，考得上最好，考不上么反正那时候要求也不高。那时候我们女孩子一点也不紧张的，考不上怎么样？没关系。我到谁家去做小保姆。那时候一个月有饭吃了，就成了。我们那时候的要求，就是自己能够独立了，不去靠父亲母亲；那时的独立，不像现在需要多，花钱多的，那时候也没有什么地方去花钱，我记得我们中学时候苦得都没钱的。电影也不看，我们当地有两个电影院，但我们都不去看的。有些有钱的才看，有钱的孩子，那时候是地主家庭的孩子，她身上有几个钱她去。她说，快去看电影、看电影。她也不可能请我们看，我们没钱就不看。电影有什么可看的？我不看的。

现在可不成，至少我家里有一个外孙女，今年六年级，小学生。好家伙，功课也是不得了，一塌糊涂，尤其要考中学，压得是一塌糊涂，是吧？可是我说呢，你们这个什么压力压得，现在都是近视眼，她也有近视眼。眼睛都（不好），为什么？晚上看书，灯开得老亮，这对眼睛一点也不好。我说，你们又费电，又费眼睛。（学生笑）看书，你就拿要看的东西照亮了，你看得见就成了。我们一直到回国，1948年的时候，回国以后，才买了个收音机，那时候买收音机，每个月攒多少钱，才能买到一个。所以，现在不得了，一路走都一路戴着个收音机耳机，其实这样一点也不好。（不这样戴着），脑子清醒一点。

我实际上到40岁左右那时候，都在插队（下乡劳动），都是下去，"四清"啊什么的，反正都是接受再教育，你们都没有，是不是？你们都没有。你们有没有插过队？不知道的。我在插队的时候书也没得念的，看你自己怎么样。我那时候是在陕西插队，那时候就是这样么。你们现在想去都没有去。是不是？你们现在谁想去？很有意思。我们那个时候工资很少，我一点也没有觉得什么苦。我觉得不管什么环境都可以。不至于老是愁眉苦脸的，我觉得愁眉苦脸才冤枉呢，是不是？总是有办法的，一个人自己要努力。看人家怎么样，人家说我什么，你自己怎么看？我是那个本，年年交。真有意思，我觉得。

那时候（上学时）教科书也没有。物理的教科书都是英文的，没有中文教科书，所以英文底子也许比你们现在好一点。因为我们那时候，除了国语，还有地理什么的，这些都是中文的。数学啦，物理啦，反正高中的好些课都是英文的。英文的么，也没什么。我英文非常好。我就念念英文字，念一本 ASK（音），英文文集。国文么念《论语》啦，《孟子》啦，这种玩意儿。英文么也是什么那种名著。我觉得就没什么，去学他们外国的名著干什么？不过呢，这个就是，这么教了你就得考试。我这就去考。一本小说，就叫我们写它的大概，写摘要。那时候一本厚书，我还从头看起来？不看的。我就看后面，不是它有的时候有名字单词吗？看它有个名单，就是索引，也不是索引，就是单词。这些上面有几个单词，那些上面几个单字，我把那些单词编个故事。我孙女儿现在就是小学，我是从来也不帮她的忙。我说考得上就考，考不上怕什么，那些人都考不上，你也考不上。我们不加压于她非得考上什么学校啊，考几分啊，都不在乎。钱老更是不要求你考一百分。所以他们也没有压力。没压力反而好，你没思想负担。你一有思想负担，反而搞不出来了。你越着急越是头发涨，是不是？

生：您这一生获得了许多荣誉，你是不是认为你这一生就是成功的？

何：我根本不去想这些。不成功，不成功。我没为了荣誉而学习，没为了什么成功而学习。根本没想过。如果为了荣誉，我就觉得太那个了。

生：我进入高中，物理就特别吃力。我物理就很差劲。我想问一下就是您在高中的时候物理是不是也很好？

何：我没有说是一百分。我一直就是及格就成，不要求我一百分。我记得我们那时候有一个事挺有意思，每逢礼拜六，有一个全校的智力测验，考考每个人的智力。哇，念了好些东西，有些根本是要写出来，看看记忆力怎么样，看你理解什么。有一次啊，我第一名，我答得最快、最多。他就不给我第一名，说我不在。反正我不是最高。呵呵。（在这所学校，）我是从一年级一直读到六年级，后来一直到中学毕业，好容易离开了。功课不是最好，一直没有离开过。考清华的时候，考上了。所以我考清华根本不着急。

生：对您来说，对您帮助最大的是什么人？为什么？

何：你们都在帮助我啊。是不是？每个人只要善于汲取。你并不是说，哎，你在帮助我。我最反对有些研究生，考了研究生，啊，你帮助我啊，你怎么不帮助我啊？什么叫帮助啊？你自己不动脑筋就要人帮助，你自己想出问题来，就是前进。自己要想问题，怎么创造，就都有啦。你碰到问题别老是求人帮助。碰到问题要自己想办法解决。你们现在学习基础知识，就是为了解决你碰到的问题，是不是？

生：刚才您回答说考大学之前似乎没有什么成熟的想法，是否意味着您在考大学之前并没有什么目标？但是俗话说，不想当元帅的士兵，不是好士兵。那么，导致您今天成功的是什么原因呢？您大概是在什么时期才有了非常伟大的理想？或者是有一个既定的目标，产生您一生的追求呢？

何：我告诉你啊，我念书的目的，你们现在都比我条件好多了。那时候念书的时候正是日本人欺负中国人的时候。大学毕业以后，那时候我们同班4个学生，男孩子都送到兵工区去了，搞那个什么弹道学啊，什么那种和军事有关（的东西），因为那时候日本人欺负我们嘛。要自己有点武器了什么。我们女孩子啊，那时候还挺封建的。女孩子不管你的出路，女孩子嘛，你找个丈夫就去做家务。那时候我们几个老师都是男老师，什么吴有训啊、叶梓生啊，别看都是外国回来的，可封建了，他不要女学生的。所以那时候我们，我么，只要功课及格你没法不要我。所以我就念完，念完以后他也不给我介绍事，那么男孩子么就到南京去了，南京兵工区去了。那么给他一个事。

　　我测量子弹在飞的时候你要测量它的速度。这事，要想一个办法。我也没去看他的弹道学的书。我就是根据物理的实验想办法。结果呢，我自己觉得不错，我在想，让那个子弹通过一根细的铜丝。不是电断了吗？在那儿有个记录，根据电的数据，过去这个距离知道了，放多少电嘛。电知道了，有多少电量知道了，有多少时间不就知道速度了吗？我就跟老师说，我想出来了，就那么做好了。他说你这有什么稀奇啊？这书上早有的。我倒也不懊悔，我说原来书上已经有了啊？再查一查看，他们果然有。那我自己就放心了。我跟书上的水平一样。我这样就有勇气了，我自己也可以解决问题的。后来我就另外想出方法，我赶紧去查查别人做了没有。因为你做博士论文要人家没做过的东西，要有创造性的。所以我的博士论文就是这样做的。

　　那时因为日本人欺负我们，我想回来打日本人。后来第二次世界大战以后，我们在德国不能出来了，不许离开德国了，就是国民党的官员才能出来。他们有关系的。我们这种老百姓还是没法出来的。不让我出来不要紧，我不在乎。我家里我母亲有那么些孩子，缺我一个不要紧。那，你们得给我找工作。我想德国的仪器啊，电子仪器，西门子啊，西门子的仪器很有名的。我记得我们以前要买外国货就买 German 货，就是德国货。所以我说我要到你们那个工厂去。他不让中国人去的。我说你又不让我回去，又不让我在这儿，我又不是那么软弱，我就跟他讲。后来他看我一小女孩，我那时候一直梳两个小辫的，他想你也不会偷出什么机密，他就让我去。我在那儿差不多待到快打完仗。那时候我就在他们研究所，我看他们就是做这种精密仪器，当时怎么做的，比如这根线怎么做。他们为一点小的问题，那是当大问题来做的，而且他们的图书馆啊什么的，他们有个图书馆，他知道哪一个部门有什么问题，（资料）在哪儿。他给你文献找好，看好，就送到你手里。我们这儿的图书馆不会这样搞的，所以他们工业发达，一直到现在还占着主要地位。

生：您认为我们国家现在最缺少的是什么样的人才？

何：就是你这种人才。你别觉得做这个没意思，做那个没意思。实际上有的技术都是可以做的。各种行业的人，只要自己做出成绩、做出水平，都是国家需要的。

故园母校

重回母校

1994 年 10 月 22 日，秋天，黄昏时分，一位穿着灰色两用衫的老年妇女走进了苏州市第十中学。她边走边问，穿过中心教学区，来到了学校的西花园。她环视了一下园内的景色：小山、亭子和耸立在水池之中的假山瑞云峰，似乎在温习什么，寻找什么。略微迟疑了一下，就沿着一条环绕中心草坪的道路，走过去，又走回来，在花园西北边的一座紫藤架旁停下来，端详着路旁的一块摩崖石刻，弯下身子，伸出手去抚摸，辨认上面镌刻的文字。

石刻盖上了些青苔，但字迹仍能依稀辨认得出。石块顶部的篆刻和后边的题款是："仁慈明敏壬申级训何泽慧篆。"石刻正面文字小了一些，要俯下身子去看，辨认起来很有些困难，然而老人似乎很熟悉，低声在念叨着。课余时，师生们在这里散步、谈天、看书。老人的风度和行为举止，引起了教师和学生们的注意，有人去告诉校长。学校领导就出来了。经过一番交谈，弄清楚这位老人就是这块石刻的篆额者何泽慧，振华女子中学——这所中学的前身壬申级的毕业生。壬申年就是公元 1932 年。何泽慧记得自己从这所学校毕业时才 18 岁，此次重来已经 82 岁了。岁月无情，改变了人的容颜；岁月有情，剥夺不了对青春的记忆。

何泽慧老人这次是参加苏州市人民政府受赠网师园仪式而来的，网师园原是何家的产业，新中国成立初期就捐献给国家了，但一直没有办手续，这次是补办。难得的机会，分散在国内外的何氏家人都来了，聚首于昔日的家园。网师园与苏州十中只有一河之隔，于是在仪式举行过之后，她一个人悄悄地来到了母校。

这次重访母校，如果她向地方政府表述自己的意愿，或者进入学校时透露一下自己的身份，必然会引起全校轰动。可是她只想以一个普通学生的身份，重温62年前的情景：看着刚点上朱红色的篆额、才抹上绿色碑文的石头，走上花园里新铺好的煤屑环道，扶着竖立没有多久的紫藤架，看着初绽的紫藤花，同全班少女们一起跳着笑着。欣慰于终于能用自己的汗水和心血装点母校，用摩崖石刻、紫藤架和环道作为献给母校的礼物，完全忘却了即将分手的感伤。

可是她仍旧被认出来了，自然免不了被邀约去和师生们座谈。她和像当年自己一样的年轻人交谈，要帮这些半大的孩子，跨越时间之流，进入自己生活过的年代。孩子毕竟是孩子，所提的问题，离不开他们自己的经验范围。诸如你那时的课业负担是不是像今天这样重，你当时有没有什么远大理想，又是如何争分夺秒学习的，等等。孩子们是想从何泽慧老人这里找到一本学习金典。然而，何泽慧最想告诉他们的是，自己人生航船最早的一段历程，个人和这所学校结下的情缘。

何泽慧，是这所学校引以为骄傲的名字，是这所学校的校长和教师们经常用来激励学生的名字。母校一直记得从这里走出去的这位女学生，注视着她的每一点成就。

江南清华预科班

何泽慧和这所中学的情缘，需要从她的上一辈人说起，要追溯到20世纪初。她的父亲何澄是一位文物鉴赏家，早年参加同盟会，追随孙中山从事革命活动，后来就买下了苏州网师园，在那里定居，并担任振华女子学校的校董。何澄的妻子王季山是振华女子学校创始人王谢长达的四女儿，王季山的三姐就是后来继其母担任校长的王季玉。王氏母女都是中国近现代史上的教育家和妇女活动家。何澄敬仰王氏母女纾家办学的热忱，特别信服王季玉的办学观念，把自己的8位子女都陆续送到振华就读。这8位子女后来都事业有成，现在都是国内外享有盛誉的科学家。

1920年，6岁的何泽慧进入振华女子学校。此时已是姨妈王季玉掌校。她在振华女子学校前后待了12年，从小学一年级读到高中毕业。

振华女子学校很重视理科教学和英语教学，数理化都是应用国外原版教材，要求也比教会学校和公立中学高。何泽慧就是在振华女校打下很好的理科和英语学习基础的。正如何泽慧在回答学生提问时所说的：那时候"除了国语，还有地理什么的，这些都是中文的。数学啦，物理啦，反正高中的好些课本都是英文的"。"英文么也是选读什么名著……一本小说，就叫我们写它的大概，写摘要。"何泽慧学习英语的方法，也有些特别。她说："那时候一本厚书，我还得从头看起来？不看的。我就看它后面，看它的索引或生词表，我就用它的单词编成一个故事。"

振华女子学校，也并不是把西方教育简单地搬用到中国来。在向自己母校蒙特豪里尤科女子学院的一次书面汇报中，王季玉引用了母亲王谢长达的话："我们不能让西方教育完全替代东方文明，而是应该让它成为一种有益的补充。"在振华女子学校的课程中，中国传统文化占有相当重要的位置，女学生们仍然要读中国儒家经典《论语》《孟子》等。国文科的教师都是一时之选，如著名版本学家王謇，现代作家叶圣陶、苏雪林等。何泽慧在振华女校受到中国传统文化的濡染，从她"仁慈明敏"篆额的几个大字看，苍劲有力，有着很好的汉篆功底。学校里至今还保存着何泽慧高中时代的几篇作文：一篇是纪念亡友的悼文，一篇级史，一篇杭州游记，一首记游的律诗。从这些文字中可以看出，少女时代的何泽慧胸襟开阔，很重感情，积极参加集体活动。不管是用文言写的，还是用白话语体写的，都理畅词达，涉笔成趣。如《旅游杭州记》一文中写登北高峰所见所感："……北高峰至矣。于是俯仰徘徊，纵览六合，见夫天垂如盖，日悬如燧，众山断续环拱，如砺如拳，川海萦回，若带若线。东海、钱塘、天目、武林诸胜，亦无不历历在目焉。"其观察体物之贴切，联想想象之奇妙，文笔之活泼灵动，令人击节称赞。玩味一番，觉得文章似乎得到韩愈《画记》的神韵，很难想象这是出自一位17岁的少女之手。何泽慧在这所女子中学中理科和文科都得到了长足的发展。

抗日战争以前，有一年振华女子学校高中毕业班，20多个女生中就有5名考入了清华大学。当时有个说法，"北有清华，南有振华"，振华女子学校一时被认为是江南的清华"预备班"。在振华这所女子学校走出去的，不仅有像何泽慧一样的科学家，如物理学家李政道、王明贞，农学家沈骊英等，还有社会学家费孝通、记者彭子冈、作家杨绛等。

振华女校校长王季玉认为女子教育不应该忽视现在的社会状况和现代

的潮流，应该具有国家观念。她让学生接触社会，认识当时日本侵略日益深入、祖国危在旦夕的严峻形势，引导学生参加救亡运动，带领她们出去为抗日战争募捐，去医院看护伤员。何泽慧在《级史》中也记下了一笔：高三"这一年为了注重抗日工作的缘故，对于级会没有什么特别的进展"。王季玉自己也是一个很有民族气节的人，她拒绝日寇汉奸的诱降，甘守清贫，在孤岛时期的上海坚持办学；作家杨绛还一度担任过上海振华分校校长。

何泽慧从清华大学物理系毕业以后，去德国柏林工业大学学习弹道学，乃至她把毕生奉献给祖国的科学事业，正是基于她在中小学所受到的爱国主义教育。她在答苏州十中学生问中说，自己倾情于物理学，要出国去学习弹道学，就是"因为日本人欺负我们，我想回来打日本"。

何泽慧师从过许多世界级的大师，也曾于一些世界名校就读或从事研究，但是最难忘却的还是在振华女校的那段日子，那些与自己朝夕相处的老师同学，那经常流连于其中的风景秀丽的西花园。

故人星散，师长也想必大多过世，何泽慧重回母校，能够寻到的也许只有故园中的一些留痕。

何泽慧在座谈会上曾表示有生之年还要再来。她与苏州市十中师生订下了百年之约，就是说，在2006年母校百年校庆的时候再回访母校。

2006年10月，校庆的日子快到了，苏州十中人期盼着何泽慧的归来，可是人们失望了，何泽慧因为跌坏了腿，行动不方便，不能践约。可是她家的兄弟姐妹子侄都来了，从国内外各个地方会聚到苏州十中，一共17人，俨然一个庞大的代表团。何泽慧也为母校献上了自己的题词："爱国奋进。"用的是楷书，遒劲有力，仍镌刻于石上，置放在西花园的东南面，与西北部的"仁慈明敏"的篆刻遥相呼应。从"仁慈明敏"到"爱国奋进"，这是一个从这所学校走出去的女学生的人生领悟，是她要告诉现在和将来的校友们的话，也道出了她和这所普通中学的毕世情缘。

参考文献

1. 李尔燕.何泽慧：为什么如此低调.中国青年报.2011，7

2. 李珊珊."三高"女性何泽慧.南方人周刊.2011（11）

3. 吴志菲 . 何泽慧：中国"居里夫人"的传奇人生 . 天津日报 .2011，8

4. 郭梅尼 . 什么是人生最值得追求的？"三识"何泽慧院士 . 科技日报 .2011，8

5. 刘晓 . 中国科学院院士传记丛书·卷舒开合任天真：何泽慧传 . 中国科学技术出版社，上海交通大学出版社，2013，5

6. 祁淑英 . 原子世界的科学伴侣中国的居里夫妇：钱三强与何泽慧 . 春风文艺出版社，2009，1

资料链接

1. 中央电视台 . 大家·何泽慧

李敏华——勤勉的求学者和研究者

> 科研工作出成果很慢，需要做一些像种花这样的易见成果的事情。
>
> 李敏华

编者导读

李敏华院士是杰出的力学家，我国塑性力学的开拓者。从力学所的酝酿到正式成立，李先生都参与了其中的工作。她从回国后到"文革"前，在研究工作的百忙当中，为各高校的教师和中国科学技术大学力学系学生开设塑性力学课和亲自撰写教材，指导研究生，为培养力学人才倾注了大量的心血。

李敏华院士作为从事应用研究的科学家，根据国家的需求，开展了一系列新的课题。她既重视实验，又重视计算。为此，她一边为进行实验研究组织调研和确定方案而操劳，一边不顾高龄骑自行车到很远的中国科学院计算中心去上机计算。更应当强调的是，不论是在严重干扰的环境和"文革"的逆境下，还是在丧子的悲痛之中，李敏华院士都坚韧不拔地为祖国的科技事业奋斗不息。她以实际行动实现了她的报国壮志。这种崇高的精神是李敏华院士留给我们的宝贵精神财富。

同时，李敏华院士作为 20 世纪"中华女杰"之一，她用自己的身体力行证明了"男女都一样"，女孩子也能达到和男孩子一样的学术高度。我想，李老之所以能达到现在这样的成就，与她的执着信念密切相关。理想和信念才是支撑一个人不断前进、不断奋斗的原动力。

爱国求学的决心

李敏华，女，1917年11月2日出生于江苏省吴县（苏州市）一个职员家庭。她的母亲思想比较开明，她自己毕业于杭州女子师范中学，也支持李敏华姐妹自小读书。1925年，李敏华刚到上海不久便发生了"五卅惨案"。上海滩上，英国巡捕随便打杀中国人，外国军舰在黄浦江上耀武扬威的种种事实，给少年的李敏华留下深刻的印象。1931年，日本侵略军侵略我国东北三省，李敏华当时就读于务本女中，该校的校长很爱国，鼓励同学们参加示威游行，并组织了军事训练。一次上音乐课时，正好是5月4日，音乐老师给同学们讲述了自己参加五四运动的经过。在李敏华的心中激起一股热浪，她决心毕业后要去北平读大学。1935年，她考入清华大学，不久，便爆发了"一二·九"学生运动。她一面和所有爱国青年一道积极参加示威游行，一面更加刻苦学习，并决心以己之所学报效祖国。

谁说女子不如男

在大学一年级时，李敏华认识了吴仲华，因为有着"理工救国"的共同奋斗目标和对摄影和音乐的共同爱好，他们成为了好友。抗日战争时期，他们随学校经过长沙迁到昆明，改名为西南联合大学。在艰难的战争条件下，他们的学习生活紧张而窘迫。1940年大学毕业后，李敏华和吴仲华分别被留在航空工程系和机械系任助教，不久后结为终身伴侣。1944年她与吴仲华共同赴美，就读于麻省理工学院。不久，他们有了两个儿子，当时美国妇女生育之后，大多是在家里照顾孩子，而李敏华却能在这种情况下，先后于1945年和1948年获得了硕士、博士学位。作为一个妇女，这在当时是不多见的。李敏华回忆说："我之所以能够学成，是由于有学成后回国服务的坚定信念，也是和吴仲华帮助我照顾孩子和家务分不开的。我们合理地安排时间，共同照顾孩子，克服种种困难才得以学成。"李敏华的大部分硕士论文工作都是在晚上进行，由吴仲华照顾孩子，她自己挑灯夜战完成的。

李敏华的硕士论文做的是"用散射光弹解轴扭转"方面的工作。她先认真看了光学书中全部有关散射光的内容。再将散射光的特性、散射光弹原理与轴扭转问题的特点相结合，提出了一个用散射光弹解决轴的扭转问题的简单新方法，得到了应变分布。她的博士论文是亚谐振动。导师邓·哈托（Den.Hartog）指着自己所著的《机械振动》一书中的一段话说："这就是作博士论文的题目，"并补充说，"博士论文的题目不一定能做得出结果的。"邓·哈托本人在书中就写道："由于这涉及变系数非线性方程，很显然，这样的分析工作是极其困难的。"当时，吴仲华获得博士学位后，离开麻省理工学院去克利物伦（Cleveland）NACA 路易斯发动机研究中心工作。李敏华利用暑期中学放假，请了一位中学生照顾孩子，以便她进行论文工作。她查阅亚谐振动的文献时，看到电子系统有产生亚谐振动的少量文献，而机械系统只有一篇叙述产生亚谐振动的一个机械模型，并且只在一定的初始条件下才会发生亚谐振动。她分析得出了电子系统在振荡过程中，系统的系数是变化的，在一定的条件下，会发生亚谐振动；而机械系统中这些系数是固定不变的，只有在一定的初始条件下才产生亚谐振动。根据这些理解，她得到亚谐振动的解法，并算出了一个例子。邓哈·托教授在看了她的方法和计算结果，并进行简单的校验之后，感到无比高兴，对她说："你解决了！"于是，导师进一步要求她对初始相差的整个范围进行计算。这个工作是她带了两个孩子在吴仲华工作的城市完成的。李敏华终于成了麻省理工学院工科方面的第一位女博士。

为了取得进行科研工作的实际经验，吴仲华和李敏华决定获得博士学位后，工作一段时间再回国。随后，他们双双进入了美国宇航局 NASA（当时为 NACA）。吴仲华先生创立了著名的三元流动理论，被美国宇航局誉为20 世纪 50 年代的两项重大突破之一。李敏华先生也在侧压下圆形薄膜塑性变形的研究中作出了开创性的工作。

投身报效祖国

正当他们的事业如日中天时，新中国向他们发出了呼唤。为了发展中国的导弹和宇航事业，钱学森等一批事业卓有成就的科学家回国，创办了中国科学院力学研究所。吴仲华、李敏华伉俪也毅然放弃了在美国的优厚待遇，踏上了归国的路程。朝鲜战争爆发后，他们立即离开 NACA 转到学校工作，为回国作准备。但由于美国宇航局有严格的保密规定，再加上美国政府对在大学工作的中国理工科留学生回国横加阻挠，他们的归乡路是如此的艰难和漫长。他们以度假为名，绕道瑞士、苏联，在大使馆的安排下，最终于 1955 年回到了祖国。

回国后，李敏华为青年教师开设塑性力学课，并组织讨论塑性理论和蠕变理论，推动了中国进行塑性力学方面的研究。此后她参加了航空航天方面的基础研究工作。1959 年前后，她领导了为新研制的复合材料试件进行高温试验以及瞬态加热加载材料实验机的研制工作。20 世纪 70 年代中期，她参加了航空发动机故障分析会，承担了喇叭形涡轮轴在扭矩作用下的应力分析课题。这次故障分析会使她深深感到疲劳问题的严重性。为此，自 80 年代后，她又开始从事疲劳研究。同时发起组织侧重宏观研究的全国疲劳学术会议，推动了学术交流。

回国以后，李敏华先后在中国科学院数学研究所力学组及中国科学院力学研究所任研究员，固体力学研究室任主任。1980 年当选为中国科学院技术科学部学部委员。曾任中国力学学会常务理事、副秘书长，《力学学报》、航空学力学学会常务理事、副秘书长，《力学学报》《航空学报》和《固体力学学报》编委。李敏华还曾当选为第三届全国人大代表。她还是全国妇联执委，第六届、第七届政协委员。1984 年，她加入中国共产党，实现了多年的夙愿。

李敏华轶事
性别的偏见

20 世纪 40 年代的美国对妇女还很歧视。李敏华在开始读博士时，麻省理工学院机械系负责本科生的教授说："我不能看到机械系有女博士。"幸好负责研究生工作的苏特勃（Sodeberg）教授支持她。在读博士期间，李敏华选修了热力学课程，肯能（Keenen）教授在一次发考卷时说："这次考题很难，很多人不及格，第一名考了 95 分，是吴夫人（Mrs.Wu）。"后来肯能教授夫人在一次茶会上对李敏华说："开始肯能教授对你不相信，所以出难题考考你。通过这次考试肯能教授才相信你的能力了。"1943 年，当李敏华成了麻省理工学院工科方面的第一位女博士时，波士顿报纸在报道该届麻省理工学院毕业典礼时也毫不避讳地提到："中国的李敏华，几个孩子的母亲，证明妇女可以与男子一样，获得博士学位。"

考试的意义

20世纪70年代，中国科学院研究生院设立在北京林学院的旧址肖庄。李敏华先生的8名研究生必须在研究生院集中一年半完成基础课和专业课的学习，然后回力学研究所完成研究生毕业论文。除了必需的基础课和专业课外，李敏华先生还指定了参考书给8名研究生自学，以完成研究生院未开设的塑性力学的课程，并委托他们的学长范元勋先生负责考试。由于当时的学生都是学业荒废了十多年之后重新拿起书本的，学习的艰苦可想而知。因此这8个研究生就商量着想让李敏华先生同意他们免考塑性力学。但先生并没有同意，她并不是简单地拒绝，而是用她在麻省理工读博士的经验告诉她的研究生，学完一门课程，只有经过考试，才能有深刻的记忆。以后用得着时，就会有一个印象，否则，会忘得一干二净。于是，她的这些研究生打消了免考的念头，认真准备塑性力学的考试。这次考试，使李英治（8名研究生之一）受益匪浅，以至于30年后在荷兰电力研究院遇上燃汽轮机叶片寿命的课题，需要处理各向异性蠕变和疲劳的问题时，正是当年的塑性力学知识给了李英治极大的帮助。

事业家庭两不误

1956年初，钱学森先生筹备成立了力学研究所，李敏华先生任第十二研究室的室主任，她关心每个人，尤其是女同志，总是鼓励她们安排好家庭生活，积极上进，做好工作。她总说："一定要安排好，使自己能脱身，全心投入工作。"她本人是妻子、母亲，同时还要照顾双目失明的老母亲，家里总有不少事情需要她安排，尤其是对老母亲照顾得很好。她老母亲一直说，她有个好女儿和好女婿（指吴仲华先生）。记得有一次李先生对同事任孝安说："我妈妈很早就双目失明了，所以在她记忆里只有我年轻时的样子，她不知道我也老了，我很累。"因此她自己生活尽可能简单，为了节省回家路上的时间，她中午总是带几片面包，夹一些肉或蛋，作为午餐。并在办公室放了一个小折叠床，饭后可稍稍休息。在李先生的言传身教下，当时十二室涌现出了一批在计算机房或实验室踏踏实实埋头苦干的"女将"。

互动问答

1. 李敏华先生的治学经历给你带来怎样的启示？你从她身上看到了哪些优秀品质？请结合具体事例来说明。

2. 李敏华先生用自己的亲身经历告诉我们，"不要觉得男的跟女的不一样，是一样的，女孩子同样地可以为国家作出贡献。"你作为当代的女（男）孩子，你觉得男女都一样吗？

3. 2007 年 6 月 4 日，90 岁高龄的李敏华先生做客腾讯，与主持人漫谈人生经历。在主持人谈到"作为两个孩子的母亲，您为什么还要坚持读硕士"时，李老回答："就是回国以后为祖国工作。"你对这个问题是怎么看的？

4. 在访谈的最后，当主持人问起李老："您还有什么话对我们年轻人说吗？"李老的回答很简练："就是要用功，将来为国家工作。"作为祖国的下一代建设者，你是不是已经为祖国的建设事业作好准备了？你能否为了你的理想，为了国家而更加努力学习呢？

附录

生平介绍

李敏华（1917—2013），固体力学专家，曾就读于振华女校。1935 年考入清华大学学习，1937 年在西南联合大学航空系学习，获学士学位。毕业后留校任助教、教员。1944—1948 年在美国麻省理工学院机械系学习，获硕士学位、博士学位，成为美国麻省理工学院历史上第一位航空专业女博士。1949—1951 年在美国 NACA 路易斯发动机研究中心任研究科学家。1952—1954 年担任美国布鲁克林理工学院机械系研究教授。1954 年克服重重困难回到祖国。1955—1956 年任中国科学院数学研究所力学研究室研究员。1956 年起先后任中国科学院力学研究所研究员、研究室副主任、主任。1980 年被选为中国科学院技术科学部学部委员。李敏华先后被选为中国力学学会第一、第二届常务理事，第三届理事和第四届名誉理事，第一届副秘书长。现任中国科学院力学研究所研究员、博士生导师。曾当选为第三届全国人大代表，第六、第七届全国政协委员。

李敏华毕生从事塑性力学和应力的分析研究，主要研究散射光弹、非线性亚谐共振、塑性变形、弹性应力波、加筋板稳定性、弹性扭转问题应力分析解法，后期致力于疲劳理论及机制的研究工作，并主要应用于航空航天方面，取得不少科研成果，培养了一批力学人才。在塑性力学方面，她得出了轴对称平面应力问题用塑性形变理论的简单的精确解释，并得出对不同材料在不同载荷下的比例应变分布比较接近的观点，从而提出了一个非常简单而精确度较高的近似解法，此近似解法可用来求解当时无法解决的非均匀材料性能，包括不同温度分布引起的非均匀材料性能的塑性变形问题，这项工作获 1956 年国家自然科学奖三等奖。1959 年，她接受了对新研制的复合材料试件进行驻点温度超过 1000℃的高温实验任务，在国内首次实现了驻点温度超过 1000℃的高温实验，随后，李敏华又从事建立瞬时加热加载的材料试验机研究，在国内首次研制成功了瞬时加热加载材料试验机。20 世纪 70 年代初，针对航空发动机涡轮轴断轴故障，李敏华承担了在扭矩作用下喇叭轴应力分析的工作。她提出以应力函数作为未知量，用非正交曲线坐标有限差分法进行计算。这种新解法对圆截面轴和任意形等截面轴扭转问题，比传统用的差分法和有限元法有很多优点，能很精确地算出轴在小凹槽处的高应变集中区的应变。该项工作获 1978 年中国科学院重大成果奖。

李敏华除科研工作外，还为清华力学班开设了塑性力学课。她在中国科技大学曾兼任力学系固体力学教研室主任，并讲授塑性力学课，先后培养了一批国家紧缺的硕士生、博士生。

参考文献

1. 纪顺俊.苏州院士.文汇出版社，2013，9
2. 李和娣.固体力学进展及应用——庆贺李敏华院士 90 华诞文集.科学出版社，2007，10

资料链接

1. 中国科学院李敏华院士漫谈人生(实录).腾讯网科技频道.2007.7
http://tech.qq.com/a/20070731/000222.htm

何泽涌——放大的细胞人生

"持而盈之，不如其已"，"功遂身退，天之道"。老子的第一句话说的是该如何认识自己，第二句话说的是该怎样做人。

何泽涌

编者导读

在山西医科大学的校园内，每天下午，都能看到与学校同龄的何泽涌教授沿着自己选择的路线固定不变地快走。面对毕生从事解剖学、组织学、胚胎学教学与研究的这位耄耋长者，有感叹者说，他是医科大再也不会有的一道人生风景；他的一位小文友说，他"抗战'克难'之后，真该到北京或上海去，那样他的学术成就会更大，名头会更响"；他的一位同事、老领导说他是"呕心沥血育人，鞠躬尽瘁奉献"；他的同行说他是"辛勤耕耘，硕果累累"。无论外界对他有何种评价，识小知大、抉奥探微的学术精神，求真守实、矢志科学的人生求索，精深研究、述作传诸的医学著述，独立自尊、清露无声的品格操守，手不释卷、学无止境的晚年生活，都集中体现在何泽涌身上。

出身"物理之家"

1919 年 1 月 28 日,何泽涌出生在苏州的"两渡书屋"。

"两渡书屋"是何泽涌父亲何澄"灵石何寓"院内最早盖起的一幢房屋。"灵石何寓"为何澄亲笔手书,由工匠镌刻烧制成一个长方形的搪瓷匾镶嵌在大门旁边的院墙上。当时的门牌号码是苏州十全街 143 号(后改为 151 号)。"灵石何寓"门匾,不仅开宗明义地标明了何澄是灵石移居到苏州的山西人,而且在"灵石何寓"的界地十全街和五龙堂小巷的拐角处,何澄还立有一块不同寻常的界碑——"灵石共和堂何",这既是何澄于 1902 年就已自费东渡日本求学心路和创建共和的政治身份写照,也是从小印刻在何泽涌心上的一块基石。

何泽涌出生的当年,五四运动中的"科学"与"民主"已是深入社会大众的两个名词了,更别说"灵石何寓"和苏州王家,早已从科举世家嬗变为"科学"与"民主"的启蒙家族,甚至已经是开始产生中国近代物理学家的著名大家族了。

当他还是少儿时,常常到"怀厚堂"去玩,每当舅舅们从外边回来,他们也会带着自己的孩子到"两渡书屋"来玩。大人谈大人的,小孩玩小孩的。与何泽涌同辈的哥哥姐姐及表哥表姐表弟表妹,有一多半是中国物理学起步阶段的鹤立人物,如果再加上他们的配偶,中国现代最显赫的物理族群不外何、王两家。

大姐何怡贞(1910.11.14—2008.7.31),1937 年获美国密歇根大学物理系哲学博士学位,中科院固体物理研究所研究员,光谱学家、固体物理学家。大姐夫葛庭燧(1913.5.3—2000.4.29),金属内耗研究大师。1943 年获美国加利福尼亚大学(柏克莱)物理系哲学博士学位,1955 年当选为中国科学院学部委员(今称院士)。

二姐何泽慧(1914.3.5—2011.6.20),中国第一代核物理学家。1940 年获德国柏林高等工业大学技术物理系博士学位,1980 年当选为中国科学院学部委员(今称院士)。二姐夫钱三强(1913.10.16—1992.6.28),"两弹一星"功勋科学家,1955 年当选为中国科学院学部委员(今称院士)。

二表姐王明贞(1906.10.3—2010.8.28),1942 年获美国密歇根大学物理系哲学博士学位,统计物理学家,清华大学物理教授。1943—1945

年，在美国麻省理工学院雷达研究所理论组任副研究员，参与"辐射实验室"扭转第二次世界大战战局的雷达研制，为全人类加速打败法西斯主义立下不朽的功绩。当时，参与"辐射实验室"雷达关键技术研究的还有国际著名的金属物理学家葛庭燧和我国无线电电子学和波谱学的开拓者和奠基人孟绍英，他们与王明贞一道被称为"中国三杰"。现在人们耳熟能详的如激光、导弹、雷达、电脑等都源于这个实验室，后有 8 人获诺贝尔奖。

七表姐王守黎（1912—   ），物理著作翻译家。翻译有《实验晶体物理学》《征服了的电子》《物理实验室应用技术》等。从清华大学毕业后，嫁给"中国 X 射线晶体学创始人"、中国科学院学部委员（今称院士）陆学善（1905.9.21—1981.5.20）。

大表哥王守竞（1904.12.24—1984.6.19），中国第一位研究量子力学并卓有成就的物理学家。1922 年考入清华大学，1924 年赴美留学，1926 年获哈佛大学理学硕士学位，1928 年获哥伦比亚大学哲学博士学位，是中国理论物理第一个博士。因在量子力学的应用方面作出了分子间的交互作用、不对称转体的转动能、氢分子理论、基态能的计算等突出贡献而名噪物理界。尤其是氢分子的海特勒－伦敦理论的文章，竟让吴大猷也赞不绝口："王先生的这篇文章很出名很出名！"（见吴大猷《早期中国物理发展之回忆》）

表弟王守武（1919.3.15—   ），半导体器件物理学家。1949 年获美国普渡大学博士学位。中国半导体科学的奠基人之一，我国第一个半导体研究室、半导体器件工厂、半导体研究所和半导体测试中心的创建者。1980 年当选为中国科学院学部委员（今称院士）。

表弟王守觉（1925.6.27—   ），微电子学家、人工神经网络计算机专家。1958 年研制成中国首只锗合金扩散高频晶体管，1963 年首先研制成功硅平面工艺和平面器件，为"两弹一星"的研制工作作出了重大贡献，研制成国内最早的 4 种固体组件，为专用微型机创造了基本条件。1980 年当选为中国科学院学部委员（今称院士）。

生活在这样一个群星璀璨的"物理之家"，何泽涌想不成个什么"家"也难。

读书以小见大

何泽涌的小学是在振华女校小学堂上的。王季玉主管振华女校的校务后，增设了中学部，原先设在外婆家余屋的校舍不敷应用，于是典得严衙前望星桥 16 号（今十梓街）的顾氏房屋为小学部和中学部的校舍。虽然这所大户人家的百年老屋可以容纳百十来个学生，但对于一个有着小学部和中学部的学校来说，仍然显得有些窄小。何泽涌记得最清楚的是，那时的振华小学非常重视礼节。早上同学们相见，不管年级大小，都要说一声"早"，见到老师要问候"早晨好"，晚上回到寝室时，也要互道"明天见"。每日早中晚三餐，有一个八仙桌，正位坐一位老师，其余三面各坐两位学生。老师没来上坐，学生不能坐下；老师没动筷子，学生不能动；老师没用完餐，学生不能先走，直到老师发话说"你们先去吧"，学生道一声"老师慢用"，才能离开饭桌。管理上是这样，但振华的老师上课却不用旧的教习方法，不但不可怕，而且和蔼可亲，循循善诱，人格都很高尚，让学生们普遍感到可亲可敬。

在小学部，何泽涌印象最深的是后来成为著名社会学家的费孝通。1920 年，费孝通全家由吴江搬到苏州十全街。费孝通的母亲杨纫兰与王季玉是好友，考虑到费孝通体质羸弱但又天性多动的性格，杨纫兰就把她最小的儿子送到了不分男生女生的振华女校小学部。在这个春风化雨的女校，费孝通处处沐浴着爱的教育。1941 年 10 月 1 日，费孝通从云南呈贡县云南大学和燕京大学合办的社会学研究室所在地魁阁，前往不远处的三岔口探望友人徐季吾。当听说他在振华女校最喜欢的老师沈骊英在云南荣昌的中央农业实验所服务时，回来后就坐在魁阁的窗边，给他 20 年没有见面、也没通过消息的老师写了一封长达 5 页的信。信中说："当您在实验室里工作得疲乏的时候，您可以想到有一个曾经受过您教育的孩子，为了要对得起他的老师，也在另一个性质不同的实验室里感觉到工作后疲乏的可贵。"这封信寄出后，费孝通屈指数着日子，盼望得到一封会使他兴奋的回信。然而，不到一个星期，徐季吾跑到魁阁告诉费孝通：10 月 7 日，他最喜欢的老师沈骊英猝发脑出血，殉职于荣昌中央农业实验所内。于是，被退回来的这封信便成为费孝通一封未拆的信。若干年后，费孝通以《一封未拆的信》为题作文，纪念对他早年精神成长影响颇深的沈骊英老师。

何泽涌上振华女校小学部时，费孝通早已升入中学部。由于两家都住在十全街，振华一校两部还在一起，所以费孝通和何泽涌十分相熟，见了面，总是很亲近地叫他"涌涌"。新中国成立后的20世纪50年代初，何泽涌暑假到北京探望他大姐二姐，在清华园碰到费孝通，费孝通热情地请他到家里吃饭。

1946年11月1日，费孝通还写过一篇题为《爱的教育》的文章，后来改为《〈爱的教育〉之重沐——振华女校40周年纪念并献给校长王季玉先生》。这篇回忆王季玉承道传礼的文章，后来被费孝通收入多种集子之中。1957年"反右"前夕，费孝通路过苏州，专门谒见他的老校长王季玉，可见费孝通对王季玉是何等的感恩。而这篇《爱的教育》一直是何泽涌爱读的怀人忆往的好文章之一。文章所引龚自珍的诗句"一声春声忘不得，长安放学夜归时"，竟成了费孝通与何泽涌在清华园会面后对振华女校人与事的最深情的怀念。

还是在振华小学读书时，何泽涌便开始阅读上海商务印书馆的《少年》杂志。这本杂志的文字何泽涌看着有点高深，但对他接受五四新文化的影响至深至远。当他考入东吴大学附中和纯一中学初中部后，《少年》杂志停刊，他又订阅了商务印书馆的另一种继续传播新文化之火的《学生》杂志。这本杂志以知识为手段，以中学生为对象，以辅助学业、交换知识为旨趣，将新文化的内容进行了通俗易懂的启蒙，在当时的中学生群体中很是时髦并且受用。何泽涌最感兴趣的有"短论""英文论说""学艺""问答"以及教学生如何锻炼身体的"技击"等栏目。他对这两种杂志的留恋一直持续到高中三年级。1936年1月4日，他在给大姐何怡贞的一封回信中写道："你叫我多看些杂志，我一定要注意地去实行。问我要您寄些什么东西，我现在要一本美国青年现在最爱看的文艺作品，长篇的短篇的小说也好，精短的散文也好，但是不要太深，因我的英文程度太浅，倘若有专给青年阅读的杂志，像中国的《少年》杂志、《学生》杂志能有便寄两本给我看看。"那时，一本《学生》杂志可以让受众得到全方位的教益，并且念念不忘，如今真是可赞可叹而无处寻觅了。

1934年7月，何泽涌在苏州读完初中后，顺利考取了当时誉满北平的育英学校。育英学校是美国基督教公理会于清同治三年（1864）创办并直接管理的，是中国近代教育史上最早引进西方科学开展现代教育的学校之一。据何泽涌回忆，育英学校是中小学的全称。他考进的高中部为四院。当时，骑车上学的初高中生总有一半之多，他也是每天骑着自行车从油房胡同东侧的后门出入上学回家的学生之一。此时，他的父亲何澄是国民政府行政院驻北平政务整理委员会的高等顾问，何泽慧在清华大学上学，何泽涌在育英读高中，何澄觉得有必要在北平置一套私人住宅，于是在王大人胡同1号造起一座可开进小汽车的"真山园"。在这所大园子里，何泽涌一直安静地学习生活到高中毕业。

育英的校规严格、学风美善，特别注重全面发展，涌现出大量学习好、身体好、才艺出众的学生。在育英中学，何泽涌"致知力行"的学习生活极有规律，甚至到了被他弟弟们视为"刻板"的程度。他说，在育英时，"星期一到星期六尽是专心在读书，星期日则约几个同学赴郊外游散"。郊外游散有什么好处呢？何泽涌给正在美国密歇根大学（Michigen）攻读原子光谱学博士生的大姊何怡贞的一封信中写道："上学期的一个初春的星期日，我和同学们骑了脚踏车到离城30余里的香山去。那天在平地上，天气非常晴朗，但上了山却飘起雪花来，青翠的松柏林中飘着洁白的雪花，使人心境有说不出的感觉。我并不怨自己的环境，我只觉自己太幸运了。伟大的人物都是从苦中磨炼出来的，而况我的环境更谈不上苦呢，只是太安适罢了。"而在寒暑假，他也是"上午在温功课，下午溜冰。溜冰学是学会了，可能不精，不会花样"（何泽涌1936年1月4日、8月11日致何怡贞信）。

爱思考的"古怪"性格

何泽涌本来是很喜欢摄影的，但"因太费钱了，拍一卷照连洗照片钱一共至少一元，故拍照是很难得的"（何泽涌1936年5月3日致何怡贞信）。哥哥姐姐从海外寄个人照片给他，他认为必须回赠才对，但又因连买胶卷带冲洗照片太贵，所以很是矛盾。在矛盾之中他有了"根性的发现"，说来可爱又可笑，这发现竟然是"闲来唯多看小说（旧小说），因中国古书无版权，故便宜得了不得，一元钱可买数十册。什么《红楼梦》《水浒》《儿女英雄传》等都看过的"（何泽涌1936年5月3日致何怡贞信）。弟弟们看他在假期里还温功课、看闲书、练柔软体操等，便开玩笑地逗他说，坐着读书像个书呆子，练柔软体操像个神经病。对此，正在清华大学物理系读大三的二姐何泽慧虽然没有这样逗他的话，但也有颇为幽默和智趣的形容，"涌弟像个机器人，天天机关一开，一套有规律到极点的动作不断地演着，当然给你写信的机器没有设备"（何泽慧 1935 年 2 月 5 日致何怡贞信）。

何泽涌对此很不解，也很苦闷。于是给他一直信赖的大姐何怡贞去信述说自己的种种境遇和心思："关于我的思想，家中和校中无论哪一个都没有明了；你离我远，纵然有什么不合处，想也不可当面闹翻……我在家中度着自己，好烦恼，思想上的一切愈愈不融洽，生活上也如此。游泳和骑自行车到远处去旅行等是不坏的。在家里练柔软体操叫发神经病，若坐着读书则被骂作书呆子。只有一天到晚嚷嚷碌碌，不运动、不求知，只是谈天说地和做零琐事，才是他们的标准生活……"在述说兄弟姊妹不同志趣的同时，何泽涌还将他刊发在《青年友报》上的一篇文章寄给了大姐，并说"我自己的一切几乎完全在那文章里表白了，勿再多话了"（何泽涌 1936 年 5 月 3 日、8 月 11 日致何怡贞信）。

那个时代的中学生，关心国事远较现在为重。对于当时学生中的一些读书倾向和学风，何泽涌很是看不惯，他在给大姐何怡贞的一封信中甚至惊呼："关于'幽默'，在中国现在这当儿，青年们都口里含了一支牙签儿，躺在草地上，拿着本《论语》，起来阴阳怪气的神气说两句俏皮话，不真正自己努力苦干，只在旁边用酸刻的话骂人家，你想想这还了得！"

对于时局，何泽涌自然也是极为关心的。1936 年 1 月 4 日，他与大姐何怡贞在信中讨论学习解析几何，以后如果去学农、学医、学文学、法学、政治，到底有无多大用处之余，仍不忘告诉他大姐："中国现在最重大的事件便是华北问题。因了这事引起了学生游行罢课。首先发动的是北平的学生，不多时便波及了全国。北平学生和警察冲突而致流血受伤的有二百余人，上海的学生因想到南京去请愿，在北站露宿了两昼夜。后来由学生自己开火车，一直开到无锡。政府惊慌了，立刻把路轨毁坏……"

对农村、农民问题，时为中学生的何泽涌同样也是关注的。1936 年 8 月，当他看到《申报周刊》刊有一篇广西苍梧（今梧州）抚河一带农民生活的特写及《农民离村》的评论后，立刻剪下寄给远在美国的大姐何怡贞，并问："不知你读了有何感想？你觉得中国农民现在或将来能得些什么变化？"

除了对国事和他人之事，何泽涌总是有自己的见解和看法。更有意思的是，对于即将赴德国留学的何泽慧，他也是心存怀疑："小阿姐（何泽慧）一定赴德留学了，但她留学的目的很使我怀疑。镀金去呢，还是求学去呢？中国是否没有比她高深的学问呢？没她所欲求的呢？这是否合经济呢？"（何泽涌1936年8月11日致何怡贞信）。所幸的是，他对二姐何泽慧这种留学目的的疑虑，最终因强国之梦的蘑菇云在戈壁滩上升起而飘散。

不光对何泽慧，即便对他疼爱有加、关心备至的大姐何怡贞，何泽涌也有说法和要求：《申报周刊》上有一篇《所望于出门留学者》的文章，可见中国一般人很注意着中国留学生，这大概也因怀疑留学生所致罢。我把那文章剪下寄你，上面有5项对你们的希望，望你深刻地注意，不使中国的人民失望。"（何泽涌1936年8月11日致何怡贞信）

在高中时期，何泽涌信守读书的尊严，不喜时髦和肤浅的东西，更不会取宠于众，但由此也产生了偏颇的一面，即他往往用自己的思想、学养和行为准则来衡量一切人和事。

有一年暑期，何泽涌在上海海格路卫乐园23号私宅短暂停留，他发现以前的沪寓并无厨子，但现在有了。于是，他写信给妹妹何泽瑛，告诉她，厨子不必再雇，希望她自己操作。不用厨子，自己做饭的理由是什么呢？何泽涌说："今日无论日本西洋，虽富裕之家，鲜有用厨子仆役者，一切皆太太小姐亲自劳作。我国则以劳动为耻，望彼勇敢打破此腐败亡国恶风气。"何泽瑛回信告诉他，她其实很愿意劳作，只因父亲一定要用厨子，所以她想自己做饭但由不得她。一年之后，何泽涌在给父亲何澄的一封信中又说起此事："今社会一般以劳动为耻，以颓废享乐为尊，颠倒是非莫甚于此，国之所以衰也。一二妇孺抱此错观固恶，然欲根治，唯社会自身之改革也。"

也许是小小的年纪便管不该他管的事吧，所以何澄对他这个二儿子在中学时期的评价是"古怪"二字。

考取浙大化工系

在何家、王家，孩子们学习好，考上清华，考取美、英、德、日什么有奖学金的大学是很正常的，没人认为那是多么了不起的事；如果学习不太好，反倒会成为奇怪的事情。1937年7月，何泽涌从育英中学毕业，但究竟投考哪所大学、学什么专业，他颇为不定。最后还是在国难当头的危局下，怀抱"将来为国家提炼汽油或制造照相底片"的满腔热忱（何泽涌1937年10月15日致何怡贞信），他决定学化学工程。在上海，何泽涌报考了浙江大学和交通大学。当两校都顺利考取后，何泽涌听从了当时在德国留学的何泽慧的意见，要在国内学化工，浙大最好，他最终选择了浙江大学化工系。浙江大学确实也与苏州王家、何家有缘。1929年，表哥王守竞从美国回国后，就任教于浙江大学物理系。何泽涌在育英中学读高三时，刚掌浙江大学校长不久的竺可桢便到振华女校参加了校庆30周年纪念大会。1936年11月14日，竺可桢没有参加在同一天召开的中央研究院院务会议和章太炎追悼会，却在振华女校作了长篇演讲。在这篇题为《论女子教育》的文章发表时，在原文标题下注有"苏州振华女学卅周年成立纪念演词"的演讲中，他高度赞扬了何泽涌的外祖母王谢长达，称赞她是中国近30年女子教育先知先觉中最有成绩的一个。竺可桢还对王谢长达、王季玉从来不支薪水办公费的行为非常感动，认为"这种服务的精神，是最可宝贵，亦是我们中国最所需要的"。在演讲中，竺可桢还希望有更多的振华学生考到浙大去。

何泽涌选择浙江大学，除了二姊何泽慧的意见外，与竺可桢的这一号召也不无关系。

1937年9月16日，虽然日军侵华情势日急，但浙江大学镇定如常，仍按期开学上课。9月17日晚7点半，浙大一年级新生178人，齐聚新教室礼堂开新生入学大会，会议由竺校长亲自主持，并作报告十多分钟。9月18日上午7点半，何泽涌又和全体浙大学生参加了"九·一八"国耻6周年纪念大会，倾听了竺校长关于日本资源和财政危机及其必败于中国的致辞。9月21日，迫于淞沪战事之后日军战机开始对杭州进行侦察和空袭，何泽涌和其他考入浙江大学一年级的新生开始迁移至临安县境内的西天目山校区，开始了炮火声中的大学生活。

作为一名浙大的新生，何泽涌在西天目山校区，无数次地感知到竺可桢校长的博爱精神和克己奉公、廉洁自守的道德操守。何泽涌所学的专业是化工。当年浙大化工系主任是我国近代分析化学和中国科学史研究的先驱者之一王琎。王琎是第一届庚款留学美国的学生，在浙江高等工业学校筹建了我国第一个化学工程系；应蔡元培的邀聘，为中央研究院创建了化学研究所，并任首任所长。何泽涌印象最深的是那时的大学基础课，都是由王琎教授亲自上课的。

何泽涌在浙大西天目山校区上课还不到两个月，由于日寇在浙江、江苏两省交界处的金山卫全公亭登陆，距杭州仅百余公里，杭州险象环生，浙大危在旦夕。从 11 月 11 日开始，浙大校本部的师生分 3 批在江干码头乘船撤离杭州，到达杭州西南 120 公里处的建德。

1937 年 12 月 24 日，日寇攻陷杭州，建德也不再安全。浙大的师生不得不在隆冬时节进行第二次路途遥远且寒风冷雨的西迁，这一次的目的地是江西的吉安和泰和，行程长达 750 公里。1938 年 2 月 18 日，浙大师生抵达距泰和县城 5 里之外的临时校址上田村，稍事休整后，便开始了教学和学习生活。

当时的浙大聚集了一大批知名教授，他们在当时或后来为中国的科学事业作出过重大贡献。如中国近代物理奠基者之一的胡刚复，天才物理学家束星北，"两弹一星元勋"物理学家王淦昌，物理学家张绍忠，中国人造卫星的先驱赵九章，杰出的数学家苏步青，中国细胞学、胚胎学的创始人之一、生物物理学的奠基人贝时璋，遗传学泰斗谈家桢，植物生理学家罗宗洛，化学工程学家、教育家苏元复，工程热物理和自动化专家钱钟韩，等等。他们都是聚集在"求是精神"的校训下，为保存下读书的种子，不畏艰险，不惧空袭，恪尽职守，与学生们共赴国难的。

1938 年 3 月，在当地原有的书院、藏书楼，士绅的祠堂和祖屋上课后的何泽涌，眼见不能正常学习，又想起西迁之路上如潮的难民和伤员，思索再三，终于作出了一个改变一生治学方向和命运的决定：退学，不学化工了，学医。

退学从医，人生转折

从江西泰和回到苏州后，何泽涌把他从浙大退学想改学医的想法详细告诉了父亲，何澄对此是同意的。何家子女由何泽涌去学医，其实是歪打正着。在何家的 8 个子女中，何澄起初并没想到他的二儿子何泽涌最终会立志学医，倒是更希望二女儿何泽慧学医。何泽慧在写给何怡贞的另一封信中也说到"家里人口多，是需要一个人去学医……涌弟是十之八九不学医的……"，何泽慧所断定的何泽涌"十之八九是不学医的"，因为一场关乎民族生死存亡的抗辱之战而由十分之一的可能变成了百分之百。而最该学医的何泽慧，却因协和医院一年高达 800 大洋的学费望而却步了。世间的事就是这样奇妙，因了这种变故，中国多了一位核物理学家，也多了一位出色的解剖学、组织学、胚胎学专家。

1938 年夏季，何泽涌来到日本东京，准备考日本"庚子赔款"留学生名额。人在苏州时，他就为上哪里的医科大学而伤尽脑筋。思来想去，还是到日本庆应大学最为理想。何泽涌当时想，既然庚子赔款是中国人民的血汗钱，心存救亡报国的学生为什么不能前来报考、学习呢？因为有着这一信念，他没有和早在日本的大哥住在一起，而是选择在一位日本小学教师的家里住下。小学教师上课去了，他自己强化基础日语；小学教师回家后，他就与之进行口语对话。之所以如此选择和安排，就是为了一次考中。

1939 年春季，何泽涌参加了日本文部省留学生综合入学考试，如愿以偿地考入了日本东京庆应大学医学部。原本就爱读书的何泽涌在庆大医学部的第一个学期差点儿没坚持下来。1939 年暑假刚开始，他在给大姊何怡贞的一封信中就抱怨庆应的基础课枯燥难学："德文好学，英文好学，考试时只是德文翻日文，英文翻日文，都脑糊涂了，见了学校的英文德文发恨！大叫'混账'三声。购原稿纸一千张，钢笔尖一打，准备写文章，也许文章写完后即归国。高兴时至福冈乘飞机归上海，所费只七十余元（浪费了）。"

那时的学生生活很苦，何泽涌每天的生活费严格控制在两毛钱以内，只有礼拜天才和哥哥一块儿补充一下营养，而这营养也只是区区 5 毛钱。有剩余的钱，他全部购买了书籍。有一次，他到经常光顾的东京最大的外国书店"丸善"，买了一本英国出版的修养方面的书之后，又见有一本德文书，但定价 7 元，他觉"太贵而心欲之，只得在书店内看了半天"（何泽涌 1939 年暑期致何怡贞信）。好在庆应大学图书馆藏书较多，且全部开架服务，为何泽涌提供了阅读便利，并很快消除了他想速速回国的烦恼。这所建于 1907 年的、八角塔式结构的图书馆，现已成为日本重要的文物建筑。但在何泽涌的心中，用拉丁文印在三田校区图书馆彩色玻璃门上的那个校徽图案——"笔比剑强"，对他的大学生活影响实在是太大了，"独立自尊"和"笔比剑强"深深地印刻在他的心中，并在以后时时规矩着自己的行止。

到了大三时，何泽涌已不再是中学时的一切皆抱怨，而是学会了分担家愁，替长者排扰。1942 年 7 月 8 日，他在给父亲何澄的一张明信片上这样写道："一是男等均已成年，而犹多使大人烦扰，思之每不胜惭愧。除自勤俭用，努力勉学外，并当时与诸弟通信，互相劝勉，务使不负大人所望。更祈大人舒心达观，万勿生气。男自信决不使大人失望也。学校距暑假尚有两周，假中何行，尚未定。一切平安。请勿垂念。"

一年后，何泽涌从庆大医学部毕业。他没有像他的姐姐哥哥那样，一直把书读到底，从学士、硕士读到博士，而是毅然决然地返回了祖国，奔向中华民族的象征——壶口瀑布。当时，全国抗战的二战区司令长官部就在壶口瀑布东岸的山坡上，地名曰兴集，阎锡山名之曰"克难坡"。

从容医乱国，坚决救亡羊

1943 年冬季，何泽涌回到苏州。他的归来和已从北京育英中学毕业回到苏州准备考西南联大物理系的小弟弟何泽庆，给老父和老母带来了极大的欢乐。虽说这是个有着 10 口人的大家庭，但大哥何泽明 1942 年从京都帝国大学研究生院毕业后，即到北平大陆银行供职；大姐何怡贞此时正在美国剑桥学院进行教学工作；二姐何泽慧仍在德国。此时，世界反法西斯战争局势已发生了重要的变化，盟国将彻底打败日本，何澄在战时初期和相持阶段所肩负的特别任务在 1940 年过后大体就已处于待命状态，所以白天在已经整修好的网师园内布置庭园轩室，闲暇时则写讽刺汉奸的打油诗及与老友的唱和诗，并择时局的进展供给报界闻人钱芥尘主办的《大众》月刊发表。《开罗宣言》公布后，何澄作出了让他的 5 个儿子全部"从容医乱国，坚决救亡羊"的决定。1943 年 12 月的一天，这位参加过辛亥革命的老人双眼仍看着报纸，与围在他身边的何泽涌和何泽庆留下了父与子的最后一张合影。

1944 年 1 月 25 日是农历甲申年的春节，过了正月初五的 1 月 30 日，何泽源带着弟弟何泽诚最先出发，经湖北老河口辗转去了重庆；何泽涌带着到重庆投考西南联大物理系的小弟弟何泽庆第二批出发，经安徽蚌埠，河南商丘，陕西西安、宝鸡前往重庆；何泽明独自经商丘前往重庆。临行时，何澄给何泽涌、何泽庆、何泽源、何泽诚4人各写了两首长诗。其中写给何泽涌、何泽庆的是《喜涌庆两儿远游》：

> 离我出门去，能无久别伤。庆仍嫌幼稚，涌尚不荒唐。
> 两子心都善，青年志更强。同情难溺爱，天性忍相忘。
> 道路应多险，兵戈况正荒。汝曹休忽略，斯世要思量。
> 万事闻非见，千辛味勉尝。余曾深阅历，尔岂解炎凉？
> 克己追贤圣，交游慎虎狼。对人涵养贵，随俗合流防。
> 恶腐均邪径，中庸乃病方。从容医乱国，坚决救亡羊。
> 猎等行安速，澄怀理自昌。虚荣何济用，任意徒加忙。
> 老父言虽甚，前途虑异常。真金堪火炼，瑜瑾发奇光。

在这首示儿诗里，原先在何澄眼里有时荒唐的何泽涌已被老父认为是"尚不荒唐"了，不但不荒唐了，而且是"心善""志更强"的有为青年了。知子莫若父，何澄的眼光真是历练通达，多少年过后，他所预言的"真金堪火炼，瑜瑾发奇光"，真是在何泽涌和何泽庆身上体现了出来。

1944年2月间，何泽涌带着何泽庆走到蚌埠后，给老父何澄写了一封报平安的信，说他们从苏州坐火车到南京，然后乘渡轮到浦口，又乘火车到达了蚌埠，安全通过了敌伪区。何澄接到何泽涌的信后，当下写了一首《得自蚌埠来书》诗：

> 万里征途雨雪天，书来告我我应怜。
> 能相亲爱真兄弟，莫忘艰辛比岁年。
> 阅历渐多增理智，见闻稍广减空玄。
> 尔曹异地如思父，父语遵循学圣贤。

这首情深意切的诗，是何泽涌他们兄弟4人历经艰险到达重庆后，由何澄的密友、时任国民政府蒙藏委员会委员长的吴忠信亲手交给他的。这之后，父亲的《得自蚌埠来书》和《喜涌庆两儿远游》示儿诗，何泽涌一直带在身边。直到"文革"期间，一件字画都没要，一件名贵的明清家具都没拿，只像留存生命那样留着父亲写给他的两首诗和一幅写给他的扇面。

在克难坡的日子里，最让何泽涌兴奋的是，夜晚睡在那盘火炕上，可以清晰地听到壶口瀑布的涛声；最让他想不到的是，到了晚上，他不用因黑暗而仰头看天上的星星，也不用秉烛夜读，这里的电灯比重庆的还要明亮些，自编教材，自刻蜡纸讲义，看书备课，给父亲和哥哥弟弟写信，真像壶口瀑布咆哮般的豪情满怀。同时，他也更多了一份为父母分忧的责任感。每当发薪水之后，他除了留下必备的日常花销外，节余的部分全都寄给何泽庆以补学杂费和生活费。

1946年3月，何泽涌被派到山西川至医科任副教授。日本投降后，阎锡山回到省府太原，派山西女子医学校校长杨镇西接收了日本人办的桐旭医专，将山西女子医学校改为川至医学专科学校，并迁至原桐旭医专校址。这里各种科研教室、学生宿舍、教授宿舍、运动场以及医学院的各种门诊室、病房等很是齐全，医学仪器和教学设备较完整，比之克难坡的山西女子医学校的条件要好不知多少倍。在病理室，何泽涌还碰到一件非常有趣的事：在桐旭医专教授组织学、解剖学的日本人江口，原来是他庆应大学医学部的校友。他很想见见这位没有见过面的校友，但闻说已被遣返日本，这使他深感战争的无情无义。20世纪80年代，何泽涌应邀到日本进行学术交流活动，还曾向日本同学打问过这位叫江口的校友现在是否还活着，在什么地方供职。有知情的同学告诉他，说江口自中国回来后，在家乡开了自己的诊所，当了私人大夫。也是在这所接收过来的桐旭医专，何泽涌还欣喜地发现了两大木盒组织切片标本，玻璃片上都贴着庆应大学的标签。这些组织标本为何泽涌以后从事教学和研究工作提供了极大的便利。

但此时的何泽涌仍无心在山西工作，他想辞职到别处干一番医学研究事业。何澄对他这种不安于现状、处处都要理想主义的思想给予了委婉的批评。1946年4月13日，已移居到颐和园养云轩的何澄收到何泽涌寄来给何泽庆的两万法币。1946年4月14日，何澄在给何泽瑛的信中说："汝两阿哥寄来法币两万汇给庆，伊有能力赠人矣，并云：此后庆一切当由担负。可谓难兄难弟，一笑。"何澄的一句"难兄难弟"，不久真成了与何泽涌、何泽庆这对难兄难弟的离别之言。1946 年 5 月 11 日，何澄因患脑血栓在北平东交民巷法国医院悄然离世。何泽涌在为慈父守孝下葬后回到太原，从此，他把自己毕生为之奋斗的工作——教学、研究和培养年轻教师，都定位和奉献在山西医科大学了。

服务山西医学界

太原解放后的 1949 年 9 月，太原军管会以山西川至医学专科学校为主要班底和家底，合并了抗战复员回来后的山西大学医学院和山西省立高级助产职业学校及晋冀鲁豫边区白求恩国际和平医学专科学校，共同组成了山西大学医学院。1953 年 9 月，由 4 校合并而成的山西大学医学院独立建校，更名为山西医学院。1996 年 4 月，成为学科齐全的综合性大学后，改名为山西医科大学并沿用至今。无论大学校名和学制如何变更，何泽涌一直在山西这所历史最悠久、教学和医学研究最上乘的医科院校工作着，直到 1989 年 7 月退休前，他已是我国第二代从事细胞学、组织学研究的著名专家之一。

我国近现代第一代细胞学、组织学的专家学者均是出生于晚清，成长于民国，且大多都有在德、美、日留学经历的一代人。我国第二代细胞学、组织学研究的著名专家大多生于 20 世纪 20 年代前后。晚于这段青史而出生的人，想成为一个什么大家实在是太不容易了。何泽涌有幸生于这个可以造就学贯中西的学问家和科学家的黄金时代，除了自身的努力，也得益于家风的熏沐和"不好好读书绝无出息"的家教，使他能够在自己所选择的专业上作出今人无法企及的学科成绩。

胚胎学是生物学中一门研究细胞结构和功能的分支显学。因为有机体的生理功能和一切生命现象都是以细胞为基础表达的，因此，不论对人体的遗传、发育以及机能的了解，还是对于作为医疗基础的病理学、药理学来说，任何一项真正具有科学价值的细胞学研究成果对于这些学科来说都是至关重要的。

组织学是在解剖学的基础上发展形成的专门研究机体微细结构及其相关功能的科学。通过医学家的研究，可以阐明在正常情况下，细胞、组织、器官和系统的形态结构及其生理活动，以及它们在人体内的相互关联和意义。组织学的研究进展对于生理学的研究具有环环相扣的作用，同时也是研究病理学的基础。

何泽涌在这两方面的研究及教学成果均是建立在第一代学人基础之上的。1952年，朝鲜战争中，美军在朝鲜和中国边境使用了细菌武器，中国政府对内提出了要大搞"爱国卫生运动"，毛泽东也发出了"动员起来，讲究卫生，减少疾病，提高健康水平，粉碎敌人的细菌战争"的号召，全国城乡由此开展了深入广泛的爱国卫生运动。也许是这个时代背景，全国大部分医学院校都组建了组织学胚胎学教研室。1954年，山西医学院也组建了组织学与胚胎学教研室。从来也没存做官念想的何泽涌，由于一个偶然的历史机遇而成为这个教研室的主任。当时所谓的教研室，其实也是学苏联的。而西方的大学和民国时期著名的清华、北大都建立有许多研究所或若干学科研究所，之所以设立研究所，为的是加速人才成长和给优秀学生一个深造的机会。而教研室的普遍设置，实在是一种两头都沾边，但两头都不会做得很好的一个非驴非马的嫁接品种。但既然有了这么一个教学和研究机构，何泽涌就想在教学上作出点贡献，在著述上有些成就。

这一时期，除了担任组织学与胚胎学教研室主任外，何泽涌还兼任基础医学系副主任，分工负责科学研究和师资培养。

据山西西科大学王周南教授撰文介绍，何泽涌教授从事教学工作多年，他的讲课一直受到广大学生的好评。学生们听课后反映理解透彻、印象深刻。他的讲课为什么会受到学生们的欢迎呢？主要是由于他认真备课，重视教学方法的结果。何泽涌上课时不拿任何书，也不拿讲稿，只拿一支粉笔，只靠早已完成得很好的课业和台下备课的硬功以及在显微镜下所得的研究心得，娓娓道来，遇到当时国内还没有统一的组织学和胚胎学专用名词，他才板书出英文，但这也是为了学生们阅读外文专业书籍时更便捷一些。

何泽涌记得很清楚，当时有一位华侨女学生，有一本由 Maximum 和 Bloom 合写的组织学原版教本，也有几位学生看的是这本教本的油印本。这些学生都把何泽涌在课堂上板书的英文专业术语夹杂在教本中，认真记下，反复背诵记忆，在学业上进步很快。

除了教学之外，何泽涌还与教研组同事合写了5篇组织胚胎学方面的论文，这些论文均刊登在本院的学报上。对外发表的两篇文章，却是在被各大学汉语言文学系教师和学生十分看重的《中国语文》（1955 年第 1 期）上刊发的《民族形式不就是汉字形式》，以及 1957 年由文字改革出版社出版的《汉语拼音方案草案讨论集》（第 1 辑）中所收入的《对汉语拼音方案（草案）的意见》。

20 世纪 50 年代末 60 年代初，何泽涌比较集中地从事肥大细胞（Masraco）的研究。据王周南教授介绍，肥大细胞是在人体分布很广的一种细胞。虽然研究证明它能产生肝素、羧组胺等物质，且与过敏反应也有关系，但它在人体内的正常功能仍不能显示充分。60 年代初，何泽涌率先创造了用中性红氯化铁对肥大细胞的新的显示法，受到了从事肥大细胞研究工作的专家的重视。此外，他还对上皮组织增生与肥大细胞的关系进行了研究。当北京医学院组织学胚胎学教研室主任、中国科学院学部委员（今称院士）马文昭教授发现磷脂类有增强细胞器的结构和机能作用时，特别是能促进皮肤表皮生长之后，何泽涌也发现表皮下结缔组织中的肥大细胞显著增多。这项研究发现使得医学专家在磷脂质对组织的作用，对肥大细胞与上皮组织增生的关系等方面，都有了新的观察和研究的目标。何泽涌同时还发现，涂醋引起皮肤上皮组织增生时，其中结缔组织肥大细胞也会增多。为此，他对这种上皮组织增生反应中出现的肥大细胞中的 5- 羟色胺进行了组化观察和研究。此后，这项研究成果以论文形式在中国解剖学会于 1962 年召开的学术讨论会上宣读后，受到了与会同行们的高度重视。这些观察发现和研究得出的见解，充分反映出何泽涌不囿于科学教条，求真探索，敢于创新的科研精神。

劫难中矢志不渝

小心谨慎地只进行着教学和学术研究和从来不谈政治的何泽涌，到了冤情似海的"文革"时，他被诬蔑为"反动学术权威"，但他是一个外表温顺但内心却永远不会苟且的人：你打你的，我研究我的。果然，待到"复课闹革命"之时，"造反派"不得不起用他们这一群"反动学术权威"来编教材、教学。何泽涌至今还保存着一本经过一年多教学实践而于 1973 年 8 月油印成册的《人体组织胚胎学》试用教材。尽管这场闹剧还没有完全闭幕，但何泽涌利用这段可以编写教材的机会，悄悄拾起了他的细胞学研究。1976年"文革"还没结束时，他即在中国科学院主办的自然科学综合性学术刊物《科学通报》第1期上刊发了《关于阑尾与免疫功能的关系及其组织结构的分析》一文。这篇论文对长久以来把阑尾看作是盲肠退化了的一部分，并以此作为生物进化证据的例子，从组织学的视角，论证了阑尾的结构不只是肠管结构的萎缩退化，在阑尾的黏膜、黏膜下组织内另有发达的大块淋巴组织，从而揭开了阑尾未被认识的另一面。同年，他的另一篇论文《身体内的识别系统》，也在中国科学院生物物理研究所和中国生物物理学会共同主办的《生物化学与生物物理进展》第1期上刊发。

何泽涌的这两篇论文在中科院的刊物上发表后，声名大振。就连他出差到北京，他二姐何泽慧让他住在一位单身物理学家的家里时，那位物理学家都说："我看过你在《科学通报》上的那篇阑尾不完全是生物进化的文章，原来你是何泽慧的弟弟呀！"

受此鼓舞，何泽涌的研究心得越发不可收拾。1976年9月，他的一组3篇关于"细胞膜的结构与功能及其有关问题"的系列文章又在《生物化学与生物物理进展》杂志第3、4期及1977年第1期上分3期连载。第一篇是《细胞膜的基本结构》，第二篇是《细胞膜物质运输与细胞膜受体》，第三篇是《细胞膜的生物学意义及细胞膜与细胞核的关系》。据王周南教授撰文介绍，这是国内最早介绍细胞膜的液态镶嵌学说、CAMP与CGMP阴阳学说、细胞膜低密度胎与血脂调节关系的学术论文，在细胞质学发现史上具有重大意义，同时也是细胞学研究领域的最新进展。

劫难过后，何泽涌重新恢复了组织胚胎学教研室主任的工作。在何泽涌的精心组织下和他对各国组织学、胚胎学进展的熟知度，很快为组织胚胎学教研室制定了两个研究方向：一是胚胎发育的研究，主要研究胚胎发育过程中的细胞迁移、分化和转分化以及相关分子的相互作用；二是肥大细胞的研究，主要研究在不同生理和病理状态下肥大细胞的分型、分布、数量和超微结构的变化，以及肥大细胞与相关细胞的相互作用。自1979年开始招收首批硕士研究生以后，仅仅过了3年，何泽涌主持的这个教研室就成为国务院授予的第一批拥有硕士学位授予权的教研室所。

恢复了正常教学和研究秩序的人类文明常态的生活是令人感慨万千的，

随之而来的思想解放运动更是令人鼓舞的。由于在"文革"十年里，国外肥大细胞研究突飞猛进，何泽涌不得不加快了研究的节奏，力图尽快追赶上世界上组织学和胚胎学的最新研究成果。1979年，他注意到国外从体外培养的细胞中发现肥大细胞还有杀死肿瘤细胞的功能。与此同时，他开始关注肥大细胞与肿瘤之间的关系，并开始着手进行肥大细胞对各种乳腺肿瘤间关系的研究。他发现，莞花、天花粉等中期引产药物可使子宫肥大细胞数量增多，子宫的肥大细胞数量因性周期不同而发生变化，但身体其他部位组织中的肥大细胞尚未见因给以雌激素而有量的明显变化。此外，对消化道呼吸道的肥大细胞的分型与分布，他都进行了细致的研究。这种研究的意义在于，过去一直认为肥大细胞是一种单一的细胞，但何泽涌用组化方法发现，子宫皮肤上的肥大细胞在形态上虽然相同，但却有质的不同，这是肥大细胞研究上的新突破。

著书传承一代心血

1980年，何泽涌在已改为双月刊的《生物化学与生物物理进展》杂志第1—4期上刊发了4篇有关"细胞运动"的系列论文，研究论题分别为：《肌细胞的超微结构、收缩机转及其与细胞膜的关系》《肌动蛋白、肌球蛋白等在非肌细胞的存在形式及其形成》《肌动蛋白等与非肌细胞的功能活动、胚胎发育及皮肤电位差的关系》和《肌动蛋白微丝等与细胞膜》。这组系列文章不仅介绍了肌细胞的收缩机转的结构基础，还介绍了非肌细胞中肌动蛋白的功能，肌动蛋白与胚胎发育中器官形成、皮肤电位差、细胞肿瘤转化等的关系。虽然这些文章已经刊发了近30余年，但至今仍为国内一些细胞生物学者所引用，并成为重要的学术参考文献。

何泽涌和他的妻子杨美林教授带领教研室同事，从20世纪60年代就着手进行的肥大细胞与医学关系的研究，至今仍没有过时。一个典型的例证是，2006年5月30日，北京协和医院急诊科曾来函件，邀请杨美林参加全国紧急综合救治高级研讨会，并在会上作科研成果《人胎儿呼吸道肥大细胞的定量研究》的学术报告。这个研讨会可不是普通的科普会议，而是"旨在培养一批急诊骨干和学科带头人"的国家级研讨会。杨美林的这篇研究论文，在事隔多年以后仍被医学界有关人士所重视，这足以说明，山西医科大学组织胚胎教研室在 20 世纪把肥大细胞作为研究重点，对医学界的贡献是多么大。令人叹惜的是，北京协和医院发出的这份邀请函却是一封永远也不会有受邀者前去出席的函件——当何泽涌收到这封高级研讨会的信函时，受邀人杨美林已于 5 年前因病去世。

组织学和胚胎学本来是医学课程中的两门基础学科，但这两门学科在发展中相互渗透、相互推进、密切关联，如何在我国医学教育体系中将组织学与胚胎学合而为一，使之变为一门医学基础课程，在教学中规范地使用，就成为全国从事组织学和胚胎学教学的专家教授考虑的一大问题。在此之前，何泽涌的译著《人体发生学——面向临床的胚胎学》（加拿大 K.L. 穆尔著，人民卫生出版社，1982 年）和他的讲义《组织学与胚胎学》内部教学用书，早已被一些高等医药院校作为主要教材而广泛使用。由于何泽涌在组织学和胚胎学领域中钻研得深广，在"文革"后举行的第一版《组织学与胚胎学》统编教材讨论会上，他的精辟见解和发言，使与会者深深折服，受到了同行们的尊重。因此在《组织学与胚胎学》第二版教材的编写中，他被推举为主编。由一个非重点院校的山西医学院的教师担纲全国统编教材主编，这在当时是极为罕见的。

全国高等医药院校教材（供医学、儿科、口腔、卫生专业用）《组织学与胚胎学》第二版与第一版相比，有较大的变化，很多地方几乎是重写。何泽涌没有模仿摘抄国内外既有的教材，而是从我国的教学实际出发，既包括了这两门学科的基本理论、基本知识，又充分反映了这两门科学的最新进展，在国内外同类教科书中是特色突出的一种。在胚胎学各章，何泽涌既考虑到了胚胎学的特点，又适当地介绍了实践胚胎学的内容，如结合叙述有关畸形的形成，使读者对胚胎发生不只是知其然，还可知其所以然。王周南教授说，这本教材的内容明显地更新了，写得简明扼要，篇幅比第一版少了 1/4。该书于 1983 年由人民卫生出版社出版后，因其高质量的科学性和实用性，例证浅近而说理精详，结构严谨而见解独到，被全国医学院校广泛使用，使 20 世纪 80 年代的无数医科生受惠终生。

1983 年 8 月 3 日—4 日，中国解剖学会山西分会在太原市召开学术年会，何泽涌和他的妻子杨美林分别作了有关免疫细胞的某些新进展和神经脊的分化的主题学术报告。从此之后，何泽涌终于实现了著书立说培养一代新人的心愿，并且开始活跃在医学学术的前沿。

其实，《人体发生学——面向临床的胚胎学》和《组织学与胚胎学》并不是何泽涌的第一、第二本医学著述。早在1949年，他的《结核病常识》就由当时大名鼎鼎的《家》杂志出版社出版发行。还是在1948年，何泽涌因他的表妹王守荣患肺结核病，花季初开便被夺去生命，悲痛过后他便以书信的文体写了十几篇如何防治结核病的文章，投寄给上海《大公报》卫生副刊。何泽涌的这十几篇文章，既包含了他对表妹以及每一个患结核病病人的深切关爱，也显示出一个青年医生充满高尚医德的医学素养。当《大公报》医学周刊编辑收到这组稿件后，竟然觉得将何泽涌的这组文章转投给由黄嘉音创办主持的《家》杂志出版社出版发行，能够使更多的患者得到防病治病的指点，挽病痛和生命于这本普及性的小册子之中。就这样，原本希望在《大公报》医学周刊刊发的这一组如何靠疗养治疗结核病的文章，反倒因为这种缘故，被何泽涌从来也不认识的黄嘉音，不知道黄嘉音主持的《家》杂志出版社给出版了。

1987年1月，人民卫生出版社出版了何泽涌主编的《组织学与胚胎学进展》一书，先前还出版过《人体发生学——面向临床的胚胎学》和《组织学与胚胎学》；1989年和1990年，何泽涌又在国际解剖学、组织学、胚胎学、细胞学的顶级专业期刊（Acta Ana-tomi-ca:International Archives of Anatomy, Histolo-gy, Embryology, and Cytology）（解剖学报）上连续发表了两篇有关肥大细胞的独创性研究论文（该刊在瑞士出版，编委由英、美、德、法、日等世界著名专家组成）。由国内一级学报杂志到国际最具权威性的顶级专业期刊，由普及性的医学小册子到专业性的全国统编教科书及译著，何泽涌终于实现了他步入著作之林的夙愿，从而也对我国解剖学、组织学、胚胎学的教学和实验研究及学科建设与发展作出了开拓性的历史贡献。由此而来的是一系列的名头和荣誉：1981年任卫生部高等医药院校医学专业教材编审委员会委员、组织学与胚胎学编审小组组长，主持拟定高等医药院校专业组织学与胚胎学教学大纲；1987年被卫生部聘为《中国医学百科全书·组织学与胚胎学分卷》编委；中国解剖学会第六、第七、第八届理事会理事；山西省解剖学会第二届理事会理事长，第三、第四届理事会名誉理事长；《解剖学报》编委；《山西医药杂志》编委会主任委员；

中国人民解放军第四军医大学兼职教授；南京铁道学院顾问教授；山西省第三届人民代表大会代表，山西省政协第四、第五届委员；1989年，被山西省教育委员会、山西省人事局、山西省总工会评为山西省优秀教师；1992年，经国务院批准，享受国务院特殊津贴。

回首往事，整个20世纪80年代该是何泽涌一生最充实甜美的10年。可惜的是，这充实甜美的10年本该能往前推移20年的——1989年7月，何泽涌退休了。

耄耋步履仍健，往事却越百年

从退休后开始的整整20年中，何泽涌读书思考，每日手不释卷。对人对事，仍如青壮年时期，粗枝大叶，不拘小节。对一切有学问的人仍然不分老少互相尊敬，乃至不绝赞语。他信守学术的尊严和基本原则，处事一丝不苟，也绝不屈从于外力，从来不倡时髦肤浅之议，也不会取宠于众。他是博学的，每多新见，但慎于执笔。对事识大体不屑名利，只有读书癖。他的基本训练是在科学方面，但尊重国学，欣赏司马迁的太史公笔法。他是一个能把书读通了的人，且有广博的视野，有深邃而公允的见解。他曾给他的一个晚辈开了一个书单，请其设法给他找到，并说他特别想看。其中有连这位晚辈都没有看过的牟宗三的《道德的理想主义》，由此可见这位耄耋老人的心念和思想。

中国第三代解剖学、组织学、胚胎学、细胞学的专家现在渐成医学领域的业务骨干，有的是读其书，有的是出自其门下。获益处，当不在流畅的讲解，而在其对学术了解的深度，对求知态度的诚恳，对其学术的欣赏和尊敬，以及为人刚正不阿的人格魅力，所以何泽涌从来不说自己是"桃李满天下"。

他绝不是风烛残年的老人，但也有普通年长者那种思念亲情和对往事的眷顾。2006年5月28日，时年88岁的何泽涌回到他的祖籍灵石县两渡，参加由第十七世孙何文苑出资兴建的何家文化广场竣工揭幕仪式。在这之前的一天，因见着弟弟妹妹和侄女、外甥外甥女齐聚太原，太高兴了，一不留神把一只手腕摔伤了，他是打着绷带、夹着夹板前往灵石两渡祝贺的。在这个以显赫家族姓氏命名的广场，从汾河滩地拾级而上，依何澄8位子女的大小排行镶嵌着的 8 块石碑，上面镌刻着他们各自为故乡灵石两渡题写的一句话。何泽涌选用的是何澄送给他小弟弟何泽庆那把由他保存的扇面上的两个字："不苟！"

在"不苟"石碑面前，何泽涌站了很久，看了很久……也许，看着他父亲写给何泽庆的"不苟"两个字，何泽涌又想起了英年早逝的小弟弟何泽庆的一些生前死后往事。

由于他的父亲出生在灵石两渡，且把自己所造的第一所住宅命名为"两渡书屋"，又由于父亲自号"两渡村人"，所以，尽管出生在苏州"两渡书屋"的何泽涌始终觉得自己鬼使神差地来到山西，留在山西，生活工作在山西 60 多年是多么不可思议，但他不得不承认这种中国人在乎祖籍和出生地的乡情乡谊越到晚年越是解乡愁的。

2009 年 9 月 6 日，何泽涌被请到了山西医科大学 90 周年校庆的主席台上。90 年校庆，90 载经历磨砺的人生之路，何泽涌在这一天似乎并没有什么特别的企盼，所以他只是到主席台签了个到，小坐了一会儿，就以到校园看看的客气话退席了。但他并没有回家，而是在小儿子何为群的陪伴下，冒着大雨来到了曾经工作过几十年的教学楼前。面对这位木铎金声、教泽广被的老教授，他严谨的学风和深入浅出的授课法，不遗余力地培养青年教师的热忱，研究上的事皆证实、论必近真，从不草率从事、陈说旧义、妄下结论的独立思考精神，令受教于他的学生感怀不已。在这里，他的学生给了他无限的欢乐，有的请他签名，有的请他合影，有的与他开怀畅谈，有的问他认识不认识我这个 50 多年前的学生了……他受到众星捧月似的那种尊崇，这是一位自己问心无愧、学生真心爱戴的教师才真正喜欢见到的场面。

当一个年过九秩的老人仍在快步走时，当一位学无止境、风雨兼程的老人把老子《道德经》中的两句话作为自己晚年生活的座右铭时，许多人都从心境上感到难以望其项背。老子的这两句话是"持而盈之，不如其已"，"功遂身退，天之道也"。无论别人对老子的这两句话有何种解读，何泽涌自认为：老子的第一句话说的是该如何认识自己，第二句话说的是该怎样做人。仅仅两句话，短短十几个字，放大的却是这位世纪老人阅世知己的"不苟""不盈"的完整人生。

互动问答

1. 何氏家族中的名人有哪些？你能列举他们的一些典型事例吗？

2. 青少年时期的何泽涌表现出怎样的性格特点和品质？在他的身上你能学到什么？

3. 作为一名大学教授，何泽涌是如何做到"呕心沥血育人，鞠躬尽瘁奉献"的？

4. 谈谈你对何泽涌身上的"不苟"精神的理解。

附录

生平介绍

何泽涌（1919—　　），曾就读于振华女校小学部，1937年就读于浙江大学化工系，1939年赴日本庆应大学医学部学医，1944年回国后，先后任山西女子医学校教员、山西川至医专副教授、山西医学院教授，1989年退休，1992年经国务院批准，享受政府特殊津贴。1981年起，任解放军第四军医大学兼职教授，1985年起，任南京铁道医院顾问教授。何泽涌毕生从事解剖学、组织学、胚胎学的教学与研究。著有《组织学与胚胎学》《组织学与胚胎学进展》《人体发生学》等著作，另有科研论文数十篇，这些科研专著、论文曾多次获奖。何泽涌先后任山西医科大学教学指导委员会主任，中华人民共和国卫生部高等医药院校医学专业教材编审委员会委员，组织学与胚胎学小组长（山西省唯一学科小组长），卫生部高等医药院校统篇教材《组织学与胚胎学》第二版主编，中国医学百科全书组织学与胚胎学分卷编委、中国解剖学会理事，中国解剖学会《解剖学报》编委，北京医科大学第三医科大学博士研究生学位论文评议人，山西省科学技术协会委员，山西解剖部学会理事长、名誉理事长，中华医学会山西省分会第二届理事，《山西医药杂志》第二届编委会主任委员等职。

参考文献

1. 李红霞. 探访两渡何氏. 山西晚报. 2006, 6

2. 苏华，张继红. 何泽涌——放大的细胞人生. 黄河. 2009（06）

3. 苏华，张继红. 细胞学家——何泽涌. 山西晚报. 2009, 10

4．苏华，张济．何澄．三晋出版社，2011，10

5．何泽涌．组织学与胚胎学（第 2 版）．人民卫生出版社，1983.11

李政道——次年轻的诺贝尔奖获奖者

一个人想做点事业，非得走自己的路。要开创新路子，最关键的是你会不会自己提出问题，能正确地提出问题就迈出了创新的第一步。

李政道

编者导读

物理学家李政道先生在他的专业研究领域取得了举世瞩目的成就。他秉着对科学的执着与坚持，将自己的青春与热情都献给了科学研究事业。年已耄耋的他仍每天工作十几个小时进行物理研究。李政道先生的治学经历对我们青年一代的科学教育提供了极为有益的启示。

除了在物理学上孜孜不倦地进取与耕耘，李政道先生也时刻心系着祖国的发展，对于祖国的科学和教育发展问题，他倾注了大量心血，为国内外物理学家提供了沟通与交流的平台，更为祖国培养出了许多杰出的青年科学家。李政道先生的科学人生不仅充满鲜花与掌声，更饱含着他对科学研究事业的热忱与忠诚，是一位令人称道的伟大的爱国者。

虽然在科学上取得了卓越成就，为祖国的科学、教育事业作出了巨大贡献，然而，李政道先生的经历却表明，"物理"绝不是他生活方式的全部。艺术与祖国的历史文化强烈地熏陶、感染和吸引着他，使他在哲学与人文艺术领域也有独到的见解，他在科学与艺术的融合上造诣极深。李政道先生为科学与艺术的对话、交流与融合开辟出了一个崭新的领域，使两者在更高的境界中携手并进，推动着人类文明的发展，作出了历史性的贡献。

李政道先生为科学，为自己血脉、亲情所系的故土工作时的快乐蕴含在他十分喜欢的杜甫的诗句之中："细推物理须行乐，何用浮名绊此身。"我想这也是李政道先生治学为人的最好写照吧。

追寻科学普遍性的物理生涯
荆棘求学路

李政道自幼喜爱读书，而且很有自己的见解，但由于正值抗战时期，他的少年时代是在动乱的艰苦环境中度过的。

1941 年，15 岁的李政道中学尚未毕业，由于不堪忍受日本鬼子的残暴统治，他只身离家，历经磨难到了当时的大后方。1943 年夏，他虽然中学没有毕业，但在贵阳以同等学力考上了抗战时迁至贵州的浙江大学。1944年，日军侵入贵州，浙大停办。1945 年李政道又辗转进入昆明西南联大求学。当时浙江大学和西南联大的物质条件都很艰苦，但是有王淦昌、束星北、吴大猷、叶企孙、赵忠尧、王竹溪等第一流的老师，学习气氛非常浓厚，老师对优秀学生更是倍加关爱。1946 年，吴大猷先生得到一笔政府经费出国研究，可带两名研究生随行，吴先生选择了光亚和被他称为"奇才"的、当时还在大学二年级的李政道。李政道到了芝加哥大学后，因没有大学文凭，按学校规定，不能当正式研究生。但不久李政道就得到了费米（E.Fermi）和芝加哥大学其他教授的赏识，成了正式研究生并获得芝加哥大学研究院的极高荣誉——全额奖学金三年。

当时芝加哥大学物理系拥有费米等一大批著名物理学家，是世界极活跃的物理中心。当费米要李政道跟他做博士论文时，李政道很兴奋。费米每星期和李政道单独讨论半天时间，每次讨论费米都会提一些问题，让他去阅读和思考，并要李政道在下一周报告结果，共同讨论，这些问题很快就变成了研究课题。李政道和费米的讨论涉及广泛的物理领域，诸如天体、流体、粒子、统计、核物理等。在费米的指导下，李政道完成了关于白矮星的博士学位论文，在芝加哥大学获得了博士学位，而费米严格的科学态度和培养学生独立思考的训练方式，对李政道产生了深远影响，并一直伴随着他以后的科学生涯。李政道后来常说，每当遇到困难的物理问题的时候，他就会想想，在这种情况下，费米会怎么做。

1951年，李政道进入普林斯顿高等研究院工作；1953年后就一直在哥伦比亚大学物理系工作。

推翻宇称守恒定律

1957年1月15日下午，物理学界的科学领域发生了一件轰动世界的巨大事件。哥伦比亚大学物理系举行新闻发布会，被称为实验物理之父的拉比（I.I.Rabi）教授向公众宣布，物理学中被称为"宇称守恒的基本定律"被推翻了。第二天，《纽约时报》在头版报道了这一消息。推翻这个基本定律的就是李政道和杨振宁。因此，李政道和杨振宁获得了1957年度的诺贝尔物理学奖，这是中国人第一次获此殊荣，也是到当时为止，诺贝尔奖的正式记录书上仅有的中国籍获奖者。

弱相互作用中宇称不守恒的发现具有极为深刻的意义和广泛的影响。李政道和杨振宁的贡献在于，当几乎所有物理学家都相信空间反演（宇称）不变性已被实验确定时，他们指出，在一大类物理过程中，包括 β 衰变、μ 衰变和 π 衰变，宇称守恒从来没有被检验过。他们给出了可以进行这种检验的一系列实验条件，并在此基础上提出了几种检验弱相互作用宇称是否守恒的实验设想。1957年1月，吴健雄小组通过 β 衰变实验，得到弱相互作用中宇称不守恒的明确实验证据。紧随着吴健雄实验之后，有近百个不同的实验得出了同一个结论。正是李政道、杨振宁和吴健雄的突破性工作，彻底解放了人们对于物理世界最基本结构的思想。

当年，我国物理学家于敏曾在《人民日报》上以《宇称守恒定律是怎样被动摇的》为题撰文指出：对于做基本粒子工作的人，在过去宇称守恒定律一直是一块指路标，人们顺着它所指示的方向去寻找规律，现在这块路标被破坏了，物理学家的思想得到了解放。在李、杨等这一工作的启示下，一定会发展出很多有兴趣的观念和猜想。

在此后的几年里，李政道将把在弱相互作用研究中新的思想推广到其他物理过程中。以对称性原理为出发点的研究成为20世纪60年代粒子物理的主流。今天，物理学界公认对称破缺是自然界相当普遍的规律，这在

20 世纪 50 年代以前是不可想象的。

细推物理 60 载

李政道对物理学的贡献是多方面的。曾任美国物理学会主席的德雷尔教授（S.Drell）这样说过："综观物理学的各个不同领域，很难找到一处没有留下李政道的足迹，他犀利的物理直观和高超的解答难题的能力，为物理学的发展作出了持久而明确的贡献。"

李政道常说，"物理是我的生活方式"。60 年来他从未间断过对物理学的研究。他的研究领域除高能粒子物理外，还广泛涉及天体物理、流体力学、统计物理、凝聚态物理、广义相对论等领域，并在物理学领域作出了许多具有开创性和里程碑性质的贡献。

对于自己的每一项研究，李政道都从基本的原理和假定出发，推出所有必要的公式；对于别人的工作，他则着重了解其中的未知与未能解决之处，并常以别人尚不知或不能解决的难题作为自己新的研究方向。所以，一旦进入一个领域，他便能不受已有方法的束缚，很快得到别人没有的结果。对李政道来说，科学研究的路是自己开拓的，结果又是别人过去没有得到的。

李政道从事的是理论物理工作，但他的理论物理生涯一直和实验物理工作有着密切的联系。他的研究工作体现出一个注重实验的理论物理学家的特色，尤其对高能物理实验有着巨大的影响。全世界高能物理实验的发展进程中都有他的足迹，许多高能物理学家都和他有着很深的友情。

李政道对物理学的巨大贡献得到了世界的公认。除了获诺贝尔奖之外，他还被授予了爱因斯坦科学奖、法国国立学院奖等。1956 年，不满 30 岁的李政道成为哥伦比亚大学历史上最年轻的正教授。1964 年，他被聘为哥伦比亚大学费米讲座教授，1984 年至今为哥伦比亚大学全校级教授。他还是普林斯顿大学名誉科学博士、美国国家科学院院士、中国科学院外籍院士，以及国际、国内多所著名大学的名誉博士和名誉教授。

追求科学与艺术融合的写意人生

李政道不仅在物理学的研究上有很大的成就，而且还对艺术和中国的历史文化有着强烈的兴趣，对科学和艺术的关系也有所研究。他常常和艺术家一起研讨，有很多艺术家朋友。他个人的随笔画就有几百幅，为我国著名画家吴冠中、华君武等美术界人士所赞叹。

他对于科学与艺术的关系，曾经用这样的"趣言"来阐释：即科学与艺术是不可分割的，就像一枚硬币的两面。它们共同的基础是人类的创造力，它们追求的目标都是真理的普遍性。因此，李政道先生充当"红娘"，为科学与艺术牵线搭桥，使两者喜结"姻缘"，促成高层次的科学与艺术的对话、交流和沟通。

令苏绣大放异彩

李政道曾这样说道："我是自然科学工作者，但酷爱艺术，对绘画、陶瓷、书法、雕塑尤为钟情。刺绣是中国的一门古老的工艺艺术，也有几千年的历史了。过去，我接触得不多，但因为一次偶然的机会，使我和它结下了缘分。"

从20世纪90年代初起，李政道在美国布鲁克黑文实验室主持极高能量重离子对撞实验；到2000年6月，得到了第一批对撞的实验照片。两束金离子在20万亿电子伏特的极高能量下迎头对撞，产生大量粒子。对撞的情形被拍照下来，照片中粒子轨迹如火花四溅，又似礼花在夜空绽放，五彩缤纷（物理学家为了便于分析对撞机所产生的粒子，人为地让不同的粒子的径迹以不同的颜色显示，因此才有五彩缤纷的效果），耀人眼目。这些科学实验的照片给人以极高的艺术美感，本身就是一件件艺术品。

同年，李政道去苏州访问，结识了苏州刺绣研究所的张美芳所长。经她介绍后，苏绣这门古老工艺艺术的新近发展给李政道留下了深刻的印象。李政道认为，任何一门传统艺术，如果没有创新发展，就会失去生命力，逐渐被历史淘汰。苏绣作为文化的一部分，其生命力也在于化新。《易·贲》曰："刚柔交错，天文也；文明以止，人文也。观乎天文，以察时变；观乎人文，以化成天下。"所以，文必须化，必须变化。文化跟文物不同，文物不能简单地说就是文化。文物必须化新，也就是文化了。文化是动的，它必须变化，必须创新，才有生命力，才能持续存在。古希腊、罗马的文化后来中断了，就是因为由于某种原因未能化新，而中国的文明为什么没有中断，就是因为它是不断化新、不断发展的。

苏绣在创新的路上已经有了可喜的成绩，但是，它是否也能表现科学的题材呢？李政道向张美芳所长提出，是不是能用苏绣的工艺来表现重离子对撞的情形？张所长稍有犹豫，但很快就答应去试验。这说明她对创新是十分敏感的。经过近一年的努力，一幅以科学为题材的崭新的苏绣制作成功。这幅苏绣不但题材创新，在制作工艺上也有创新。为了表现重离子对撞时的闪烁状态和爆发力度，使之具有立体感，他们还特意开发出一种截面为三角形的丝线。用这种立体丝线绣成的作品，具有极强的立体感。该作品在北京举办的"艺术和科学"大型国际展览会上展出，好评如潮。吴冠中等画家一致认为这是一件神品。李政道觉得，科学和艺术的结合在刺绣领域的探索，初战告捷。

2004 年 10 月，苏州市举办"苏绣艺术创新论坛"，国内外的与会者都肯定了苏州刺绣研究所从事科学和艺术结合的这一努力。李政道在会上也以《超弦与苏绣》《文化与苏绣》为题发言，简单地介绍了什么是"超弦"和苏绣与文化的关系。李政道说，在物理学里有所谓"超弦"理论，它是描述空间的一种理论，好比说我们所生活的四维空间，归根结底就是十度空间里的一根线、一根弦，用这根弦可以表达所有宇宙里的现象。宇宙空间的一切，从高度空间来看就是一根弦。所以，李政道曾经把这个理论告诉李可染先生，希望他能用绘画的形式来表现它。李可染先生很有兴趣，画了一幅《超弦生万象》。在拿到荣宝斋装裱的时候，他们说这是抽象画。其实这不是抽象画，李可染先生画的就是李政道所说的真实的世界。一条线画出世界，一根线也能绣出世界。苏绣就是用一根线、用刺绣的手法表现世界，就像中国的书法、国画一样。刺绣所创作的这幅刺绣，真可以说是"苏绣超弦生万物"。因此，李政道对苏州刺绣研究所的努力也给予很高的评价，希望他们沿着创新的道路继续走下去。也希望李政道和苏绣的这一段因缘能为他们的创新开辟一个新的天地，愿他们能在创新的路上迈出更大的步伐。

绘画表达尖端科学

以李政道博士为主任的中国高等科学技术中心成立后，在举办重大国际学术研讨会时有一个惯例，即都要以会议内容作一幅主题画。每次都由李政道博士根据科学主题提出一个初步艺术构思，并分别约请著名艺术大师与科学家磋商，借以沟通科学和艺术的创意，且李政道博士又熟悉每位画家的作画风格与擅长的表现手法，因此对不同的会议主题，就邀请相应的画家泼墨挥毫。科学家和艺术家历经十多个寒暑，用共同心血孕育出了《核子重如牛，对撞生新态》《无尽无极》《天马行空》《唯宇宙之大膨胀，始生鹏》等20余幅有深刻科学寓意、用不同艺术手法表现的精彩画卷。

形成独特的学习观是获得成功的保证

著名的科学家大多有着与众不同的学习观。李政道独特的学习观主要表现在以下方面：

发展兴趣

吴大猷先生曾说："用功的前提，是浓厚的兴趣。没有兴趣就不能发动内心那股往前冲的劲。"李政道十分重视培养和发展自己的学习兴趣，注重充分发挥兴趣在求知中的作用。早在中学时代，他就对数学、物理学产生了浓厚的兴趣，遇到问题总是要打破砂锅问到底。到了大学时代他对物理学的酷爱更是"走火入魔"，看得比什么都重要。他一向认为，对学科有强烈的兴趣，才能取得突出的研究成果。这是符合系统论的观点的。现代系统论认为，若把一个人的求学看作一个系统，则这个系统的开放与否会导致截然不同的结果。发展兴趣可以使这个系统始终处于开放状态，这无疑会增加求学中的"乐感"，使人多方位地吸纳知识，提高学习成效。而"缺乏兴趣的用功""死啃书"则会使这个系统始终处于封闭状态，使学习变得枯燥乏味，苦不堪言，必将引致学习欲望的丧失殆尽。

选准方向

李政道对理论物理的"一见钟情"既是一种特殊的兴趣，又是一种明智的选择。在西南联大读书时，李政道刚满18岁。尽管当时他对物理学有着极为浓厚的兴趣，但究竟是专攻理论物理还是主学实验物理，一时还难以决断。因为理论物理的研究方法是在已知的实验数据和已发现的物理量之间寻求新的关系；而实验物理的研究方法则是用科学仪器或其他实验手段寻找物理量之间的关系，两者有着迥然不同的思维方式和感觉。有史以来，还极少有人能将两者很完美地兼顾过来的。怎么办？吴大猷先生便有意带他去找赵忠尧先生商议。那天，李政道正好见到赵先生在自己动手制作肥皂，几天后又遇见赵先生亲自骑脚踏车去批发推销，这使他大为惊诧。

在衷心敬佩之余，他想到要做一名伟大的实验物理学家，不但要精通本行，还得掌握化学和应用化学知识。50年后，李政道在回忆这段往事时说："这对我来说太难了，因此我说实验物理恐怕不适合我了。所以，我决心还是朝理论物理方向发展。"李政道当时的这种选择是尊重客观、扬长避短、顺其自然的结果，同时也促使他对理论物理更加"一往情深"，从而激发了更大的学习动力。后来的事实证明，李政道当时的选择是明智的，对实验物理学界和理论物理学界而言都是一件幸事。

勤奋读书

李政道从小就酷爱读书，这与他那知识分子家庭的熏陶不无关系。书是李政道的良师益友。对于读书的重要性，李政道有他独到的见解：人类的知识是一代一代积累起来的，读书就是掌握前人的知识。他认为读书的涉及面要广，广为涉猎才能拓宽知识面。他的读书方式很奇特，常人难以效仿。他在浙江大学和西南联大读书时，当时的学习条件极为艰苦，他常常是大清早就跑到学校附近的一个茶馆，泡上一壶茶，买下一个座位专心致志地读书。这使他练就了一种闹中取静的抗干扰能力。由此，他得出一个结论："出人才，最重要的是人，不是条件。"他读书的勤奋也是很出名的，吴先生曾说："在西南联大的研究生及助教中，具有天赋、学习勤奋的没有像李政道的。""他求知如此心切，简直到了奇怪的程度。"他还养成了"闻鸡起舞"的习惯，每天早晨三四点钟就起床读书、备课，即使回国讲学也是如此。他觉得这已成了自己的一种生活习惯，不以为苦，反以为乐。勤奋和刻苦使他取得了巨大的成就。1953年普林斯顿高等研究所主任、"原子弹之父"罗伯特·奥本海默曾郑重地评价过李政道："他是我们所知的最杰出的理论物理学家之一，他在统计力学以及原子核物理学方面所做的工作已经使他誉满全球……他的工作表现出创造性、多面性和独特的风格。"然而，智慧、特殊能力、创造性和独特风格源于何处？李政道认为，来源于他的勤奋、刻苦和付出的超人劳动。

勤于实践、勇于探索

"实践出真知"，李政道深谙其妙。小时候他就喜欢玩无线电，常常把自己关在屋子里，把家里的收音机拆拆装装。在就读浙江联合中学时，因当时学校缺乏师资，李政道竟充当了数学和物理这两门课的"小先生"，一边自学，一边实践，不亦乐乎。由于自己既是学生又是"先生"，他遇到不懂的问题便到处求教，并常常钻研到深夜，从而使自己对物理学的基本原理有了较深刻的理解。早年的经历使他养成了勤于实践、勇于探索的精神。后来，在"金科玉律"般的"宇称守恒定理"面前，尽管人们在科学实践中遇到了问题，但谁也不敢"越雷池一步"，然而，李政道却勇敢地和杨振宁一同在 K 介子（从原子核中撞击出来的短寿命粒子）是否对称释出上进行了新的探索，终于突破了爱因斯坦的相对论，共同提出了弱相互作用中宇称不守恒定理。

为祖国的科技新锐创造成长机遇

1972 年，李政道和夫人秦惠君女士回到祖国访问，看到国内当时科学、教育处于基本停滞状况，心中十分担忧。李政道多次向国家领导人坦陈己见，对当时教育状况提出意见和建议，并促成了中国科学技术大学少年班的建立，在当时的环境下使濒于停顿的高等教育得到部分恢复。

20 世纪 70 年代末，国内拨乱反正，百废待兴，振兴教育更是一项要务。李政道利用暑假回国在中国科大研究生院开设每天三小时的"粒子物理与场论"和"统计力学"课程，全国各高等院校和研究所近千名师生赴京听课，这次讲课实际上是在为国内学者补课，系统介绍当代物理的最新发展，这对帮助国内恢复科学研究工作是十分及时和有益的。

设立 CUSPEA 项目

李政道曾在他 60 岁生日时写的《六十回忆》一文中谈到："40 年前，经吴大猷教授的推荐，我获取了中国政府的一笔奖学金赴美留学，在物理学方面继续深造。这一难得的机会改变了我的一生。一个人的成功有着各种各样的因素，其中'机遇'也许是最重要的，也是最难驾驭的。尽管成功的机遇不可预定，但它的概率却可以大大增加。通过吴大猷教授，我方能得到这一机遇。我对这一机遇的珍视，是促使我近年来组织 CUSPEA 考试的主因之一，希望更多类似的机遇能够光顾年轻人。"

CUSPEA 是中美联合招考物理研究生项目。20 世纪 70 年代末 80 年代初，针对当时国内科学和教育的状况，李政道感到，必须尽快培养一流的科研人才，同时国内高校和研究所要尽快与国际建立联系。他认为，最有效的方法是挑选优秀大学生出国攻读博士学位。当时，中国尚未与美国建立派遣留学生的渠道，也没有 GRE 和 TOEFL 考试，李政道亲自设计并创立了 CUSPEA，为中国学生去美国留学建立了一个独特的暂时性的通道。李政道的这个突破性创举在开始时曾遭到了中国国内和海外若干华人学者的非议，但在李政道的坚持努力下，终于得到了中美双方学术界的积极支持，每年约有 100 名中国物理专业的学生通过考试进入美国一流的研究生院。所有通过 CUSPEA 考试录取的学生都得到美方的全额奖学金。由于 CUSPEA 独立于美国各大学的招生入学手续之外，李政道每年都必须亲自与各大学联系。为了使中国学生能及时进入美国各大学的研究生院，李政道在夫人秦惠君和助手特拉梅（I.Tramm）女士的帮助下，每年向 70 多所美国高等院校的招生部门发信联系，所发信件之多，甚至把哥伦比亚大学周围的邮筒都塞满了。这些中国年轻学子到美国后，从落实学校到生活安排，李政道都亲自帮助解决，每年的 CUSPEA 都要花去他大量的时间和精力。

从 1979—1989 年的 10 年间，通过 CUSPEA 共培养了 915 名学生。CUSPEA 是一项有战略远见的人才计划。20 多年过去了，CUSPEA 培养的学生已经活跃于国内外大学、科研机构、企业等各行业，在各自的研究领域内取得了杰出的成绩。他们中回到国内的已成为所在单位的骨干，留在国外的大多定期回国讲学，为国内国际教育、文化等的交流架起了合作的桥梁。CUSPEA 这种培养人才的方法很快也被国内的化学、生物等学科采纳。CUSPEA 不仅改变了求学者个人的人生道路，影响了一代学人的思想观念，也为新时代中国教育界、科技界走向世界开启了一扇有益之门。

设立"秦惠君—李政道中国大学生见习进修基金"

1996 年，李政道的夫人秦惠君女士去世后，1998 年初，李政道和家人及朋友遵照秦惠君夫人的遗愿，用私人多年的积蓄在中国设立了"秦惠君—李政道中国大学生见习进修基金"（简称"君政基金"），并确定北京大学、复旦大学、兰州大学和苏州大学为"君政基金会"首批成员。当年暑期就有几十位优秀大学本科生成为"君政学者"进入实验室，在老师指导下学习科研方法，了解交叉学科领域，并撰写科研论文。十几年来已经取得了可喜的成果，受到广泛的赞扬。

经过 8 年实践，受资助的"君政学者"人数从开始时每年 60 余人，发展到每年 200 余人，至今海峡两岸"君政学者"总数已超过 1600 人。有些"君政学者"的科研论文已在国外著名学术刊物上发表。大部分"君政学者"大学毕业后进入了国内外一流大学的研究院深造。

李政道和夫人秦惠君从 1985 年起还每年捐款在苏州为高中生设立了"李政道奖学金"。2000 年，李政道为促进中国西部教育，鼓励西北的年轻学生，又捐款在甘肃省设立"李政道奖学金"。这些举措都取得了很好的效果，一批批年轻学子因此得到了成才的机会。

趣事两则

讲《西游记》故事

1957 年 12 月 10 日，李政道获得诺贝尔奖那天，正是瑞典大学放假的日子，同学们到宴会的地方来庆祝、唱歌。以往这个时候，都是由文学奖得主代表所有得奖者来回答问题，但是那天同学们点名要李政道来讲，因为他们觉得李政道看上去和他们年纪差不多。盛情难却，李政道就给同学们讲了一个《西游记》里的故事：孙悟空觉得自己神通广大，结果他落在如来佛的手里，他看到 5 根柱子，但是怎么跳也跳不出去。这正好像我们做科学的人掌握在自然界的手里一样，我们觉得自己对科学的了解广而且深，可相对来说，与科学的真理还相差很远。

给毛主席演示对称

1974 年 5 月 30 日，毛主席在中南海的书房接见李政道。握手之后刚一落座毛主席就问："对称为什么重要？对称就是平衡，平衡就是静止。静止不重要，动才是重要的。"按照毛泽东的观点，人类社会的整个进化过程是基于"动力学"变化的。动力学，而不是静力学，是唯一重要的因素。毛泽东坚持认为这在自然界也一定是对的。因而，他完全不能理解，对称在物理学中会被捧到如此高的地位。

李政道顺手从茶几上拿起一个本子，把一支铅笔放在本子上，再使本子倾斜朝向毛泽东，然后又朝向自己。这支铅笔就在本子上来回滚动。李政道这样重复了 3 次，然后他说："主席，我刚才运动的过程是对称的，可是没有任何一个时刻是静止的。"李政道解释说，对称不是简单的平衡，运动中也可能是对称。对称这个概念绝不是静止的，它要比其通常的含义普遍得多，而且适用于一切自然现象。毛主席说，他一生经历的都是动荡，所以认为动是重要的，他年轻时念科学的时间不多，有关科学的观念大都是从他读过的一套汤普森写的《科学大纲》（Outline of Science）中得来的。

李政道回美国的时候，在飞机上，一位服务员递给他一包东西，说是毛主席送的。李政道打开一看，是一包书，正是毛主席提到的那套《科学大纲》，4 本，英文原版，而且是第一版的，在当时已经找不到这个版本了。现在这套书还在李政道的书房里珍藏着。

互动问答

1. 李政道先生的治学经历给你带来怎样的启示？你从他身上看到了哪些品质？请结合具体事例来说明。

2. 李政道先生在科学上取得了卓越成就的同时，还对艺术和祖国的历史文化表现出了浓厚的兴趣，并致力于两者的融合。请谈谈你对科学和艺术关系的理解。

3. 李政道先生曾说过："一个人想做点事业，非得走自己的路。要开创新路子，最关键的是你会不会自己提出问题，能正确地提出问题就是迈出了创新的第一步。"试想一下，你目前最想提出的问题是什么？试着勇敢迈出创新的第一步吧。

附录

生平介绍

李政道（1926—　　），苏州人，曾在东吴大学（苏州大学）附中、江西联合中学等校就读。美国哥伦比亚大学教授，世界著名的物理学家，诺贝尔物理学奖的获得者，美国科学院院士，中国科学院外籍院士，意大利科学院院士。在李模型、非拓扑孤立子场论、相对论性重离子碰撞物理、宇称不守恒等领域都有巨大贡献。

1946 年，20 岁的李政道到美国留学，当时他只有大二的学历，但经过严格的考试，竟然被芝加哥大学研究生院录取。3 年后便以"有特殊见解和成就"通过了博士论文答辩，被誉为"神童博士"，当时他才 23 岁。

李政道对近代物理学的杰出贡献主要是：1956 年和杨振宁合作，深入研究了当时令人困惑的 θ－τ 之谜，并且提出了"李—杨假说"，即在基本粒子的弱相互作用中宇称可能是不守恒的。后来这一假说被华裔女物理学家吴健雄用实验所证实，从而推翻了过去在物理学界被奉为金科玉律的宇称守恒定律，为人类在探索微观世界的道路上打开了一扇新的大门。他因此也获得了 1957 年度诺贝尔物理学奖。一项科学工作在发表的第二年就获得诺贝尔奖，这还是第一次。李政道又是到那时为止历史上第二个最年轻的诺贝尔奖获得者。

李政道在其他方面的重要工作还有：

1949 年与 M. 罗森布拉斯和杨振宁合作提出普适费密弱作用和中间玻色子的存在。

1951 年提出水力学中二维空间没有湍流。

1952 年与 D. 派尼斯合作研究固体物理中极化子的构造。同年与杨振宁合作，提出统计物理中关于相变的杨振宁—李政道定理和李—杨单圆定理。

1954 年发表了量子场论中的著名的"李模型"理论。

1957 年与 R. 奥赫梅和杨振宁合作提出 CP 不守恒和时间不反演的可能性。同年与杨振宁合作，提出二分量中微子理论。

1959 年与杨振宁合作，研究了硬球玻色气体的分子运动论，对研究氦 II 的超流动性作出了贡献。同年又合作分析高能中微子的作用，定出此后 20 多年在这个方面大量的实验和理论工作的方向。

1962 年与杨振宁合作，研究了带电矢量介子电磁相互作用的不可重正化性。

1964 年与 M. 瑙恩伯合作，研究了无（静止）质量的粒子所参与的过程中，红外发散可以全部抵消问题。这项工作又称李—瑙恩伯定理，或与木下的工作合在一起，称为 KLN 定理。

20 世纪 60 年代后期提出了场代数理论。

20 世纪 70 年代初期研究了 CP 自发破缺的问题。又发现和研究了非拓扑性孤立子，并建立了强子结构的孤立子袋模型理论，还就色禁闭现象提出了真空的"色介常数"的概念。

20 世纪 70 年代后期和 80 年代初，继续在路径积分问题、格点规范问题和时间为动力学变量等方面开展工作，后来又建立了离散力学的基础。

鉴于李政道先生对核物理学领域的巨大贡献，他被授予爱因斯坦科学奖，并被誉为"自爱因斯坦之后最具想象力的科学家"。

李政道在苏州十中的演讲

科学的挑战

尊敬的章市长、顾主任、江主任、刘主任、金校长，各位同学们：

十中本来是东吴的附中，我就是在东吴附中念书的。

今天，我想跟各位同学讲一下"科学的挑战"。从中国古代到现在，我们来讲中西古代科学的移动点。在中国，微观与宏观自古是相辅相成的；而在西方呢，是宏观从微观做成的，是了解小的，就可以知道大的。这两个观念稍微有些不一样。那么我们现在，这个"西"啊，我们可以想一想，你们的脑子里想想，西方是哪儿呢？可能是英美，是不是？可是美国在我们的东方还是西方呢？西方呢，西方是指希腊跟近东，不是指英美，指英美是到文艺复兴以后。对中国来讲的话，我们现在讲的很多话，都是以西欧为主的，近东对我们讲、对中国讲，是西方。希腊呢，在公元前，从亚历山大东征的时候，就把希腊的文化传到希腊的近东，再从近东（中国的西方）传过来的。中国的"西方"，事实上是从希腊到近东的，那时候对中国讲是西方。我们讲的西方文化，到很晚很晚，文艺复兴以后才包括西欧跟英美。所以美国的话，美国夏威夷、加州，都在中国的东面而并不是在西面。

西方文化，是希腊的意识，宏观从微观做成的，大的是小的做的，小的是更小的做成的，了解小的就知道大的。中国的科学发展，是把（认为）宏观与微观相辅相成的。那么这样我们怎么看呢？在中国的话，五行（是五个元素）跟天体有很密切的关系。在西方呢，从希腊开始，一直演变到现在，它的原子（Atom）的名称，是希腊的名字。就是天体啊，就是由种种的元素构成，元素里有分子，分子由原子构成，这是希腊的名字。我们现在知道，原子有原子核，原子核另外还有电子，原子核里边，是由夸克构成的。电子是氢子。这几个名字，各位有些不太熟，我们慢慢就可以把它弄熟了。原子有多大？原子的半径是一亿分之一厘米。我们每个人，所有的人的肉体都是由原子组成的，是不是？原子里有两种，当中是原子核，外头是电子。原子核的半径是一万到十万分之一的原子的半径。旁边是电子，电子组成这个原子。原子核本身是由质子和中子组成的。这是一张原子核图，你从这一标志看，一个原子要比这个大一万到十万倍。这个是原子核，原子核有质子，质子是有电荷的，是正一的，中子是不带电的，每一个质子，每一个中子，都由三个夸克组成。所以夸克呢，现在是一个基础的构造。所有的物质都是由夸克组成的，三个夸克组成一个中子，也就组成一个质子，质子和中子就组成原子核。外面包了电子，电子是氢子的一部分，所以所有的物质就是由氢子和夸克组成的，这个观念：大的由小的组成，了解小的才知道大的。也就是说从希腊开始演变过来的我们所说的西方的科学。

中国的科学，它认为物质是微观和宏观相辅相成的。我们举一个最简单的例子，五行，五个元素和天体的关系。五行就是金木水火土，金木水火土跟元素、天体有很密切的关系，它们的关系怎么样？金就是金星，西方叫 Venus，木星就是 Jupiter，水星就是 Mercury，火星就是 Mars，土星就是 Saturn，这五行星，天体，跟元素什么关系？到底下就有关系。Venus 是金星，那个时候古时候对元素的看法可以说固体、液体和气体，固体里分两类，一类是金属的，金属就是金星，另一类是有机的物质，我们普通吃的冬菇、笋啊，这些跟木头物质有关系，这些就是木星。那么液体就是水，那就是和水星有关系。然后呢，这火星的火烧热了就变成了气体，就是火星。土星就是中国的土。其实这五个元素在古时候的看法，全部物质就是这样制造的。有固体液体之分，无机有机，液体、气体跟我们的土，这五行加太阳和月亮就变成了一个周，周期，七个周期五星加日月，这个是我们老祖宗的看法，金木水火土跟天上的星跟下面的元素相辅相成。

不过中国不光是哲学，还是有科学的证据的，这片甲骨文是全世界最早发现新星的（记录），新星的英文叫 Nova，我们先来讲新星是什么意思。我们普通的话，在天文上一般用的 L 表示 luminosity，第二就是亮度，（指图）L 下面是这么一个符号就是中国的太阳，这个符号是我们天文上都用的，跟中国的日字是一样的。这是通常通用的，L 底下加日这是太阳的亮度，m 是一个单位，亮度的单位，就是太阳的亮度。新星叫 Nova，等会儿我来解释这两个字。Nova 的亮度是太阳的亮度的一万到十万倍，它突然一下子，一颗星发出的亮度比一个太阳要突然大一万到十万倍，它的寿命差不多一个月，那么这些最早的记载在商朝。在商朝，就是这个甲骨文，（指图）上面最重要的五个字就是底下五个字，这五个字就是"新大星并火"，这个甲骨文甲骨片是在台北"中央研究院"，是董作宾先生研究的。你们先看这个新字，（指图）这个新字普通你们觉得很奇怪，为什么一个新跟旧，这个新字怎么写法，它有两个偏旁，这个偏旁就是这个偏旁，你看，这个偏旁，就是这个字。辛、丁都是商朝的名字，这就是辛字。这个地方一个斤字，这本来不是斤，是这个样子的，现在忽然发现又一个箭头啊，这很有意思的，这个箭头指下去就有一个新的东西在里面，各位是不是都看得很清楚啊？所以这个写法一下子就发现有新的东西在里面，这是"新"的古代写法。"大"，很大的一个人，和我们现在写的差不多，"星"就是天上的星星，"并火"是一个星座，并是两个人在一块，火，火焰的样子，写得很清楚。这个英文名字叫 Nova，就这样一个 Nova，现在看起来恐怕有一千万个。我们都研究过，Nova 是由一个像太阳一样突然亮光发了一万到十万倍高。Nova 这个本身，这个字眼的意思啊，从拉丁文出来，no，意思就是星，这两个字就是从星星翻译出来的，BC（公元前）3300 多年前，中国人就已经把它定名了。台北"中央研究院"在台北有两片甲骨文，第二片就是说一个月以后这个新星的亮度就慢慢地退去了。从这个记载我们就可以推断它们的寿命就是一个月，亮度是太阳的一万到十万倍，这是全世界最早最科学化的记载。

这不光是新星的发现，另外还有超新星，超新星比新星的亮度又大了一万倍，比太阳的亮度增加一亿倍。这是有名的旋状星云，这旋状星云是世界上有记录的最早的超新星。这 Super Nova（super 就是超），是中国的天文家在 1054 年发现的，它有很详细的记载，它出来时忽然一下子大了，像个鸡蛋那样大，从这儿我们可以推出来它的亮度要比新星大一万倍，就是比太阳的亮度大一亿倍。这个超新星在宋朝（天文学已经很发达）就有详细的记载，亮度比太阳大一亿倍，寿命差不多一年。寿命一年我们怎么说呢？并不是说一年以后就没有了，（指图）这是最近照的，一年以后它的亮度大约是原来的二分之一，然后再二分之一、二分之一下去。在星云的中间有一个中子星，中子星和普通星不一样，它完全是中子，中子是原子核的一部分。超新星怎么发生的？太阳是跟核弹的原理一样的，它是把氢变成氦，逆流放出能量就是普通太阳的能量，当把氢全部烧完变成氦它就死亡，死亡时候它就大爆炸一次，爆炸的亮度有原来一亿倍的亮度，一年之内把亮度完全爆炸出来，中间剩有小小的中子星，中子星旁边有磁场，就像电台一样，它发射的电台频率相当之快，一秒钟大约十万转，从这个转可以推测出它是中子星，这是中国天文家1054年关于超新星最早的详细的记录。不光是宏观的观察，我们还有很好的仪器。我们来看中国最早的天文仪器，这是商朝的玉璇玑，这是玉器，历史博物馆有，这是在西方16世纪的constellation（星座），中间对着北极星，这就是北斗七星的位置，这个就是紫微星。你转的时候北极是不动，这就是紫微星，这是另外的一颗星，你转的时候北极是不动的，紫微星特别重要，在中国这紫微星是代表宏观微观的，就像帝王的紫禁城一样。这样是1540年西方用的，这是中国商朝的，这中间差了3000多年，西方这两个之差也有2700多年，底下那个是17世纪晚期中国的璇玑，其基本构造完全一样。我们的祖先早在商朝时期就有精密的仪器用于观测，观测后又有详细的记录，架子是木头做的，现在已经看不见了，只有这玉的。在汉朝，张衡的浑天仪，这两个浑天仪，左边的是西方很重要的Tycho Brache的浑天仪，右边是汉朝张衡，这个模子是宋朝苏颂按照张衡的模子做的，张衡是AD125，这里边相差有1300年的样子，但这里有很大的差别。Tycho Brache在西方是一个大的天文学家，为什么Tycho Brache在当时西方认为是一个大的进步，在Tycho Brache以前关于星的坐标是这样的（指图），天体是跟地球的面一样，叫球面几何，高中学过平面几何和解析几何，几何在平面有东西南北，有横坐标和纵坐标，球面也一样，地图上有经度和纬度。经纬两道在球面上，经度在浑天仪上就是赤道，赤道是地球自转的轨道，可是地球还在绕着太阳转，公转的轨道在中国古代叫黄道，古时候讲究黄道吉日。黄道和赤道在中间差了23°，这是很重要的观念，Tycho Brache有3个轨道（指图），经纬，上面还有第三个轨道，中间差了23°，Tycho Brache的浑天仪之所以重要，因为他知道地球公转，黄道与赤道的分别。那是在1598年，而中国在公元 125 年汉朝时张衡的浑天仪，有 7 个轨道。在他以前，在中国很早的时候就知道赤道和黄道的不一样，不光这样，他还知道每个行星的轨道也有分别。浑天仪不光是天体位置，同时它完全是自动的，我国的祖先在汉朝就发明了齿轮，它的动力是水动力，用齿轮，它自己转，齿轮的发明在汉朝这是了不起的发明，张衡就把它用在浑天仪里。

那时的发达不止在天文，宏观和微观相辅相成。研究天体就了解我们的社会，社会经济发展，齿轮在工业上就完全改变了，汉朝已经是世界上第一大国了。就在 Tycho Brache 的时候，刚才开头我们讲西方是指中国的西方，希腊、近东，近东这个名字是欧美国家起的，对他们来讲是近东、中东、远东，对我们来讲近东就是"西方"啦。是文艺复兴以后"西方"的概念，包括西欧、意大利（Tycho Brache 是丹麦人）。当初开始文艺复兴的研究与希腊的研究不一样，希腊是从 Atom（原子）开始的，是小的在研究大的，文艺复兴以后的研究也是从天体开始的。这是伽利略自己做的望远镜（指图）。现在放在佛罗伦萨博物馆，这个望远镜制造出来后就研究天体的运动，天体的运动与地球上力学的原理结合起来。从这个开始，我们说西方不光是希腊和近东，他们的文化已经毁灭了，中国的文化是古老的，是唯一古老的并维持到现在的文化。所谓的西方就是西欧。

到了 18 世纪，还很难看出到底是中国还是中国外面的科学哪个发达，到 19 世纪就截然不同了。19 世纪中叶，英国的两位科学家，一位是法拉第，法拉第的实验与麦克斯韦尔的理论，把电的力与磁的力在 1864 年变成一块儿。磁动生电，电动生磁，这是已经完全了解了。这以后发电机、电动机、电报、电磁、雷达等所有现代通信设备就紧跟着法拉第和麦克斯韦尔的理论建立起来，磁动生电，电动生磁，这两个原理从 19 世纪中叶到 20 世纪广泛运用，通信文化完全不一样了。这在 18 世纪是不能想象的。

在 19 世纪末 20 世纪初，在物理上有两个很大的疑问。一个是没有绝对惯性参照系。美国有两个物理学家贝克莱和马赫，他们做了以下实验：地球在转，光的速度顺着地球转，背着地球转，两个速度哪个快哪个慢？想想应该是顺着当然快，背着应该慢，然而测量下来，顺与背的速度一模一样，这个结果推翻了当初牛顿的想法，顺与背与地球的转动对光速没什么影响。这个观念是在 19 世纪提出的，这个实验大概在 1887 年。到 1900

年，我们都知道凡是热的东西都会发光，光谱与热度的关系在 20 世纪初推出来，有理论上的解释。这两个看起来，顺着地球走的光速与背着地球转的光速是一样，与我们的生活好像没有关系。热的东西发光与我们的生活有些关系但不怎么密切，光谱的详细分析好像知道也好，不知道也好。这两个人的研究，第一产生了相对论，第二就产生量子力学。相对论、量子力学到 1925 年，20 世纪初叶，我们在理论上基本完全了解，紧跟着全部 20 世纪的文化，原子构造、分子物理、核能、激光、半导体、超导体、X光科技、超计算机，一切一切，20 世纪文化没有相对论，没有量子力学就不会有。从 1925 年到现在 1994 年，没有多少年，直到 1925 年发现以后，1950 年开始运用，到 80 年代，你的生活没有这些就不能正常运转，没有这些文化，短短 70 年全部的 20 世纪的文化，没有量子力学，相对论就不会存在。这些对人类、对我们了解自然是完全包括的，为什么 19 世纪法拉第、麦克斯韦尔把电跟磁联合起来，了解以后紧跟着 19 世纪西方的科技就超过了（东方），因为把发动机、电机、电磁、电报一切都掌握了。

在 20 世纪，懂了量子力学，懂了相对论以后就可以把一切 20 世纪的文化完全抓住了，这些文化在 19 世纪是不能想象的。同样，21 世纪的文化也是我们 20 世纪的人所不可想象的，要了解这一点就要知道基础应用与经济的关系。我们打个比方，基础科学就像水，应用科学就像鱼，市场经济是鱼的市场。没有水就没有鱼，基础科学像水，是基本，没有基础科学就没有应用科学，没有应用科学就不会有市场经济，这 3 个是相连的。基础科学是最基本的，这个关系是很快的。19 世纪中期，是麦克斯韦尔和法拉第了解了电与磁的关系，就制造了所有的电信运用。20 世纪初，了解了量子力学和相对论，就完全知道了 20 世纪的文化，所以我们必须了解基础科学、应用科学及文化之间的密切关系。当然鱼市场是很大规模的，要远远超过了只是有水（的市场）。但没有水就没有鱼，没有今日的基础科学，就没有明日的 21 世纪的应用科学和市场经济。不能老停留在以前，激光发展已到顶点，超级计算机也发展到差不多顶点了。21 世纪的通信，21 世纪的文化是要有新的基础科学制造成的。这里就有一个比例，这个社会上不是所有的人，我想 1%、2% 做基础，10% 做应用，其余的做市场经济。这个比例必须维持，否则在 21 世纪是无法与人竞争的。所以年轻人，首先要了解两者之间的密切关系，19 世纪的人没法想象 20 世纪人的生活方法，同样，18 世纪的人也没法想象 19 世纪的人的生活方法，推到 21 世纪也是同样的。

那么什么是当代面向科学的大问题？有时间，再说说 21 世纪的科学发展。

当代科学有 4 个大问题，两个从宇宙来的，是宏观的，两个是微观的。当代宇宙的两大疑问，第一个是类星体，第二叫暗物质。微观呢，是失去的对称和看不见的夸克。我先讲当代宇宙的两大问题，一个是类星体，一个是暗物质。类星体的亮度大于一千个星系的亮度，一个星系中有一千亿个太阳。商朝发现的新星是太阳慢慢演变过来，元素由氢变成氦，在这个转变过程中种种元素都有一个转变，每一个转变都发出一个新星出来，一个新星有一万个太阳的亮度，寿命是一个月。超新星是太阳用完了氢以后变成的，它的亮度是一亿个太阳的亮度，类星体是一千个星系，每个星系有一千亿个太阳，它的亮度有一千个一千，它的亮度超过了超新星一百万倍，它的大小却只有十万分之一星系的半径。说类星体的时候，要对星系有一个了解，一个星系里有一千亿个太阳。各位在夏天可以看见银河系，银河系是扁扁的，（指图）这个图不是照出来的，是计算机算出来的，它包括一千亿个太阳类型的星，它的长度光要走差不多一万年，一个星系有一千亿个星。类星体发出的亮光有一千个星系的亮光，一个星系的亮度是一千亿个太阳的亮度，一个类星体有一千倍于星系的亮度。（指图）这是最早发现的类星体，它是 1961 年发现的，名字是 Three C-273，它的亮度有一千倍星系的亮度，非常惊人，寿命差不多有一千万年，发出的能量，是十的十次方，是一万亿的超新星的能量，这能量绝对不是核能，它比核能要多得多了。在 1988 年的 2 月，这颗星忽然在一天亮度加倍。我们知道它是一个星体，却不知道它确切是什么，就叫它类星体，现在在我们宇宙中存在有一百万个，其中有一千个我们从 1961 年就仔细研究过的。它在宇宙中相当普遍，它的能量是超新星的 1012 倍，在我们宇宙之间不知道它的来源，但它的能量远远超过核能的能量。刚才说的是类星体，更多的是叫星系中心，平均每一百个星系，中间一部分有两百光年，（指图）这是二十厘米的无线电光波照的，照这个相的人是我的同事 Charles H. Townes（查尔斯·汤斯），我本来的同事，就是发明激光的人。这个能量是类星体的百分之一，但也有十万亿的超新星的能量，超新星的能量有一亿个太阳的能量，这就在我们的银河系中间，平均每一百个星系就有这样，这个能量也是比核能要大很多很多，我们并不了解。而且，这也是很普遍的，这个现象在我们宇宙中是相当普遍的，它的能量也是我们并不了解的，就像19世纪的人不能了解核能一样，我们同样不能了解类星体和星系中心的能量是从哪里来的，是什么原理。星系中心和类星体是不一样的，类星体很小，基本上和太阳系差不多，星系中心非常大，大约有两百光年，有两类可以发能量的，这两类都是我们不能了解的。

下面我来讲暗物质。普通物质可以发光，我们有两个办法知道。各位在这儿，一个是我看得见，第二是测量地心吸力，万有引力，从引力场推导有物质的存在，也可以测量光谱，无线电谱和其他的。我们知道暗物质的存在是从引力场测量的，用引力场测量的质量和看得见的测量的质量。例如用光谱、红外线、紫外线、X光、无线电测量。看得见的质量远远小于引力场测出来的质量，我们叫星系集团，我们周围的二十一个星系里面，我们知道它存在五分之四是由万有引力测量出来的，五分之一是看得见的，其他差不多平均十分之九的物质我们看不见。绝大多数的物质在宇宙中我们是看不见的，我们用引力场推测出来，这是几十年来天文学家大规模研究暗物质到底怎么存在。（指图）这是星系集团，每个星系像银河一样里面有一千亿个太阳的大小，它是一圈一圈的，我们翻译成"本地集团"，它里面五分之四是看不见的，它们质量很大，它们都在动，地球绕着太阳转，太阳绕着整个星系的中心动，每个星系集团也绕它们在转，所以这些都是在动的。这之间的距离很大，一个星系的长度就等于一万光年，集团比它大一千倍的样子，这是我们以银河系为中心，通过几十年的研究运动发现的万有引力引出的质量十分之九是看不见的，可见整个宇宙充满我们看不见的物质，我们也不知道它们的能量是哪来的。这就是当代宇宙里的两个大的谜。一个是类星体，一个是暗物质。类星体是比一千个星系还要来得亮，大小是星系半径的十万分之一，暗物质就是绝大部分看不见的质量，我们知道它存在，在我们银河系附近至少是三倍到四倍，整个宇宙差不多十倍是看不见的。宇宙中充满了我们不了解的物质，暗物质不是我们知道的物质，类星体、星系中心发出的能量也不是我们知道的能量。假如我们知道类星体的能量是怎么发生的，假如我们知道暗物质是什么，那么这些基础的进步可能就影响到应用的进步，也可能影响到 21 世纪文化的进步，那么这些就在各位的身上。

谢谢！

参考文献

1. 张建祥 . 物理学家李政道的科学人生 . 兰台世界 .2012（34）

2. 叶松庆 . 李政道的治学经历对科学教育的启示 . 高等教育研究 .1996（03）

3. 芳菲 . 科学与艺术：一枚硬币的两面——记诺贝尔奖获得者李政道博士的科学与艺术之路 . 中国青年科技 .2006（12）

4. 朱安远等 . 次年轻的诺贝尔奖获奖者——李政道 . 物流教学 .2013（01）

5. 宓奔 . 李政道的故事 . 科学启蒙 .2004（05）

6. 叶松庆 . 李政道对科学与艺术融合的历史性贡献 . 世界科技研究与发展 .2000（02）

7. 卞毓方 . 管窥李政道 . 物理教学 .2011（09）

资料链接

1. 美国哥伦比亚大学物理系　http://physics.columbia.edu/

2. 中国科学院　http://www.cas.cn/

陶其敏——中国"乙肝疫苗之母"

我一辈子就在做防治肝炎的事。现在乙肝、丙肝检测预防的问题解决了，治疗的事情还要继续做下去。治好病人是我一生的职责，病人在最困难的时候来找我，一定要帮助他们，不能懈怠。

陶其敏

编者导读

著名肝病学家陶其敏教授已退休十余年，然而退而不休的她每周一、周四都会穿上白大褂准时出现在北京大学人民医院新院和老院出门诊，14元一个专家号，为慕名而来的患者看病。这几年，她明显感到身子骨大不如从前，应酬尽量推掉，但每周两次的门诊她一直没有放弃。"乙肝治疗问题一天没有解决，我就会在医疗第一线，除非有一天我治不动了，那就拉倒。"陶其敏说。

作为北京大学人民医院肝病研究所原所长，陶其敏的一生硕果累累，从研发国内第一支乙肝疫苗开始，她一鼓作气攻下一个又一个学术难题，先后获得15个国家级科研成果。"研制我国第一支血源性乙肝疫苗，推出我国第一套乙肝检测试剂盒、第一套丙肝检测试剂盒……"在北京大学人民医院肝病研究所每一位年轻学者眼中，陶其敏就是这个领域的一座高山，要想超越她，真的很难。如今，78 岁高龄的她，俨然是这个领域的一盏引路灯，激励着后来人沿着她的足迹攀向更高峰。

从振华女中走来

陶其敏是典型的苏州人，1931 年 10 月出生在苏州著名的园林之一狮子林旁边。"我毕业于苏州振华女中（现为江苏省苏州市第十中学），那里可是一个人才辈出的地方"，在陶其敏的记忆中，振华女中没少出过精英人物：社会学家费孝通（该校当时招收的唯一男生）、物理学家何泽慧、妇产科专家王淑贞、建筑学家顾添籁以及作家杨绛等，这些人，有的是她的学长，有的则是她的同窗好友。"在我入学时，母校已在全国声名鹊起，那些杰出人士是母校的硕果也是母校的招牌。"

陶其敏出生于商贾世家，父亲继承祖父家业，从事丝绸生意，在苏州开办了一家丝绸厂。"能上得起振华女中的绝非一般人家，非富即贵"，家境殷实的陶家自然把陶其敏送到振华女中读书，而让子女接受新式教育在当时是家长们最为"时尚"的选择。

"母校创始人才叫厉害，一个弱女子敢在封建社会抛头露面、四处奔走，去创办这所学校，你说说，那得多大能耐？"陶其敏时常向别人提起她的母校振华女中，毫不掩饰对创办人王谢长达的敬佩之情。据陶其敏介绍，王谢长达女士的丈夫王颂蔚为晚清官员，是著名教育家蔡元培的恩师。年轻的时候，王谢长达随夫生活在京城，然而好景不长，王颂蔚病故，王谢长达只得回归苏州旧宅生活。

"王谢长达女士见过大世面，回到苏州看见母亲们还逼着女孩子裹足，她看不下去了，决心改变这个陋俗，便拿出积蓄创办学校专门培养女生，取名振华女中。"到陶其敏入学时，振华女中已有 40 多年历史，当时主持学校工作的是王谢长达的女儿王季玉，为了激励女弟子们发奋读书，王季玉经常提及母亲办学的艰辛。

"在我可塑性最强的时候，振华女中的优秀传统注入了我的血液。老师教导我们，读好书并不是为了相夫教子，而是为了振兴中华。"在老师的鼓舞下，振华女中的学生们都在为一种使命感而学习。

快毕业时，陶其敏想到其祖父和父亲皆因积劳成疾而过早离世，很多百姓也因不明不白的疾病而暴病身亡，她决心学习医学。1951年，20岁的陶其敏考取了山东医学院（前身为新四军创建的白求恩医学院），成了她的著名校友王淑贞、顾乃勤等人的同行。

从娇小女士的请缨开始

1951年，20岁的陶其敏如愿以偿考取了山东医学院，梦想得以实现。经过5年校园学习和生活的磨炼，陶其敏这个原本纤细柔弱的江南女子，已经开始逐渐适应北方的生活习惯。1956年毕业的时候，成绩优异的陶其敏又被留在了北方——被分配到北京大学人民医院。"那时候可没有规范化教育，哪里需要人，院长随时可以给你调换工作岗位。"陶其敏说，20世纪50年代，岗位多、人才少，为了发展医院，个人利益要绝对服从集体利益。"我从小就是一个很听话的孩子，父母说女孩子不准和同学在大街上打闹，我一放学就背着书包回家，一路上头都不回一下。"父母亲的"乖乖女"工作后也是个性情温顺、做事踏实的年轻人，这样的同志很得领导喜欢。

陶其敏首先在内科做了两年住院医生，只当了两年的临床医生，后来由于工作需要就被抽调出来组建生化实验室。1960年，陶其敏开始从事酶学、蛋白质的临床生化工作。1963年出任检验科生化研究室主任及检验科主任，这与她的临床医学专业距离越来越远，她只好从头学习分析化学、生物制品研究等新知识。

陶其敏事业的发展应该说是从一次大胆的请缨开始的。

制造乙肝疫苗的工作其实从20世纪初就开始了，但直到乙肝病毒特征被具体描述和界说后，这一工作才出现了转机。

1971年，纽约大学传染病专家Saul Krugman偶然发现，他将被乙肝病毒污染的血液加热处理后，再注射给病人，病人即可不再感染乙肝病毒。受这一事实启发，布兰博格及Irving Millman提出这样一个想法，即从乙肝病毒携带者的血液中获取病毒颗粒制备乙肝疫苗。这是一个颠覆以前所有疫苗制备方法的想法。此前，还没有一种疫苗是利用人类病毒的一部分即亚单位来制备的。

经过几年的大量研究和实验，终于从HBsAg携带者的血液中研制出乙肝病毒亚单位疫苗。1980年证实这种疫苗可以保护病人不受乙肝的危害，其有效率达90%，并且没有副作用，到1981年，这种亚单位病毒疫苗已经可以普遍使用。

但在1970年之前，我国卫生界对乙型肝炎在我国的感染和流行情况几乎还一无所知，更谈不上疫苗研制了。

这时候，一位传奇人物出现了，他就是被誉为"杰出的国际主义白衣战士"的汉斯·米勒。

汉斯·米勒是一位和白求恩一样的传奇人物，不同的是汉斯·米勒是德国人，他因不满德国的法西斯统治，于1939年取得瑞士巴塞尔大学医学博士学位后便来到中国，参加了中国的抗日战争和解放战争。汉斯·米勒于1971年开始担任北京大学人民医院的副院长，1972年，他和夫人到日本探亲时考察了日本刚研制出的乙肝病毒检测和诊断技术，并带了几个乙肝病毒检测试剂盒回来，打算给几个附属医院做研究用。米勒回国后召集会议，会上他问，有没有人能够做这个试验（检测新病毒）时，大家多少有些顾虑，害怕被传染，不敢做，会场突然静了下来，无人应答。

这时候，一位身材娇小的女士站起来，大声说："我做。"

我国的乙肝疫苗研制从此起步。

主动请缨的这位女士叫陶其敏，从此，陶其敏做了她人生最重要且功德无量的一次转向：研究肝炎。

陶其敏与我国第一支乙肝疫苗的故事

中国自主研发第一套乙肝诊断试剂的诞生证实了中国是人类阻击乙肝的主战场

20世纪70年代以前，人们只认识甲肝。甲肝虽然传染性高，来势凶猛，但均为急性过程，预后良好，但对于乙型肝炎人们却知之甚少。乙肝病毒感染的识别指标是"澳抗"阳性，澳抗的全称为澳大利亚抗原，是1963年由美国科学家布兰博格（Blumberg）在一个澳大利亚土著人的血清中首次发现的，他因此获得了诺贝尔奖，并于1972年正式给它命名为乙型肝炎病毒表面抗原。

1972年，"文化大革命"尚未结束，许多科学研究、教育教学工作尚未恢复。时任北京医学院副院长的汉斯·米勒教授（原籍德国，加入中国国籍，中国共产党党员）考察了日本刚研制出的乙肝病毒检测和诊断技术，并带回来几个乙肝病毒检测试剂盒，供北京医学院几个附属医院做研究用。陶其敏作为人民医院的检验科主任欣然接受了这个任务，人民医院从此成为中国最早从事乙型肝炎研究和防治的基地。

1973 年陶其敏赴日本学习一整套最新的血凝法检测。回国后，陶其敏带领全国几个地区专家共同研究并进行了鉴定。为初步了解我国乙肝感染的流行情况，陶其敏和她的研究小组立即开始了在少量人群中进行乙肝病毒感染情况调查，当时解放军有个独立执勤的小分队，全队人员的转氨酶指数都高于正常标准，特地来向人民医院求助。陶其敏用引进的方法对他们进行检测，证实 30 名战士中，有 4 人是澳抗阳性。由此使她认识到，中国乙型肝炎的流行情况不一般！

在当时的国情下，检测病原学不能靠进口检测板，但中国百姓的健康却受到乙型肝炎的严重威胁。陶其敏立即想到要研发出一套适合我国国情的检测方法。她参考了大量文献，进行了多次摸索，终于研制成功具有我国特点的对流电泳检测法，并用这种方法准确地检测出大量患者。初战的胜利，极大地鼓舞着陶其敏和她所在研究组的同志们，他们在制伏乙型肝炎的道路上，迈出了可喜的一步。

1973 年 5 月，为了参加在日本东京召开的西太平洋地区肝炎实验室工作会议，陶其敏想到中国代表团队一定要拿出我们自己的试剂（包括标准抗原和抗体，带有表面抗原及表面抗体的敏感血球），给中国人民争口气！

于是，一场争分夺秒的试剂研制工作在研究组内展开了，但是意想不到的困难不断出现。纯化表面抗原需要无菌条件和先进仪器，20 世纪 70 年代初的人民医院还不具备这些条件。等进口？一要花钱，二要时间；自己动手？也不是那么轻而易举的事。当时国外虽然有标准抗原和抗体，但进口价格昂贵，而且时间长了还要变质，常规使用消耗量又大，靠进口远远不能满足需要。只有根据我国的国情和条件，自己动手研究制造，才能从根本上解决问题。

陶其敏和她的研究团队决定采用葡聚糖凝胶（一种分子筛）进行层析分离。国内没有进口的葡聚糖，他们就用国产的同类产品代替；按常规层析出的产品达不到要求的标准，他们就选择了多种标号的分子筛，用不同速度层析。经过 4 个月的苦战，经历了多次失败，终于摸索出一套用国产分子筛层析表面抗原的规程，提纯出合格的表面抗原。用这种抗原对动物进行免疫试验后，得到了相应的特异性抗体。检测中使用的羊红细胞膜，在国外是用超声波打碎机击碎的，人民医院没有这种设备，陶其敏开动脑筋用自己的方法制出合格的羊红细胞膜，并用以制成了带有表面抗原的敏感血球。自此，由中国人自行研制的第一套乙肝检测试剂盒终于诞生了。

1973 年 10 月，陶其敏应邀出席了在日本东京召开的西太平洋肝炎实验室工作会议，她把这个团队夜以继日研制出的诊断试剂盒带去比照。在参加学习的 8 个国家的研究者中，只有中国人拿出了自己的血凝试剂。他们将用自己的办法纯化的表面抗原、抗体及敏化血球带去，请西冈教授进行鉴定。鉴定结果与西冈教授的试剂完全一致，且试剂性能稳定，检测结果非常好。西冈在会上连声称赞，并把陶其敏带去的检测板交给各国代表传看，他说："我们用 3 年时间搞出来的东西，你们在没有设备的情况下，3 个多月就搞出来了，真了不起！"

陶其敏从日本归来后，和同事们一起在全国各省、市举办了检验人员参加的乙肝病毒血清学检测培训班，将这项敏感的测定方法向与会者作了介绍，使这项科研成果得到了推广和应用。

根据当时推广使用的乙肝诊断试剂在人群中的抽样检测，已经估算出中国澳抗阳性的人数占总人口的 10% 左右，有 1.2 亿人，这个数字与全国当时的流行病学调查数据吻合，占到全球澳抗阳性总人数的 1/3。陶其敏意识到，中国是人类阻击乙肝的主战场！

中国第一支血源性乙肝疫苗的研制使长远防治乙型肝炎成为可能

中国乙肝病毒感染者大多始于幼龄期，特别是经母婴传播。幼龄感染者中 90% 可以发展为慢性肝炎，其中又有 40% 可以发展为肝硬化，而成人感染者中只有 5% 转为慢性乙肝。因此，让健康人群特别是新生儿和青少年尽早普遍接种乙肝疫苗极为重要，是从长远防治乙肝的关键环节。于是，陶其敏又给自己提出了尽快找到阻断乙型肝炎传播途径的新课题。能不能找出一种预防手段，使群众增加抵抗这种疾病的能力？能不能像预防麻疹、脑炎、小儿麻痹那样，制成疫苗，注射到人体内产生自身的抗体，起到防疫作用？能不能通过预防，把乙肝的传播减少到最低限度？

　　1975年4月，正当陶其敏为这一新课题苦苦思索的时候，米勒教授从一本外文杂志上看到了美国科学家采用乙肝病毒感染者的血液制作血源乙肝疫苗的信息，但是当时国外报道的消息很简短，又找不到制造乙型肝炎疫苗的文献以资借鉴。但由于陶其敏多次到过日本，早已掌握了高速离心的技术，她马上明白了其原理：用密度梯度离心提纯血液中的乙肝病毒之后再灭活，就可以得到能使人产生抗体的血源疫苗。但是，制造疫苗是一个新事物，与陶其敏长期从事的实验室研究工作相距甚远。人民医院当时还不具备制造乙型肝炎疫苗所需要的设备和条件。这是一条全新的路，对于能否完成难度这样大的任务，陶其敏感到没有把握，但迎难而上，才是陶其敏的性格！

　　她深知开拓新的领域，需要掌握更广博的知识。于是她每天天不亮就走出家门，六点多钟就到了医院，一直看书学习至八点钟上班，就是这样利用零星时间，学习了包括分子生物学和免疫学在内的基础医学，又学习了外文和遗传工程学。甚至在一次意外事故造成四根肋骨骨折的情况下，她也只休息了一个月，就让爱人和孩子用自行车把她推到汽车站去乘车上班。

　　研制疫苗还需要一套完善的工艺程序，她和研究组的同事们一道顶着灼人的烈日四处奔波，去有关单位登门求教和查阅文献。为了解决必需的设备，他们参照生物制品需要的设备模式，在研究组内隔出了一间6平方米的小屋做无菌室，用盐水瓶、输液架配成了一套密闭式装置。由于肝炎病毒目前还不能培养，就直接应用乙型肝炎抗原带毒者的血清，进行分离提纯，经过严格条件的灭活，终于在1975年7月1日研制成了我国第一代血源性"乙型肝炎疫苗"，将其命名为"7571疫苗"。

　　检验疫苗是否有效的第一步是进行敏感性和安全性试验，通常先要进行动物试验。从文献上得知，大猩猩是目前已知的可感染乙肝病毒的动物，但我们国家不产这种动物，进口则需要很多外汇，而且大猩猩的饲养条件要求非常严格，国内目前还不具备这些条件。这对中国的研究者来说无疑是天方夜谭。

　　制出的疫苗被锁进了冰箱。陶其敏望着凝聚着研究组几个月心血、克服了重重困难研制出来的疫苗，默默地思忖："疫苗做不了安全试验，不能使用，怎么办？用大猩猩做试验也不过是为了增加一项安全指标，试验后，不是还需要有一个人来做第一例人体试验吗？"疫苗是自己亲手做的，于是她作出了勇敢的决定：在自己身上试验！

1975年8月29日下午，陶其敏打开冰箱，取出了一支疫苗，自己打开了安瓿，把疫苗抽进注射器里，避开了组内的同志，径直向注射室走去。她对注射室值班护士说："请帮我打一针！"值班护士很忠于职守，在没有弄清注射药物前，是绝对不会给任何人注射的。陶其敏解释说："放心打吧，不会有问题的！"值班护士仔细检查了安瓿上的字样后，非常感动，她按照陶其敏的要求，把注射疫苗缓缓地推进陶其敏的体内。

晚上，陶其敏跨进家门的时候，两个孩子已经做好了晚饭。同样做医生的爱人参加救灾医疗队到河南水灾区去了。她对两个孩子说："妈妈今天打了我们研究的肝炎疫苗试验针，很可能得肝炎，为了不传染给你们，你们也暂时离妈妈远一些，注意观察妈妈的情况……"

次日，陶其敏向医院领导汇报了注射疫苗前后的情况，领导极为关心，要她马上住院观察。陶其敏说："我还有许多工作要做，就一面工作一面观察吧！"这件事汇报到市里后，当时主管科研的副市长白介夫同志亲自打电话要求她住院，但陶其敏仍是忙于工作。此后两个月内，她坚持每周抽血5毫升进行检测，第三个月转入定期检查，始终没有发现异常，从而取得了第一手试验依据，证明了乙型肝炎疫苗的安全可靠性，此时，她体内的抗体也产生了。

医院的许多领导干部和同事在陶其敏献身精神的带动下，纷纷报名要求在自己身上注射疫苗，做进一步的试验观察。越来越多的结果表明，健康人群注射了疫苗，大部分都会产生抗体。此后，陶其敏经批准后对疫苗又做了5次较大的改革，先后在北京、江苏启东县和广西南宁地区进行了小量人群预防注射观察，其抗体阳转率可达92.3%，为我国使用疫苗预防乙型肝炎开辟了道路。1980年，在法国召开的第一届乙肝疫苗国际会议上，陶其敏被特邀出席，并作了发言。

血源疫苗研究成功之后，像当初研制出血凝诊断试剂一样，陶其敏又把接力棒交给做基因工程的研究机构，以便于大规模生产和在大规模人群中推广乙肝疫苗。根据卫生部的安排，陶其敏把自己制作血源疫苗的技术和整个工艺无偿推广给了长春生物制品研究所。

就这样，中国的第一支乙肝疫苗是注射在它的研制者身上研究成功的。时至今日，对陶其敏的这一举动周围一直有不同的声音，很多人认为这是为科学献身的精神，但也有人认为这样做是不科学的，不可以拿人体直接做试验而否定这项成绩。已经银发苍苍的陶其敏谈起这段往事时，只是淡然微笑："其实当时并没有很伟大的想法，只是想尽快得到结果，以推广疫苗应用。毕竟，迟一日研发，就多一些病人。当然也想到最坏的结果是自己会感染乙肝病毒，但不打这一针也可能会感染。"

大爱无言，无私无畏，陶其敏的自身注射研制的乙肝疫苗正是这句名言的最好诠释！

从 1981 年起，陶其敏又与中国医学科学院成都输血研究所协作，进行乙型肝炎被动免疫的研究，并于 1982 年上半年成功地生产出特异性高效价免疫球蛋白，并应用于母婴传播及职业性感染的预防，又一次为我国乙型肝炎的研究领域填补了空白。

组建科研、医疗、教学、生产为一体的肝病研究所，全方位打响病毒性肝炎阻击战

陶其敏和研究组的工作得到了各级领导的关怀与重视。纵览全球最新发展的生物医学技术，陶其敏开始思考肝病的发展新规划。1978 年 10 月 30 日，北京市科委拨专款批准建立了肝病研究室，陶其敏任主任。1980 年，卫生部、财政部和北京市科委分别拨款为研究室盖了楼房，添了先进仪器，为其创造了一些必要的工作条件。1984 年批准成立肝病研究所，陶其敏任所长。

在 20 世纪 80 年代初期开始逐渐形成了肝病研究所的研究重点和方向：围绕乙型肝炎的诊治和预防、发病机理的研究，提供特异、敏感的方法和手段。肝病研究所曾先后在国内创先建立了 HBV P、32P HBV DNA 探针检测方法，二者均获得了北京市或国家科技进步奖，并及时举办学习班进行推广应用，促进了我国乙肝研究及早进入分子生物学领域。在 1983 年全国肝炎会议上，已有多篇应用肝病研究所 32P HBV DNA 探针的报道和论文交流。

肝病研究所的成立，给陶其敏和她的同事创造了一个良好的科研发展平台。肝病研究所在国内首创应用超速离心法从尸肝中提取纯化了HBcAg，此HBcAg当时并还作为参比品交中国药品生物制品检定所。填补了当时国家的空白，为进一步研制HBV诊断试剂打下了基础。此后，在陶其敏的指导下，肝病研究所又获得一株高效、稳定分泌的单克隆PreS2细胞株，并从而研制出国内首创的PreS2、抗—PreS2 EIA试剂盒。制定了相应的试剂制检规程，载入《中国生物制品制检规程》。同期研究建立了PHSAR的检测方法。二者均获得北京市或卫生部科技成果奖。

1990年，肝病研究所开设了肝病门诊、病房，除承担病人临床医疗任务外，还承担了全院及国内有关单位的部分特殊项目的检测任务。1995年，陶其敏申请并经过考核争取到在人民医院建立肝病治疗的临床基地，国内几乎所有的大药厂都参与进来，目前已经推广应用的抗乙肝病毒的4种核苷类药物、2种干扰素药物都在这里验证过。

陶其敏说："我一辈子就在做防治肝炎的事。防的问题解决了，治的问题还在做。对于已经感染乙肝病毒的8000万人群来说，我们的目标是首先要用药物来降低和抑制其体内的病毒复制能力，这样既减少了传染源，又阻止了病毒继续侵害肝脏最终导致肝硬化和肝癌。"陶其敏领导研究人员代表中国参与了国际性、多中心、最大规模治疗肝硬化和预防肝癌的药物拉米呋啶的临床验证，证明该药对肝硬化的治疗和逆转有积极疗效。陶其敏是这项工程中唯一一位中国内地的牵头人。

由于肝病研究所多年来在研究建立肝炎检测方法、检测试剂等方面有诸多成果及建树，1991年12月经卫生部科技司批准成立"卫生部肝炎试剂研制中心"。1992年肝病研究所正式成立了"北京肝炎试剂研制中心"，研制我国当前急需的病毒性肝炎的新的诊断试剂盒；在国家生物制品检定部门的监督下，提供病毒性肝炎试剂和试剂盒的参比物；对检定合格的肝炎试剂进行临床验证，并将信息及时反馈到国家生物制品检定部门；推广标准化的病毒性肝炎诊断试剂盒和检测技术，为全国培训检测技术人员。

至此，肝病研究所已逐渐形成了科研、医疗、教学、生产为一体的格局，成为国内研究单位独特的标志。

丙型肝炎检测试剂盒及病毒基因检测方法彻底阻断丙型肝炎血行传播

乙肝的检测和预防问题虽已经基本解决了，但国内仍有一些非甲非乙型肝炎患者，其病因不明。1989年Choc等应用分子克隆技术获得了丙型肝炎病毒的基因克隆。陶其敏敏锐地捕捉到了这个信息，并且推断：国内一些病因不明的肝炎患者，是不是很可能是丙型肝炎病毒的感染者？

1989年，陶其敏和她的同事们马上组织开始研制我国的丙肝诊断试剂。1991年开始进行了"八五"期间丙型肝炎诊断试剂的攻关，研究抗原包括了针对各种HCV抗体的抗原。根据HCV株的氨基酸序列，建立第二代HCV ELISA检测抗HCV试剂盒。这一试剂盒广泛用于HCV感染的检测和筛选献血员。为提高试剂盒的敏感性和特异性，陶其敏和同事们又对抗原多肽进行了多方面的改造，并在1993年成功地发现了来自于HCV基因组的抗原，使试剂得到进一步改进，提高了试剂盒的敏感性和特异性。1993年丙肝诊断试剂被批准用于献血人员的筛查，仅1993年—1994年一年时间，丙肝病毒感染人数就下降了一半。1994年，陶其敏的研究组又成功地表达了NS5b蛋白，并用它来捕获抗HCV–NS5抗体，发现有一些无抗–C、NS3和NS4抗体的急性或慢性HCV患者却有NS5抗体。因此，此抗原的应用可以提高HCV血清学诊断试剂的敏感性，用表达的NS5抗原在中国建立了第三代ELISA试剂。并建立了达到国际先进水平的丙肝病毒基因检测，基因和血清分型方法。

病毒性肝炎阻击战成效显著，人才辈出捍卫着人民的健康

从1973年开始，陶其敏一直在肝病研究领域的最前沿工作，先后担任国家科技攻关项目（"六五""七五""八五""九五"项目）的本单位负责人和牵头人。开阔的国际学术视野、敏锐的科研选题和注重实际问题的解决，使得陶其敏和同事们在几十年的科研中取得了令人高山仰止的成就，创造了许多国内第一：率先在国内从尸肝中大量纯化了乙型肝炎病毒核心抗原，建立了HBV敏感而特异的检测技术；率先指导和建立的HBVDNA多聚酶检测技术、血清斑点分子杂交对HBV的检测技术及32P–HBV DNA探针杂交技术；率先建立了从血清中提取HBV表面抗原制备疫苗的方法，制成了我国第一批血源疫苗；率先建立了乙肝疫苗加HBIG免疫新生儿的

方法；率先应用合成多肽；率先推出了丙型肝炎检测试剂盒和我国第一代抗 –HCV 诊断试剂的参比品；率先完成了我国丙肝病毒的基因克隆和表达，表达的优质重组抗原已供应十几个厂家作为原材料；率先建立了我国 HCV RNA 的 RT–PCR 检测方法、HCV RNA 定量 PCR 技术、HCV 基因分型和血清分型方法。

针对病毒性肝炎打响的阻击战成果显著。1992 年卫生部组织的第一次乙肝普查数据显示，全国乙肝病毒携带者（澳抗阳性）占总人口的 9.7%，超过 1.2 亿人，相当于英国和法国人口的总和。而通过国家实施乙肝疫苗注射策略，最近的调查数据显示，全国乙肝病毒携带者的比例已经下降到 7%，总数比 1992 年减少了 4000 万。北京 5 岁以下儿童的调查数据更令人鼓舞，感染比例从 5% 下降到 0.3%，如果坚持下去，预计经过两代人的努力（约 50 年），中国乙肝病毒携带率可以下降到 1% 以下，总数控制在 1000 万人左右。而丙肝诊断试剂的推广应用，也极大地减少了我国因输血而引起的 HCV 感染。

除了卓著的科研成果，陶其敏治学严谨、育才有方，几十年来桃李满天下。其所带过的研究生中，许多已是卓然成为大家，成为学术领域领军人物。如研究所第二任所长王宇，曾任北京医科大学副校长，现任国家疾病控制中心主任；如现任所长魏来，兼任中华医学会肝病分会主任委员和北京大学人民医院副院长；现任副所长刘玉兰，兼任中华消化学会全国青年委员和北京大学人民医院副院长；现任北京大学人民医院检验科主任张正，兼任中华医学检验学会常委、卫生部标准化委员会检验分委会副主任委员。还有不少学生现已在国际著名的大学任研究员，如在美国宾夕法尼亚大学任研究员的常锦红，已在有国际影响力的学术杂志上发表多篇学术论文。另有陈伟然、郭建平、李庆生、孙婧等，均已在学术上有所建树，成为中国肝病、消化系统疾病及感染性疾病领域的中流砥柱，继续捍卫着人民的健康。

半个世纪的医学研究和临床生涯已逝，陶其敏以敏锐的视野捕捉国际医学科学的前沿，以求真务实的科研作风开拓病毒性肝炎研究的新领域，以民主包容的治学理念培育了诸多英才大家。

沧海桑田，青丝已然成银发，陶其敏教授仍然在为中国肝病事业而辛勤耕耘，用其一生捍卫着人民的健康！

在岁月深处回眸

陶其敏教授已退休 10 年，然而退而不休的她每周的周一、周四还在出门诊，14 元一个专家号，为慕名而来的患者看病。这几年，她明显感到身子骨大不如从前，应酬尽量推掉，但每周两次门诊她一直没有放弃。曾经有一篇记者的采访稿是这样写的：

正午时分，很多诊室已是人去楼空，护士们捧着饭盒朝食堂走去。陶其敏教授的诊室前还静静地坐着七八个人，有几个人的跟前还堆放着硕大的行囊，他们互相也不说话，眼睛紧紧地盯着陶教授诊室的那扇门，仿佛忘记了饥饿。又是一个小时过去了，护士们吃完饭关上门开始午休，陶教授的诊室前还有两个病人。

终于，病人看完了。记者捧着一束刚买的鲜花走进陶教授的诊室，诚恳地说："陶教授，这是领导托我送给您的，略表我们的敬仰之情！"陶教授很是惊讶，连连摆手说："真是不敢当！不敢当！"她最后小心将花接了过去，放在阴凉处。"幸亏今天放晴，不然我真出不了门。"陶其敏左手按在腰部说。退休两年后，陶教授曾因腰椎间盘突出动过手术，现在钢板还在里面，一到阴雨天就疼，她让保姆灌个暖水袋给她，焐在腰间。为了避开上班高峰，陶教授每逢出门诊便早早地起床上班，为了不打扰熟睡的小保姆，她早餐也不在家吃，路过小区便利店买上两瓶牛奶、两份面包，带到医院，当作早餐和午餐。

"腰动过手术，坐公交车方便吗？""动作慢点就是，尽量朝前面坐。"陶其敏说，有时间出门稍微晚一些，便不再和年轻人一起挤公交，路边伸手打个车，来回就是 100 多元，一天病人的号头费也不过这么多。"您拿着发票找院长报销去。""哟，那咱可不好意思，我们这一辈人就是脸皮薄。"

"这人一上了年纪，自己都嫌弃自己。"陶教授说着，翻开门诊记录给记者看。那天一共有 14 个病人，除了七八个是北京人，其他都来自外地，沈阳的、江西的、山西的、内蒙古的都有，最后一个病人来到医院时，挂号处下班了，没有挂号，陶其敏一样给他看。

"平均 20 分钟看一个病人？""有的需要 20 分钟，有的患者来复诊，并不需要这么长时间。"陶其敏说，时间都被她自己耽误过去了，写字的手不听使唤，病历要慢慢地写，人家才能看得清楚，速度一快的话，那些字就拧巴在一起，自己都不认得。

"要是有个助手就好了，可以帮您写写，您只管签字就可以。""带研究生的时候，就有人会给我做这些。"陶教授说，现在学生都是别人的，你让别人的学生帮你做事，总不好去开口，还是爱面子。停顿半晌，陶教授像在自言自语："他们应该能想到这些。"

半个小时后，我想我该告辞了，眼前的这位老人还没有吃午餐，实在不忍心作太多打扰。走到门口，我说陶教授请留步，她说再送你一下；来到走廊尽头，我说陶教授请留步，她说没关系再送你一下；走到医院大门口，我说陶教授请留步，真的不用了，她便停下来看着我穿过马路。出租车启动的那一刻，我看见陶教授还站在医院门口的秋阳里，一身洁白，满头银发，在朝我这边招手。

回到广州，我发现和陶其敏教授一共有两张合影：第一张是她慈祥地坐在椅子上，我站在她身后，照片里显得她是那么瘦小我是那么高大；第二张她依然慈祥地坐在椅子上，我则屈膝蹲在她身旁。我毫不犹豫地删除了第一张。我想，在陶教授跟前，我应该保持第二种姿势。

即使科研成果卓著，荣誉奖项丰硕，陶其敏教授仍然工作在医疗的第一线，她说："乙肝治疗问题一天没有解决，我就会在医疗第一线，除非有一天我治不动了，那就拉倒。"

陶其敏教授先后获得国家级科技进步一等奖以及国家级、省部级科技成果奖 31 项，"全国劳动模范"和"女医师杰出贡献奖"等多项荣誉。乙肝疫苗的研制项目入选《健康首都辉煌 60 年 100 件大事》，同时与载人航天和杂交水稻一同被评为改革开放 30 年中国科技十大进步。2011 年，陶其敏教授入选"中国好人榜"，大会的颁奖词是对她这一生最好的诠释：

"她让肆意张狂的乙肝病毒望而却步，她用自己的生命挽起患者的希望，筑起了坚实的健康长城。她经历半个世纪青丝变银发，仍然用母亲的胸怀守护着人民的健康。她用一生'陶醉于器皿，陶冶其敏锐'，无论是专注在显微镜下的微观世界，还是面对芸芸众生的大千世界。"

互动问答

1. 中国每年有近 35 万人过早死于由乙肝引起的肝脏疾病，平均每 90

秒钟乙肝病毒就会夺去一条人命。陶其敏教授的一辈子几乎都在做防治肝炎的事，为国人的健康作出了举足轻重的贡献。你知道在日常生活中如何预防肝炎吗？

2. 在研究乙肝疫苗的过程中，陶其敏教授毅然伸出手臂，亲身接种了第一支乙肝疫苗进行试验，她用自己的身体证明了乙肝疫苗的安全有效。你从她的行为中体会到了什么？学习到了什么？

3. 陶其敏教授在研究乙肝疫苗的过程中遇到了许多障碍和挫折，但是由于她的孜孜以求和不懈奋斗研制成功了疫苗。试想一下，你目前在学习中遇到的障碍和困难是什么？你将会用怎样的态度去对待？

附录

生平介绍

陶其敏（1931—　），1951 年毕业于振华女中，1956 年毕业于山东医科大学医疗系，同年，分配到北京医科大学人民医院内科工作。1958 年 8 月筹备生物化学研究室，1960 年开始对酶学、蛋白质的临床生化工作。1963 年任检验科生化研究室主任及检验科主任，1972 年开始作肝炎的实验室研究，长期从事病毒性肝炎研究，率先在国内纯化了乙肝病毒核心抗原，此抗原成为我国乙肝核心抗原的标准品。建立了多项乙肝敏感而特异的检测技术并推广应用。1975 年研制成乙肝血源疫苗，在没有易感动物的情况下，为使疫苗能及早得到应用，毅然在自身接种，体现了科学工作者的献身精神，为乙肝疫苗的预防接种迈出了关键一步，也为我国乙肝的预防奠定了基础。

陶其敏曾先后担任国家科技攻关项目（"六五""七五""八五""九五"项目）均为本单位负责人，"八五"项目为牵头人。近年来着重进行了丙肝分子生物学、血清学诊断方法的建立与应用的研究，作为课题负责人承担了 CMB（美国的中国医学基金）及"八五"攻关课题，组织研制了我国抗 HCV EIA 诊断试剂参比品及丙肝抗体诊断试剂，并用于献血员的筛选，使我国输血后肝炎的发病率降低了 80% 以上，也成为诊断 HCV 感染、指导临床的重要试剂，取得了巨大的社会效益。国产化试剂的成功，降低了成本，提高了经济效益。建立了达到国际先进水平的丙肝病毒基因检测、基因和血清分型方法，成为调查我国 HCV 流行、HCV 基因型分布、指导临床治疗和疗效观察及发病机理研究的重要方法和指标，使我国丙肝诊断试剂从无到有，并达到高质量、商品化、系列化的目标。

陶其敏曾任北京大学人民医院肝病研究所所长、中华医学会检验学会主任委员，现任卫生部医学科学委员会病毒性肝炎委员会委员、卫生部药品评审委员会委员、中华医学地检验学会名誉主任委员、第 8 届国际肝炎和肝脏疾病咨询委员会中唯一的中国委员、中华医学检验杂志主编及其他多种国内核心期刊的编委、博士生及博士后流动站导师以及北京医科大学肝病研究所所长、教授、博士生导师、博士后流动站导师。她先后获国家及省市级科技进步奖共 31 项，其中绝大部分为第一名，发表论文 160 余篇。

陶教授多年来潜心科学研究，献身科学事业，科研成果卓著。她曾多次获国家、卫生部、省市科研成果奖，是我国肝病学界唯一一位获得国家科技进步一等奖、二等奖各一次及两次卫生部科技成果一等奖的肝病学家。1979 年荣获"全国劳动模范"称号，并曾获"北京市劳动模范""双文明标兵""优秀共产党员"等称号，1997 年获全国"光华一等奖"，1991 年开始享受国务院颁发的政府特殊津贴。

参考文献

1．刘景峰．陶其敏：在岁月深处回眸．医药经济报．2008，10

2．中国乙肝疫苗之母——陶其敏．人人健康．2011（13）

3．郑鸣．陶其敏：用一生来阻击乙肝．机遇．2007，12

4．慕景强．陶其敏与我国第一支乙肝疫苗的故事．健康报．2011，3

5．北京大学人民医院．"陶"慧济民　敏行治肝．北大医学报．2011，5

资料链接

1．北京大学人民医院　http://www.pkuph.cn/mass

2．医药经济报　http://web.yyjjb.com:8080/

石四箴——耕耘医坛、心怀祖国、情系两岸

能利用自己的专长为可爱的孩子们解决牙齿的病痛，使他们健康快乐地成长，我很满足。

石四箴

编者导读

石四箴不仅专业工作忙，台胞工作、台盟工作忙，而且其他社会工作也很忙，她还担任全国政协常委、台盟中央常委、上海市政协副主席等工作。为了照顾到各方面的工作，唯有节省睡觉的时间，每天能睡上四五个小时她就已很满足了。吃饭常常是方便面、菜馒头、永和豆浆，有时边啃苹果边读写，早出晚归成了她的习惯。石四箴在物质生活上不讲究，但很重视精神生活。每当劳累或有难题麻烦时，她便会打开音响，听听音乐。她出国带回来的多是各国著名的唱片，在她家里存有许多各国经典乐曲和轻音乐片子。石四箴以她突出的成就、坚定的立场和信念、正直的品格和扎实的作风赢得了上海台盟全体成员的尊敬与信任。回顾自己走过的路程，她总是深情地说："没有党就没有我的今天，是党教育我成为一个对祖国、对人民有用的人。"这确实是她的心声。石四箴是台湾省台南市人，父亲早年因不满日本在台湾的殖民统治，离乡背井来到大陆谋生。父辈爱国、正直、不屈的性格和富于探索开拓的精神给石四箴留下了深刻的印象，她对党无限忠诚，坚决以个人利益服从祖国的需要，对事业无限热爱，对工作极端认真负责，对科学极其严谨仔细，只要是组织上交给她的工作，只要是她认准了的事情，她必定百折不挠，勇往直前，直到成功。正是这样一种精神成就了她的人生与事业。

印象石四箴

石四箴平易近人，关心同志，每次开会、搞活动，她都会提早到场，问候大家，结束时她都要过问老同志回家的车辆如何安排；老同志病了，只要她在上海，都会去看望；每次到机关都会问候大家，她特别关照机关的同志，办公室人多地方小，要注意开窗通风……她就是这样，心中装着盟员，时刻想着大家。

这一段描述所说的就是亚洲小儿齿科权威，我国著名的儿童口腔医学专家石四箴，她同时也是全国政协常委、台盟中央常委、上海市政协副主席、台盟上海市委主委。她在国内外专业杂志上发表的论文有百余篇，主编或参编的著作有十多本，她在儿童龋齿防治的系列措施及牙列生长发育等方面的研究尤为突出，有关乳牙龋病、乳牙畸形牙、乳牙列及龋病敏感度等方面研究的结果填补了我国在该专业的不少空白。

医者见仁心

儿童乳牙龋病以 6 岁为例，患病率可达 90%，儿童总体患龋率在 50% 以上，每年患各种乳牙病的儿童人数上亿，相当于日本的总人口。儿童口腔医学的发展直接关系到我国人口的质量和社会经济的发展。石四箴对此有着深刻的认识和高度的责任感。这些年来，她瞄准国际儿童口腔医学的发展轨道，不断地探索，寻找符合中国国情的儿童口腔医学发展的路子。

她曾不辞辛劳地对近万名儿童进行乳牙龋病、畸形牙和牙列生长发育等的调查，首次获得了我国儿童乳牙患龋率和不少的数据，为我国的儿童口腔医学增添了不少基础资料。

她利用自己积累的国内外各方面的关系，自筹资金和设备，于 1994 年在上海医科大学幼儿园建立了儿童口腔保健基地，并定期对市内四所幼儿园的 1600 名儿童进行口腔检查，跟踪时代与社会发展给儿童口腔发育所带来的影响和变化，在此基础上发展、创立了我国目前唯一一所儿童口腔医学研究所。她筹得 500 多万元的仪器设备和大量外文书籍，促成了研究所和学院阅览室的建立。其先进的仪器设备、严谨的管理和深厚的学术造诣，使研究所成为专业医生与研究生的培养基地，同时也吸引了发达国家的同行主动前来要求合作研究。2003 年，她在同济大学和各方面的支持下，在儿童口腔医学研究所的基础上，建立了以她的名字命名的儿童口腔医学临床中心，其设备可称是国内领先、国际一流，如数字化口腔颌面部 CT 机是目前国内仅有的两台中的一台，为同行所羡慕。

她所负责的学科被列入省部级重点学科和医学领先专业，作为学科带头人，她承担了极为繁重的科研与教学任务，带的研究生就有 20 多名，教学工作量可想而知，同时她又设计规划了学科的发展建设，会同各方面的力量设计创建了专科诊室、保健室、研究中心和技工中心四位一体的儿童口腔医学发展基地的模式，成为国内首创。她还十分重视队伍的建设，在平时的教学科研中，放手让年轻同志干，并利用自己的关系，送在读研究生和青年医生出国培训，仅 2000—2003 年上半年就达 10 人次。当她看着一名青年医师顺利地掌握了日、英两门外文的翻译时，脸上露出了会心的笑容。

开拓无止境

石四箴于 1956 年毕业于江苏师范学院附属女子学校，也就是现在的江苏省苏州第十中学。1956—1961 年，在上海第二医学院口腔医学系学习，毕业后留校任住院医师、主治医师、科主任，1986 年起任副教授、副主任医师和硕士研究生导师。1987 年任上海第二医科大学口腔医学院副院长兼儿童口腔医学教研室主任。1994 年 3 月转入上海铁道医学院口腔医学系（现同济大学口腔医学院）任主任。1995 年任上海铁道大学口腔医学院院长、附属口腔医院院长。1989 年破格晋升为主任医师，次年转任教授。1993 年任博士研究生导师。2000 年 4 月起任同济大学儿童口腔医学院院长兼儿童口腔医学研究所所长。2002 年 7 月起任同济大学口腔医学院名誉院长，并继续担任儿童口腔医学研究所所长。

20 世纪 90 年代初，她被推举为国际牙医师学院院士，2001 年被推选为第二届亚洲小儿齿科学会会长。多年来，石四箴还一直担任日本东京齿科大学的客座教授和松本齿科大学的名誉教授，参与和主持了多次国际大型学术会议，或担任执行主席，或作特别演讲，世界著名的东京齿科大学授予她学会名誉会员，而在该大学百余年的历史上总共只授予十余位外国杰出学者以此殊荣，石四箴是其中唯一的一名中国学者。石四箴 1961 年毕业于上海第二医学院，由于历史与时代的原因，她身为博士生导师，却无博士学位。具有近百年历史的九州齿科大学，仰慕石四箴的学术造诣和突出成就，执意请石四箴补上这一空白。盛情之下，石四箴借此机会作出了一项国内领先的实验设计，并取得了满意的成果，其论文在国外学会和杂志上发表，由此，九州齿科大学的校长亲自授予她博士学位。

　　石四箴以自己的学术造诣和开拓精神，赢得了同行的尊重与敬佩，被推举为全国高校规划教材主编和上海市研究生教材主编，中国口腔科学、卫生部指定诊疗指南和技术操作规范的分主编等。由于她在编撰过程中吸收了国外先进教材的优点，又结合我国的实际情况以及自己数十年的研究成果，增强了理论与实践的联系，她主编的国内第一本儿童口腔医学教材填补了我国口腔医学教材中的空白，获得了省部级的优秀教材奖。石四箴领衔的两个项目被认可为国家继续教育项目，至今全国各地已有百余位医师前来参加过学习进修。

怀念萝卜糕

　　两岸的口腔医学界提及石四箴，几乎是无人不知，无人不晓，尤其是近 50 年间的上海儿童中，很多人都和她打过交道。在孩子们眼中，石医师是位和蔼可亲的白衣天使。

　　石四箴很热爱自己的职业，"能利用自己的专长为可爱的孩子们解决牙齿的病痛，使他们健康快乐地成长，我很满足。"她说，对每个人来说，童年都是最珍贵美好的时光。而孩子们天真烂漫的笑容又总能勾起她儿时的回忆。"新中国成立时，我才 9 岁，正在读小学。"优裕的家庭环境与父母的千般怜爱使石四箴的童年无忧无虑。"我唯一的遗憾就是只能和外公、外婆撒娇，从未见过阿公、阿嬷（即爷爷、奶奶），只能望着他们微笑的照片，不能向居住在台南的爷爷奶奶撒娇。"她说，她从小就知道自己有点特殊，因为她对父系的亲人都是通过相片认识的，有关他们的故事也是通过父母的零星叙述得知的。

石四箴的父亲很爱国，思想很进步，在日本留学结束后，他便怀揣着报效祖国的理想来到上海发展。父亲之所以来上海，听母亲说，主要是因为他不愿意接受日本的统治，上海离台湾也不是很远，经济发展也非常好。回忆起父亲，石四箴眼睛红润，声音哽咽着说，父亲生于台南富商之家，就读于日据时代的台南一中，是该校为数很少的台湾学生之一。尽管他学习成绩优秀，考试名列前茅，但在当时的学习和生活中常感受如"二等公民"。石四箴说："父亲在上海，和祖籍苏州的母亲相遇、相爱。父母结婚前，爷爷还专门从台湾来上海提亲并为他们订婚，送上礼金并带来了很多台湾特产，有名的如台湾凉席、海参、鱼翅等。而外婆对这门亲事不太乐意。毕竟外公家的家境很好，而且当时上海比台湾先进得多，所以外婆不是很愿意将母亲嫁到台湾，但外公喜欢父亲的才气、帅气与品德，支持成全了他们的婚姻。"这些都是石四箴的母亲后来告诉她的。

父亲在石四箴儿时曾单独回过一次家乡台湾，父亲返回大陆时所带的美丽的蝴蝶书签、姑姑缝制的裙子等礼物，至今仍深印在石四箴的脑海中。但此后她父亲就再也没回去过。他把祖父的相片、祖父和幼年时父亲的合影，分别放大，挂在客厅和卧室中，过年时在家里的客厅用心行祭祖仪式，都流露出她父亲思亲思乡的深情。

谈起自己儿时对台湾的印象，石四箴脱口而出了三个字——"萝卜糕"。她记得小时候父亲常常会亲自做给他们吃。现在回想起来，她还能感觉到那留在嘴角的余香。"爸爸做的糕点很棒，我特别喜欢吃，后来我才知道自己最爱吃的就是台湾的萝卜糕。"

日暮寻故里

"祖父去世得比较突然，加之交通和如今不能相比，父亲未能赶上送别。家中至今留有的葬礼相片，一定是留在父亲心中永远的痛。父亲总是以那些家族的印记和家乡特色鲜明的东西来排解桑梓情怀，这是他用心良苦的行为。远离养育他的故土，隔绝了和众多亲人的相聚，父亲只能把这些乡情和亲情深植于心中。"石四箴为自己儿时尚不能深深理解而自责，但父亲的故乡情结、血缘所系的家族成员都促使她在之后的岁月中，努力寻根访祖。

石四箴的老家在台南。近年来，古稀之年的她正着手整理有关祖辈的资料。原来，她的祖籍是福建晋江，先辈们搬到台南时主要做蔗糖生意，传到她的祖父一代时，俨然成了当地的名门望族。

对先辈文字资料的收集让石四箴本不平静的心情更加澎湃，她做梦都想将那些从小就见惯了的相片上的人与地一一落实，然而她只能无奈地等待。

1995年，石四箴终于等来了一个机会，不是探亲，也没有太多时间，可这对于一位年近六旬依然不知祖居何处的老人来说已足够了。

首次赴台，除了期盼与兴奋外，石四箴又有点忧虑，毕竟两岸隔绝几十年，又经历了音信全无的特殊年代。"虽然我知道有很多亲人在台湾，却不清楚具体在哪里。我当时就想，如果他们都在祖屋没迁走就好了，因为我知道台南老宅的门牌地址。"

石四箴在完成学术交流任务后，她的脑海中萦绕的始终是那个充满诱惑的地方——台南。幸运的是，她如愿找到了自己的故乡，去了父亲从小生活和上学的地方，石四箴说这要感谢她的一位江姓友人。在她去之前江先生做了很多前期的查询工作。因为手边有的是日据时期的日文地名和门牌号，台湾"光复"后理所当然用中文更改了许多地名。

友人带石四箴到家的时候已是傍晚时分，晚霞夕照渐趋昏暗，老屋更增添了几分冷清。亲人们都迁移它地了。暮色西沉中重回故里，令石四箴百感交集。

浓浓故乡情

之后，石四箴去台湾的次数日趋频繁。她又通过种种关系，找到了仍居住在台南的不少亲人。尽管长辈们都已过世，但与堂、表兄弟姐妹们在一起，她依然感觉其乐融融、异常温馨。

"每次在台学术交流之余，我都会力争到故乡台南逗留一番。"石四箴说，她对故乡台南也有着很深的情结。"在台南，载有我们数百年之家族史；在台南，还留有祖父、父亲的故居；在台南，有父亲青少年时就读的学校；在台南，仍是血缘相连亲属的居住地。"

2008 年，对石四箴来说又是一个值得纪念的年份。在亲人们的力邀下，她与先生一起踏上了归乡之路，圆了表嫂他们想见姑爷的愿望。亲友们盛情款待，生怕怠慢了他们。"其间，我们一大家子人还集体去了老宅。"她说。

"到了神农街老宅时，亲人们都向我介绍老屋的点点滴滴。"正当老石家你一言我一语，浓情谈论时，竟引来了年长的邻居们，因为他们听出了石四箴表兄弟的声音。

邻居与石四箴的先辈很熟，曾见过她爷爷。另一位邻居还向她回忆起了一件有趣的事：原来他小时候还收集过石家邮自大陆被丢弃之的信封上的邮票，因为 20 世纪三四十年代，她父亲兄弟三人均由祖父送往香港、上海等地求学和发展，其间有很多书信联系。

幸福的时间毕竟短暂，如今，因为工作与年龄的原因，石四箴去台湾的次数少了，但她对故乡的那份情却一刻不曾减退。"亲情使我留恋故乡台南，历史让我仰慕台南。流连在台南，亲情和乡情使我产生许多遐想和无尽的思念。"

对于未来，石四箴说，她想带着她的女儿回故乡看看，感受下祖辈们的生活足迹。而她的女儿又因为总听她念叨家乡，甚至想在台南老屋边上买间房子给她，让她觉得在那里也有个实实在在的家，感受祖辈的气息。

盼祖国统一

数十年来，石四箴以她对祖国的忠诚、对人民的满腔热情和对祖国下一代的关心爱护，努力拼搏，为国争光，终于为国家赢得了荣誉，争得了"金牌"，国家和人民也给予了她诸多的荣誉：她先后获得了全国优秀教师、全国牙防标兵、上海市"三八红旗手"、巾帼建功奖、优秀留学归国人员以及上海市科学技术进步奖等二十多项国家和省部级、局级先进称号与奖项，并终身享有国务院颁发的为高等教育作出特殊贡献的津贴。

随着两岸关系的发展和两岸交流的日益频繁，石四箴作为一名生活在大陆的台胞，一种责任感油然而生——为促进两岸关系的发展，实现祖国的和平统一而努力。为此她积极参加上海台胞的各项工作和活动,担任了两届上海市台湾同胞联谊会的副会长,为上海的台胞工作尽力。数年来她又结合自己的专业,不断推动两岸的民间交流。

她说,对台工作关键是要做好台湾人民的工作,而要做好台湾人民的工作不是一句空话,重要的是要落到实处,要有抓手。她是这样说的,也是这样做的。她以自己的学术地位与号召力联合港台的同行,开展了沪港台在儿童口腔医学方面的合作与交流,她曾3次应邀赴台进行学术交流,先后到台湾大学、台北医学院、中山医学院、高雄医学院、成功大学、牙医师工会、长庚、新人类等大小医院访问与演讲,获得很多好评,赢得了岛内同行的尊敬,称她为中国人争了光,为故乡台湾争了光。由此也把两岸儿童口腔医学的交流摆上了议事日程。在她的推动下,沪港台三方面学者的交流不断加强,现在三地交流也已制度化,去年又增加了澳门,这项活动获得了沪港澳台学者的一致称赞,并获得了亚洲的同行的重视与羡慕。

她发挥自己"用傻瓜机的业余摄影者"的特长,以在赴台访问时,在其父亲就读的学校里、在体现台湾近代历史的安平古堡前、在日月潭边所拍摄的照片,加上一段言简意赅的话语,组成一篇图文并茂的文章,叙述两岸人民的亲情,反驳李登辉的"两国论"。

随着形势的发展和台盟工作的需要,石四箴加入了台盟,1996年底任台盟上海市委副主委,1999年8月,又被选为主委。这些年里,她紧紧依靠和团结广大盟员,充分发挥领导班子一班人的作用,围绕经济建设这个中心,积极参政议政,推动台盟各项工作顺利开展,在短短几年里便使台盟的面貌发生了新的变化:在领导班子建设上,做到重大事情集体讨论,主要工作及时商量,具体工作分工负责,坚持"盟务公开",具有透明度。同时为集思广益,设置了"主委联系箱",创办了《台盟申讯》,设立"三言两语"专栏,让每一个盟员都有机会发表意见,为集中盟员的智慧和听取意见提供了渠道,受到了广大盟员的热烈欢迎和积极参与;在制度建设上,对原有的规章制度进行了两次修改、补充和调整,最终形成了涉及盟市委工作各个方面的20多项规章制度,为"以规治事"、实行盟务公开和贯彻民主集中制打下了坚实的基础;在组织建设上,发挥基层组织和专门委员会的作用,增强凝聚力和向心力,创造条件,为后备干部的培养建造平台。特别是在她的领导和亲自参与下，台盟上海市委的参政议政工作做得有声有色。2001 年，她亲自带领盟员赴崇明岛考察，就崇明岛的大开发提出了很好的建议。2002 年，在她的关心下，台盟上海市委提出了在上海发行明信片式景点门票的建议，被有关部门采纳，举行了一个隆重的签字仪式，她不仅到场祝贺，还参加了现场签名活动。

现在已经 73 岁高龄的石四箴在全国政协委员的岗位上履职已整整 16 年，但即便是身兼数职，工作极为繁忙，她也没有忘记自己作为一名小儿牙科医生的专业。"我从未脱离过学校，现在还担任着两所大学的教授职务，虽然长期承担繁重的社会工作，但我喜欢我的专业，不愿意放弃我的学术研究。"她在全国政协委员的岗位上，关心社情民意，为两岸关系的发展不停奔走；在专业领域，她不放弃投入了一生的研究工作，70 高龄仍耕耘学术。在记者采访她的时候，她总是表达自己"希望随时都能回到故乡台南住一住"的夙愿，"作为一名台胞要始终把祖国统一放在心上，希望这一天能够早日到来"。

这就是石四箴，一位心怀祖国、情系两岸的医者。

互动问答

1. 石四箴在工作上最为突出的品质和特点是什么？
2. 石四箴对自己的故乡有着怎样的情感？她对祖国统一大业又有怎样的看法？
3. 儿童口腔事业对国家和民族的意义表现在哪些方面？

附录

生平介绍

石四箴（1940—　），1956 年毕业于江苏师范学院附属女子学校，1956—1961 年，在上海第二医学院口腔医学系学习，毕业后留校任住院医师、主治医师、科主任。1986 年起任副教授、副主任医师和硕士研究生导师。1987 年任上海第二医科大学口腔医学院副院长兼儿童口腔医学教研室主任。1994 年 3 月转入上海铁道医学院口腔医学系（现同济大学口腔医学院）任主任。1995 年任上海铁道大学口腔医学院院长、附属口腔医院院长。

1989年破格晋升为主任医师，次年转任教授。1993年任博士研究生导师。2000年4月起任同济大学儿童口腔医学院院长兼儿童口腔医学研究所所长。2002年7月起任同济大学口腔医学院名誉院长并继续担任儿童口腔医学研究所所长。1975年5月加入中国共产党，1996年10月加入台湾民主自治同盟。她还是第六、第七届台盟中央委员、常委，第八届台盟上海市委委员、副主委、主委。全国政协第九届委员、第十届常委，上海市政协第八届委员，第九（2001年2月起）、第十届委员、常委、副主席，上海市第十一届人大代表、常委。上海市台湾同胞联谊会第四、第五届副会长。中华口腔医学会儿童口腔医学专业委员会主任委员，亚洲小儿齿科学会会长。

资料链接

1. 同济大学儿童口腔医学研究所／石四箴口腔医疗中心

http://www.shisizhendental.com/cn/index/

2. 台湾民主自治同盟

http://www.taimeng.org.cn/tmrw/t20061109_151178.htm

3. 如何连晓语，只是说故乡——访十一届全国政协委员、台盟上海市委原主委石四箴

http://epaper.rmzxb.com.cn/2012/20120915/t20120915_464776.htm

4. 台籍委员石四箴：爱国爱乡　盼祖国早日统一

http://www.taiwan.cn/xwzx/la/201203/t20120307_2373983.htm

5. 石四箴委员：中国应打造社会医疗机构明星品牌

http://lianghui.people.com.cn/2012cppcc/GB/17333873.html

佘振苏——诠释复杂系统的领路人

我一直在思考的是复杂系统科学可能带来的科学整体的结构性革命，一直在追求的是应用严谨的复杂系统分析服务于祖国建设的国计民生大业。

佘振苏

编者导读

作为一名专业领域的前沿学者和资深专家，佘振苏教授学有所成，在湍流和复杂系统领域作出了突出的贡献，他年少时曾远赴国外进修深造，并且在国际顶尖院校担任终身教授的荣誉职位，这是对他卓越工作和显著成就的无上肯定，而他也始终怀着对科学孜孜以求的精神坚持不懈地求索，攻克了一个又一个技术难题、突破了一项又一项专业壁垒。令编者感慨无比的是这样一位胸怀抱负、满腔热忱的年轻学者，心中始终怀有对祖国的深深眷恋，并且将这份热爱投入到为祖国科研事业的不懈奋斗之中。在国外进修完成后，为了报效祖国，也为了近距离汲取东方文化的精华，在学术上融通东西，他能够毅然辞职回国，并且肩负起国家赋予的庄严使命，通过自身和团队的长期努力，实现了新的突破。佘振苏教授具有从事跨学科研究的超强能力，能够驾轻就熟，迅速抓住问题的关键，并提出解决的新方法，这些都源于他扎实的数理功底和对复杂事物共性的深刻理解。这一过人之处，在科技奥运的科研活动中更是大放异彩，让人们耳目一新。与此同时，作为一名大学的教师，他对待工作和对待学生又是严谨而极具大师风范的。在他面前，佘振苏教授俨然是一位艺术家；与他谈话，从湍流到生物，从科学到哲学，从思维到传统中医，天马行空，让人感受到他渊博的学识、开阔的胸怀。也许正是这种跨越自然科学与社会科学、跨越传统与现代、跨越东西方的学习与思考，让佘振苏教授对复杂系统科学有了不懈追求。从他的身上，我们看到一位年轻的学术大师的风采，从自然科学最严谨的力学到人文学科最富有挑战性的思维科学，他正在从事一场真正的原始创新的研究。这场研究有可能引起学术界的连锁反应，推动复杂系统研究进一步精确化、系统化。

艰难摸索，湍流专家与奥运会结缘

在 2008 年的北京奥运会上，有一项平时并不为国人所熟知的比赛项目进入了大家的视野——皮划艇激流回旋。在这项比赛中，运动员需要借助高超的技巧，完成一系列复杂的水上动作。在这届奥运会上，中国的皮划艇激流回旋选手表现令人眼前一亮，然而，在精彩紧张而扣人心弦的比赛背后，很少有人知道这蕴含着一位杰出科学家的心血。

皮划艇激流回旋项目是奥运会科技含量最高的项目之一。比赛中，运动员要在湍急的河道里准确跨越 22 个宽为 90—120 厘米的水门。这一项目在欧洲已经有 70 余年的历史，而我国在 1999 年才开始起步。眼看着北京奥运会临近，我国还没有一条高水平的赛道供运动员训练和比赛。面对复杂的科技难题，相关部门的负责人找到了北京大学教授、湍流专家佘振苏。

2006 年初，从来没有接触过激流回旋项目的佘振苏临危受命，接下了设计奥运赛道水流的任务。接到任务后，佘振苏带领他的团队深入国家队，虚心向运动员和教练员学习，随队参加训练和比赛。通过比较和分析，佘振苏发现国外赛道的浪都比较规则，于是，他就大胆地设计出了具有"漩涡此起彼伏，波浪纵横连绵"的回归自然的新型水流。贵州下司赛道就是这个大胆设计的结果。那一年，佘振苏七下贵州，终于把他的理念成功应用到下司的激流赛道中。同一年，在下司国际公开赛上，新赛道的激流竟然让曾获两届奥运冠军的高手、法国运动员托尼·埃斯唐盖翻了船，赛道难度达到国际先进水平。2007 年，这一水流在北京奥运会激流赛道获得成功应用，受到国际皮划艇联合会专家和各国运动员、教练员的一致好评。因为这些成绩，北京大学被授予"中国奥委会科技合作伙伴"，佘振苏被授予"中国奥委会特聘科技专家"。

从学习了解到产生独特的水流设计思路，前后仅仅花了 8 个月时间。此时的佘振苏一发不可收拾，进一步担负起训练运动员"读水"的重任。为此，佘振苏与国家队共同奋斗了 250 多天。而他的学生团队更是在国家队一线坚持工作达 1500 天。佘振苏说，为了国家队的备战，"我的 5 个学生延期毕业了"。这场时间紧、跨度大的科研活动，在佘振苏的指挥下，演变为一个实践钱学森复杂系统理论的难得的平台。他紧紧抓住这个机会，应用"专家研讨厅"的理论，在国家队组织了由外籍教练、本土教练和科研人员三方面人才的集中研讨模式。在他超常的个人魅力感召下，这个复合教练团队忘我工作，快速吸收了外国专家和一线教练的经验，并从理论上加以提炼，形成对项目本质规律的新认识。2007 年 4 月—7 月，他受命在国家队主持训练和比赛工作。国家队在此期间充分运用了上述成果，成功实现了国际大赛奖牌零的突破。这对两年前还从未打入过前十名的中国国家队是多么宝贵的成绩，国际专项组织特地向中国奥组委致电祝贺。

针对我国运动员年纪轻、国际大赛经验少的特点，佘振苏集中探讨了提高激流运动员大赛心理素质的新方法。"我们创建了表象训练三部曲，受到一些国际激流专家的重视，他们说，国际激流界还没有系统的表象方法，我们走在了世界的前列。"这是一段探索性的科研活动，佘振苏在诉说这场难得的经历时说："由于处在摸索和创新阶段，不适宜大范围使用，我们就着重在一位年轻运动员身上'试验'。为此，还受到了一些误解。"

表象训练三部曲的第一步是观察赛道，分析水流，设计技术；第二步是把预想的动作在大脑中演练，表象模拟，并进行计时；第三步是严格按照预想，在实际中执行。这种训练方法的后两步都很艰苦，对运动员提出了特殊的心理要求。"我们拍下运动员的表象模拟动作，与最后实际划行对照，最高的境界是，一模一样！这需要反复的严格训练。"佘振苏不无感慨地说道。经过系统的科学训练，这位小运动员进步非常快，当年就在国内和亚洲比赛中获得 6 枚金牌。2007 年在佘振苏亲自指导下，她又两次打入世界大赛决赛，被国际划联官方网站记载为当年进步最快的女子皮划艇运动员。2008 年 3 月份，在澳大利亚的大洋洲国际锦标赛中，她拿到了银牌，与金牌得主、两届奥运金牌选手卡琳斯喀相差只有 0.6 秒。而在 2006 年 7 月，在捷克的世界锦标赛上，她们还相差 16 秒左右。

科技改变实力，感受国家与民族的力量

佘振苏教授是国际流体力学领域一流的科学家，美国加州大学洛杉矶分校教授，首批"长江学者奖励计划"特聘教授，北京大学理论生物学中心副主任，北京大学湍流与复杂系统国家重点实验室主任，北京大学信息与工程科学部副主任。

在北京奥运会前，佘振苏担任国家体育总局水上运动管理中心首席科技指导，专门负责皮划艇激流回旋项目的奥运攻关。在佘振苏的眼中，国家的需要就是他们的任务。在科研合作中，国家体育部门的领导深刻认识到科技的重要性，聘请了佘振苏的几位学生直接担任国家队教练。他们根据对激流回旋项目本质规律的深刻理解和国家队的实际需要，不断完善程序化学习和训练流程，帮助运动员寻找技术突破口。目前，倪志勇等 3 位学生已经获得皮划艇激流回旋比赛国际裁判证书。

经过深入现场调研、细致分析，佘振苏建成了国家皮划艇激流回旋队技术认知创新的信息化系统，改变了仅凭教练的个人经验指导运动员训练的状况，可以对运动员的体能、技术提供精确、动态的评估和指导。佘振苏介绍道："目前，我们准备利用北大文理医等多学科的优势，加强对运动员应变能力和准确度、兴奋度的训练和评估，进一步完善运动员技术认知创新平台。"

科技加汗水，推动了中国皮划艇激流回旋项目的跨越式发展。佘振苏说："理论和实践是在相互促进中发展的，面向实践提出的理论是深刻的理论。理论、实验和科学训练工程实践相结合，就会产生奇迹。"

2006 年 6 月，在皮划艇激流回旋世界杯西班牙站的比赛中，中国队男子双人划艇和女子单人皮艇首次携手杀入决赛。中国队已经获得奥运会 4 项比赛的参赛资格。

2007 年 1 月，中国队在澳大利亚青年节皮划艇激流回旋比赛中，拿下

女子单人皮艇和男子双人划艇金牌。实现了中国队在激流回旋项目国际比赛中金牌零的突破。

中国队的表现引起了国际激流界的广泛关注。国际皮划艇联合会激流委员会主席普若诺说："中国队的进步让人吃惊，在这么短的时间内取得了欧洲用了近10年的努力才达到的效果。"

国家体育总局的领导欣慰地说："北大人使我知道了什么叫科技奥运。"

佘振苏说："我们提升了中国体育界的科技意识。"在佘振苏的办公室里，有一份课题组成员主要出差简表。据统计，2006年佘振苏团队赴国家队出差时间超过1000天，出差的地方都是四川、云贵高原水流湍急的大山区。

2006年3月的一天，凌晨6点，佘振苏从洛杉矶一飞回北京就直奔实验室。当时，他已经连续高烧了3天。傍晚，爱人到实验室接他，佘振苏一上车就睡着了。当他睁开眼睛时，发现自己躺在病床上，他埋怨爱人小题大做。然而，当他被推进放射室拍胸片时，一阵剧烈的咳嗽，竟咳了血。爱人急得落了泪，他却笑着安慰说："不要紧的，我没事的。"大夫说："你必须卧床休息至少两周，而且以后不能过度劳累……"

2006年5月，皮划艇激流回旋世界杯在雅典站比赛。佘振苏和国家队的教练们研究程序化参赛方案，以分为单位安排赛前活动和训练。到了深夜，教练熬不住了，佘振苏说："你们3个人轮流睡觉，我一个个地谈。"一直谈到凌晨4点。

佘振苏常常对学生说："在美国，我有优越的待遇和工作设备，但在北大，我可以做像奥运科技攻关这样有劲的事情。我们感受着民族的力量，这是我们做事的动力来源。"

湍流激荡，带队勇闯科研路

什么是湍流？地面上卷起的狂风是湍流，湖海上奔涌的漩涡是湍流，机翼下甩开的云河是湍流，恒星、星系的形成过程还是湍流……湍流就是在时间、空间上出现的不规则图案的流动。自然界绝大多数流动都是湍流，大楼桥梁的建设、气象气候的预报、火箭升天、星系演化，没有哪一样能够离得开湍流研究。湍流研究成为近年来宇宙天体物理研究的热点，航天器进入大气层以后外缘的湍流问题更是航空航天领域著名的科学问题。美国、俄罗斯在 20 世纪投入了大量的人力物力，对湍流展开了深入的研究，奠定了他们在航空航天界的霸主地位。中国航天资深专家庄逢甘院士说，湍流问题是制约我国航天技术发展的"卡脖子"问题。湍流不但在众多研究领域和工程设计上有重要的应用价值，而且其本身就是著名的基础科学"世纪难题"。维氏百科全书罗列了包括"时间箭头""宇宙非对称"在内的 22 个物理学著名难题，湍流就是其中之一。描写湍流的数学模型——经典的纳维斯托克斯方程，是美国数学学会悬赏百万美金求取相关证明的难题。

湍流研究的突破需要思想的创新。然而，在一个已有百年历史的研究领域讲思想创新，谈何容易！我国力学界的泰斗钱学森发展的"开放的复杂巨系统"理论中有关"定性分类下的定量研究"的思想，对身在北京大学的佘振苏具有启迪性意义。日复一日，一个湍流研究的原创思路正在形成。湍流由湍流运动的有序部分与无序部分有机结合而成，恰恰是有序部分的性质随时而变，因地而异，两者的结合，表现出丰富多彩和不可预测的特点。佘振苏在北京大学就致力于建立这样一个理论框架，通过对湍流无序到有序的结构系统的描述，将湍流基础研究与工程应用密切结合起来。这一在 SL 标度律理论基础上的新发展，不仅需要第一手的实验数据，还需要开发应用函数分解、结构识别、优化计算等复杂系统的分析工具，是高难度的课题。

重点实验室的大风洞开始运转了，柱群尾流、管流、喷流、混合层等一个个流场在实现，大样本的湍流实验数据在北大产生了。庄逢甘先生亲自担任湍流重大研究计划的专家组组长，亲自和佘振苏讨论复杂系统的理论问题。空气动力学家张涵信先生亲自开发出应用层次结构理论的湍流计算模型，给佘振苏很深的触动。理论物理学家陈式刚先生将层次结构模型列入自己开发湍流气动光学问题计算的核心计划，并多次派人邀请佘振苏到他的课题组进行交流，还带病参加佘振苏的报告会。崔尔杰先生和佘振苏一起探讨基础研究与工程实践的关系。

2002 年 8 月，由佘振苏领导的重点实验室组织的"纪念周培源先生诞辰 100 周年暨国际湍流研讨会"在北京大学开幕，包括数名美国科学院工程院院士在内的来自世界各地的 80 多位湍流学者齐聚北京。除了国际学者的高水平报告外，一批我国年轻的知名学者，如陈十一、吴雪松、符松、吴子牛、欧阳顾、夏克清、何国威、孙茂、沈清、刘宇陆、罗纪生、林建忠、李存标、吴锤结等都到会并作了精彩的报告，展现了我国年轻湍流学者的风采。这些学者积极支持湍流国家重点实验室的各项活动，与佘振苏结下了深厚的友谊。正是这些朋友，使佘振苏对担当实现周培源先生振兴我国湍流研究的遗愿的重任充满信心。

几年来，在北京大学，佘振苏倾注最大心力的就是建设一支高水平的研究团队，他花费最多时间和精力的工作就是培养青年学者和学生，而他身边的学生也纷纷在各自的课题上取得了显著的进展。这些学生与他结下了深厚的情谊，在一份教师节座谈会记录中，学生们这样发表自己的心声："佘教授给我的感受是一个字：真！他对待周围每个人都十分真诚，对同学们更是关怀有加。""我在做人的道理和处世的方式上有很大的收获。""佘老师既是高人又是真人，在学术上总能使我们打开思路，有'柳暗花明又一村'的感觉，这是有目共睹的。""身为几十人的老师，仍能对每位学生都付出如此的关怀，每次想到这里我都觉得很感动。""当我看到佘老师头上的白发时，心里有一种很复杂的感觉：为了我们学生的成长，老师付出的不仅仅是辛勤的汗水。"

赤心报国，八载奋斗志千里

2006年秋，在温家宝总理主持召开的教育座谈会上，清华大学原校长王大中院士建议，培养和引进并重，应设立海外著名学者引进计划，引进国外一流大学教授和终身教授。

佘振苏就是这样一位人才。事实上，1999年3月他在人民大会堂代表全体长江学者作下承诺之后，他便让自己马上安静下来，把有限的时间实实在在地放在了办公桌上、实验室里、讨论会上。转眼间8年过去了，他走出了一条艰辛而漫长的科学研究之路。

就在佘振苏埋头于北大实验室潜心做研究的同时，他却常常被一个简单而直接的问题困扰着："你什么时候回来的，这次待多久？"人们下意识难以摆脱那种"又回国来转一转"的印象。这对于办事认真、已经把自己当作北大人的佘振苏，心中难免惆怅。一次，佘振苏参加一个学术委员会年会，主持人将佘振苏的单位介绍为美国加州大学，佘振苏认真地提出更改："我的第一单位是北京大学。"

确实，8年来，佘振苏所有发表的论文都是以北京大学为第一署名单位。有一次，一位前任主管副校长见到佘振苏时不经意地问了一声"什么时候回来的？"这引起佘振苏极大的不快，他答道："你怎么也老是这样问？我根本就没离开。"遇事豁达的佘振苏在这个问题上较了真！"士为知己者死"，传统知识分子的烙印深深印在这位有性格的学者身上。佘振苏多么渴望得到理解！

8年过去了，人们看到，从佘振苏跨进实验室的第一天起，他的理想和理念、他的步骤和措施、他的努力和拼搏，都从来没有改变过。8年过去了，北京大学力学系的师生们最清楚，佘振苏是怎样全身心地投入到重点实验室以及力学系的建设和发展中的。

佘振苏还是幸运的，他的同行们了解他，支持他，他们是佘振苏的坚实依靠。2002年，国际著名应用数学家林家翘先生在清华创建"周培源应用数学研究中心"。林先生在流体力学和天体物理领域作出过卓越贡献，而耄耋之年仍勤耕不辍，继续在生物学中的蛋白质结构研究这一崭新领域开拓探索。林家翘、佘振苏，这两位应用数学学者虽然年龄相差近半个世纪，然而灵犀相通。受林老先生和中心谢定裕主任的热情邀请，佘振苏担任了由国际知名应用数学学者组成的中心学术委员会主任，几年来协助中心开展了多方面的工作。2005年11月，在院士选举后的第三周，流体力学界的院士们齐聚北大，与佘振苏一起商量依托北京大学筹备"全国湍流中心"的有关事宜，他们鼓励佘振苏不受干扰，继续前行。

令人欣喜的消息不断传来。SL层次结构标度律在众多的系统中被证实其有效性：在脑电波振动的信号中，在宇宙早期物质不均匀分布的脉动结构中，在多组分化学反应形成的螺旋波时空混沌场中，在生物DNA序列中核酸分子的复杂排列结构中……2006年2月，一批学者撰写的题为《大尺度低红移宇宙重子流与She-Leveque普适标度率》的论文发表在《物理评论快讯》上，SL层次相似律在宇宙演化动力学中被证实，佘振苏提出的最高激发态概念被成功地应用于刻画宇宙重子流特性上。这意味着SL普适标度率可能是非线性世界脉动结构的普遍规律，可能对人类在更广阔的领域认识自然起到积极的作用。

佘振苏的团队没有片刻放松，他们扎扎实实地从事着各项工作，不断在湍流研究、生物研究和奥运科研工作中取得新的结果。最近，《自由剪切湍流中的层次结构》一文被国际著名的《流体力学》杂志录用。《进化树与进化速率估算的 TREBLE 方法》一文已被国际《生物信息学》杂志录用。佘振苏课题组设计的激流赛道在贵州国际公开赛中获得各国教练员、运动员的好评。佘振苏的两名博士生在国家皮划艇激流回旋队担任一线教练，这些来自北大的"科技教练"，担当着训练国家奥运种子选手的崇高工作，开创了中国体育史上的先例。

印象佘振苏

在学生们的眼中，佘振苏教授留给他们最深刻的印象莫过于他那充满激情的演讲和态度。一谈起他所熟知的科研工作，一谈到他正在做的科研课题，这位极具艺术家气质的科学家便仿佛置身于课堂，激情饱满，话语滔滔不绝，不仅风趣幽默，而且形象生动，让很多初次会面的外行人很快地理解了一些过去看似深奥的东西。

佘振苏 1978 年从苏州市第十中学高中毕业，16 岁便离开家乡，迄今已经在科研之路上奔波了 30 余年。在这条注定漫长的征途中，他是胜者。随着那些影响深远的科研成果砌垒成一座座人生的里程碑，佘振苏逐渐在国际和国内力学界声名远播。从投身科研的那一刻起，佘振苏就从未懈怠过，脚下是路，头顶是星，他始终义无反顾地追寻着科研世界中那颗最美的星。殊不知，在这条科研之路上，他自己也如一颗明星，正熠熠生辉，指引着一批批学生前行。

1990 年，世界顶级科学杂志《自然》（Nature）上刊登的一篇成果，引起了业界轰动，该成果同时出现在美国《今日物理》封面上，它就是佘振苏的《关于小尺度"强涡元的管状特性"》的工作报告。那一年他 28 岁，正在美国普林斯顿大学从事博士后研究。

1994 年，一篇发表在《物理评论快讯》（PRL）上的标度律论文，提出了湍流层次结构模型，美国科学院院士卡达诺夫兴奋地称这项研究成果为"标度律唯象理论的重要部分"，它就是佘振苏和他的学生推演出的 She-

Leveque（简称 SL）标度律。那一年他 32 岁，正担任美国亚利桑纳大学副教授。

1995 年，佘振苏推导出的对数泊松模型，又一次引起了业界轰动。那一年他 33 岁，被聘为美国加州大学洛杉矶分校副教授。两年后，在国际《流体力学年鉴》上，美国工程院院士斯尼瓦森称该模型是"特别有意义、受欢迎和具有巨大潜力的"。那一年他 35 岁，已晋升为美国加州大学洛杉矶分校终身制正教授。

1998 年底，接受北京大学聘书的时候，佘振苏 36 岁，科研事业正如日中天。半年后，佘振苏代表首批"长江学者"在人民大会堂举行的受聘仪式上发言，自此拉开了"吸引海外杰出人才回国服务"的"哑铃模式"的历史帷幕。

其实，早在 1995 年，北京大学湍流研究国家重点实验室刚建立的时候，时任实验室主任的魏庆鼎教授就"瞄准"了才过而立之年、在国际湍流领域已有颇多建树的佘振苏，希望他可以将实验室引领至国际湍流研究领域最前沿。在毅然接下国家重点实验室的正式聘书之时，佘振苏肩上就扛起了同时在北京大学和加州大学两边工作的沉甸甸的责任，从此开始了长达 9 年的"两边跑"生涯。

"其实'两边跑'非常辛苦，因为担负着两边的责任。"佘振苏说，"从 1999 年开始，我在这边做长江学者特聘教授，规定我在北京大学的工作不少于 6 个月，但实际上我达到了 7—8 个月。"十年来，佘振苏教授在北大的工作考勤从未少于 200 天。从考勤记录来看，佘振苏在北大的工作时间逐年增加，从最初的 230 多天，到 2006 年的 270 天，再到 2008 年他完全辞掉美国工作后的全勤工作。十年来，佘振苏往返飞越两个洲的机票，以及护照上那密密麻麻的海关印章，都见证着这位科学家的满腔赤诚。

"我早就把工作的重心放在这里了。"在佘振苏的意识里，北京是"这边"，正如他总是宣称"我的第一单位是北京大学"一样，他的"两边跑"生涯明显是倾向于"这边"的，这种叫法十分亲切。的确，从 1999 年以来，佘振苏所发表的绝大多数论文都是以北京大学为第一署名单位的。

事实上，在这种"两边跑"的工作状态下，这些科研人员做的是超负荷的工作，拿的是比国外少的工资津贴。有人曾为佘教授粗略地算过一笔账，由于没有在加州大学洛杉矶分校全时工作，佘振苏无法拿到的那部分工资，要远远超出他在国内所拿的岗位津贴，这十年他的经济付出竟高达几十万美元。也许人们会问，他追求的到底是什么？面对记者，佘振苏坦然地说："人各有志，我为的是自己对祖国的一份感情，以及在学问上追求的一个境界。"让他十分感谢的是家人的支持与力学界同人的理解。2003年，佘振苏获得"国家杰出青年基金"，这次在"杰出"前面没有加上"海外"两个字。

不懈探索，计算模拟思维的先行者

北京大学湍流研究国家重点实验室9年前评估不及格，前途堪忧。这十年来，实验室在各方面都取得了令人瞩目的进步，坐拥多位国际学术界顶尖学者，并且主持着资金超过一个亿的国家重大基础研究课题，将北大力学系基础学科建设与国家重大需求有机结合起来。在重点实验室大幅度提升的背后，自然少不了杰出的领军人物，佘振苏的贡献和领导才能在国内外同行中赢得了普遍认可。

2008年3月，佘振苏正式辞去了那个有很多人艳羡的世界一流名校终身教授的职务，完全回到北京大学工作。佘振苏认为，祖国科教事业的发展需要大批有国际视野的人才，自己是其中的一分子。

面对"湍流世纪难题"，佘振苏立志实现质的突破，提出"结构系综"的新概念，将理论创新与国家航空航天流体动力计算的迫切需求紧密结合，在国家"973计划"支持下，正率领全国7个单位的几十名学者协同攻关，力争奉献出最精确的湍流模型。他广泛涉猎，在理论生物学领域创建了一系列基因模型和基因分析方法，在原核生物、病毒演化、蛋白质动力学等几个不同学科方向皆颇有建树。

"当今科学研究的高潮是生命科学，下一个科学研究的高潮将是思维科学。表象训练三部曲启动了我们在这个方向的一些前瞻性的思考和实践。"佘振苏侃侃而谈。

"这十多年来，我一直在探索一个主题，那就是东西方文化为什么呈现出各自鲜明的特点？它们进化的轨迹是否有规律？这个主题自然涉及哲学、社会学等很多领域，这是一个复杂系统问题。"佘振苏说。奥运会后，由于种种客观因素，佘振苏中止了对运动人体科学的研究，但是，在科技奥运热潮中产生的思想火花在延续。他一头扎进了哲学文献中，在柏拉图、亚里士多德、康德、黑格尔、伯格森、海德格尔等哲学大师对认识本质的精湛理论启迪下，以及我国学术大师钱学森先生的思维科学理论指导下，他逐渐形成了一套新的思想、新的见解，这就是佘振苏正在创建的思维计算模型，以及与之对应的新的认识论。

"我们在训练运动员的时候，充分认识到，他的心理、他的意识，也就是他的思维活动会直接影响他的生理和运动机能，在比赛的时候就特别明显。其实，人的所有思想认识，在大脑的神经网络结构上都有反映。不同的神经回路，就对应了不同的观点……探索这种联系，发现思维规律，是一项很有意义的研究。"对思维规律的探索，一直是哲学研究的主题。20世纪以来，随着心理学、认知科学、神经科学和脑科学研究的发展，对思维活动的探索日益活跃。"在对物质、能量、信息、生命等认识不断深化的今天，人们迟早将对认识的本质和形式开展更深刻的研究。这一哲学的永恒主题迟早将成为科学探索的主题。"在佘振苏的这番话里，流露出一股学术大师的豪迈之气，他正是在吸收了科学前辈精神的基础上，启动了关于人类精神、意识和思维的科学研究。在新的征战中，这位学者的非凡意志深深地感染着每一个人。

"每个人都有一个认知结构，在大脑中形成一个结论之前，存在一个神经元电位激发和传递的过程。一群人之间的交流，也存在一个类似的相互激荡、多次迭代的过程，最终形成一些公共的神经回路，这就是这群人的共识。如果能够对这个'运算'过程的规律有所把握，我们就能在计算机上模拟思维，这就可以将对认识论的探索从哲学的思辨层面拉到科学研究的层面上。"几句话，佘振苏就将高深的计算思维科学说明白了。

这一年，佘振苏与他的学生合作创建了基于网络运算的思维模型，目前正在做的一项工作是应用这一理论，研发新一代中医专家系统。"如果模拟出老中医的认知结构，并把这套认知结构和思维方式输入程序，那么就相当于老中医带了一个电子小学徒，这套程序就能按照他的思路来诊断病情。这项研究有较大的意义。一方面实现中医现代化，另一方面，实现计算机智能化，模拟人的思维过程，将来可以广泛服务于国计民生。"佘振苏兴奋地说。从 2008 年初开始，佘振苏就与北京广安门中医院多次协商，以期开发出这个"电子学徒"。

"思维科学是当代复杂系统科学的一个重要领域。未来的复杂系统科学将是自然科学与社会科学的融合，而它的诞生需要从这两大科学体系的特点上找到结合点，即以自然科学的方法为基础，以社会科学的对象为目标，以社会实践的效果为依据，集哲学家、科学家和政治家之大成，才能走上健康发展的大道。"佘振苏说。

学科跨越如此广泛，对于崇尚系列成果的学术界而言，是一种"无为"。他意在何处？答曰：只为理解两个字——"复杂"。能将湍流模型、生物模型和思维模型联系起来思考，足见佘振苏的文理功底皆非凡俗。而在现在这个浮躁的时代，能成为学术大师必须具备的条件，除了深厚的学术基础，恐怕最重要的就是要能沉得住气了。据说他出生前，整整在母亲腹中安静地待了 12 个月。几十年后，佘振苏的父母也总是说："沉得住气啊，才能有大出息。"当别人仰望繁星的时候，沉得住气的佘振苏则已经悄然起程，踏上属于他的"星路"。他潜心思考的是人类认知所面临的复杂性内涵，深入钻研的是复杂系统研究的新的方法论。近十年来，他一边搞教学科研，一边构建着他的复杂系统理论体系。他带领团队攻破一个个难题，留下一串串佳话……他度过的是一段湍流勇进的岁月，他向往的是一场融入大海的人生。

互动问答

1. 你能列举一个现实生活中能够描述"湍流"的现象或事物吗？

2. 佘振苏教授作为国家体育总局水上运动管理中心首席科技指导，负责奥运会皮划艇项目的技术攻关，从中你能看出科学知识与现实应用之间的何种关联？从佘振苏教授带队"读水"的经历中你能感悟到什么？你还能找到相关的具体实例吗？

3. 佘振苏教授在自己的专业领域方面孜孜以求、不懈奋斗，在这个过程中，你看到了他身上的哪些品质？能从具体的事例中找到吗？你能否在相关链接和资料中再找到一些类似的事例呢？

4. 你如何看待佘振苏教授从"两边跑"到潜心回国工作的经历？

5. 尝试搜索和阅读有关佘振苏教授编著的专著成果，感悟大师的思维精髓。

附录

生平介绍

佘振苏（1962—　　），男，北京大学教授、博士生导师。国际流体力学领域一流的科学家，美国加州大学洛杉矶分校教授，首批"长江学者"特聘教授，北京大学理论生物学中心副主任，北京大学湍流与复杂系统国家重点实验室主任，北京大学信息与工程科学部副主任。

1978 年佘振苏从苏州市第十中学高中毕业，考入南京大学天文系获天体物理学士，1983—1987 年就读法国巴黎第七大学，获流体力学博士。1987—1992 年在美国普林斯顿大学任博士后，1992—1995 年受聘美国亚利桑纳大学副教授，1995—1997 年受聘美国加州大学洛杉矶分校副教授，1997 年至今受聘为美国加州大学洛杉矶分校教授。1999 年 4 月至今，为北京大学首批"长江学者"特聘教授。

佘振苏教授的研究成果涉及流体力学、应用数学、计算数学、物理学、生物学和天文学。十多年来，佘振苏教授发表论文 70 余篇，其中有十多篇论文发表在国际权威杂志 Nature 和 PRL 上，40 余篇论文发表在国际著名的 SCI 杂志上，这些论文被累计引用次数超过 1580 次，20 多次在国际学术会议上作特邀报告。佘振苏教授创建的湍流层次结构理论，在国际湍流界有重大影响。以他的名字命名的一种新的湍流模型被认为是世界上最先进的模型。1999 年回国工作以来，他积极组织推动我国流体力学的合作研究和学术交流，全身心地投入到北京大学湍流与复杂系统研究国家重点实验室的建设中，为湍流研究及跨学科的力学及应用数学研究做了大量卓有成效的高水平的工作。

佘振苏教授还在重要学术组织团体或重要学术刊物等兼职，他是《力学学报》编委、《湍流杂志》（Journal of Turbulence，美国）常务编委、《流体动力学研究杂志》（Fluid Dynamics Research，日本）亚太地区主编、中国空气动力学会特邀常务理事、中国力学学会特邀理事、清华大学周培源应用数学研究中心学术委员会主任。

佘振苏教授1993年获美国青年科学家Sloan奖，1998年获国家海外杰出青年基金，1999年获首批"长江学者"特聘教授称号，1999年获教育部优秀回国人员奖励基金，2002年获中国青年科学家奖。

参考文献

1．任一言．他是美国一流大学的终身教授．光明日报．2007，2

2．佘振苏，倪志勇．力学创新助飞奥运梦想：中国激流项目科技攻关纪实．科学出版社，2008，7

3．龚海莹，蔡巧玉．系统研究复杂显"大成智慧" 科技哲学交融耀盛世中华——访北京大学长江学者佘振苏教授．科学中国人．2008，10

4．让更多的学者拿10万元——访"长江计划"特聘教授佘振苏．网络文摘．1999，8

5．石岩．学之大者、融通中西、为国为民、不懈追求．人民政协报．2009，9

资料链接

1．光明日报网

http://www.gmw.cn/01gmrb/2008-10/16/default.htm

2．北京大学湍流与复杂系统国家重点实验室　http://ltcs.pku.edu.cn/

3．北京大学工学部　http://www.coe.pku.edu.cn/

4．中国力学学会　http://www.cstam.org.cn/index.aspx/

5．《力学学报》　http://lxxb.cstam.org.cn/CN/volumn/home.shtml

朱健强——首届中国科学院青年科学家奖获得者

做学问有三个境界：第一个境界，管中窥豹与盲人摸象。科研进入一个不熟悉的领域，应该做到如管中窥豹，而不能变成盲人摸象。第二个境界是我很喜欢的王维的一句词，"行到水穷处，坐看云起时"。学问做到一定程度之后会遇到困惑，一定要琢磨，把事情琢磨透了，山穷水尽之时便能拨开云雾见真容。第三个境界，知难而进。科研最重要的是克服心理障碍，必须要有勇气和信念。

朱健强

编者导读

朱健强，中国科学院上海光学精密机械研究所研究员，首届中国科学院杰出科技成就奖、中国科学院青年科学家奖和第九届中国青年科技奖获得者，主要从事高功率激光驱动器的总体光学设计、结构设计、相关检测技术和测控技术等研究工作。作为第一负责人，他完成了多功能第九路激光装置的研制，承担了"神光Ⅱ"装置的升级工程。现为国家重大专项副总设计师，曾获国家科学技术进步奖二等奖和上海市科技进步奖一等奖。

炫目的神光绽放

1993 年 6 月，在上海光机所获得博士学位后，朱健强没有选择出国留学，而是选择了留所工作。他参与的第一个重大项目，就是众人瞩目的"神光Ⅱ"工程。

"神光"寄托着几代科学家的梦：地球上聚变能源的原料异常丰富，1000米见方的海水含有的聚变能量相当于世界化石能源的总和，若将其在受控情况下释放出来，其能源几千万年也享用不尽。研制"神光Ⅱ"升级工程的大型激光装置，就是万里征途上一个重要阶段的里程碑。

1994年，"神光Ⅱ"研制工程启动之时，朱健强受命担任工程工艺组的组长，全面负责"神光Ⅱ"装置工程总体结构设计和单元器件设计。对于一没有实践经验、二没有独立完成项目设计经验的朱健强来说，这是他人生中最艰苦的3年。朱健强用3个月时间看完了叠起来有五六米高的积累图纸；用1年时间，看完了上海图书馆中所有相关的国外期刊文献；3年中，他几乎放弃了所有的休息时间和节假日。那段时间，人们常能在试制车间找到朱健强——他正在观察每一个零件从图纸设计到实际制造的全部流程。"作为设计者，如果能够熟悉加工流程，设计出来的零件就更好。"现在的他，还能够熟练操作各类常用的机床，仪器设备装配调试的水平早已达到了专业水准。

在"神光Ⅱ"超大激光输出口径的多功能高能激光束大型激光工程项目中，朱健强突破了多项关键技术：第一，他是沟通光学和结构设计双方的桥梁，他最先提出在"双通"放大器中利用光楔实现不等间距的组合设计，在"神光Ⅱ"中被采纳应用；第二，他把亲自设计制造出的高精密元器件用到多台套仪器中；第三，他顶住压力，将原有的不尽合理的精密驱动方案全部推翻，仅仅花了8个月时间，全部完成了重新设计，并获得了成功；第四，他设计了一个特殊的工装，能将上千倍细分元件的成本由原来的1000元/个骤降至20元/个。

2000年，"神光Ⅱ"终于全面达标，不少关键技术性能还超过了原定指标，为我国中近期高能量密度物理研究提供了最重要的实验平台。

2001年12月，中国"神光Ⅱ"高功率激光装置在中科院上海光机所建成，装置占地约4000平方米。在"神光Ⅱ"激光聚变模拟演示现场，只见随着红灯的亮起，一束"种子光"被分成8束激光，并通过放大链的分别放大，最后在十亿分之一秒的超短瞬间同时聚焦于百微米级的实验靶上，用于高能量密度物理研究。"建设这样庞大的装置，最终目标是要实现人类可控的'聚变'反应，实现注入能量数十倍的增益，并以此转化成其他领域的应用，比如说发电、变成热能等。"朱健强掩饰不住自己的喜悦之情。

这是一道炫目的神光——在十亿分之一秒的瞬间，它发射的光功率不亚于全世界电网发电功率的总和。

这是一道雄奇的神光——中国成为继美、法、日之后少数能发出这种光的国家之一。

"神光Ⅱ"是迄今为止国内规模最大、国际上为数不多的高功率钕玻璃激光实验装置。它的问世，标志着我国高功率激光科研和激光核聚变研究已阔步进入了世界先进行列。

"神光"在古语中与"精神"同义。《素问·本病论》言："神既失守，神光不聚。"是"神光"，一直照耀着朱健强的科研成长道路，也是"神光"，使朱健强这一辈子寄托的理想更加璀璨。

科学的尊严所在

从 20 世纪 90 年代起，我国就开始自主研制并生产激光玻璃。作为激光器的必备元件，激光光学元件的抛光却是一道国际难题。相比于普通玻璃，激光玻璃化学稳定性不高、相对较软黏、不容易控制变形，很可能找遍全国都很难有合格的激光光学元件产品。面对挑战，朱健强说他"责无旁贷"。

2002 年 3 月 5 日，在成都的一场技术讨论会上，朱健强事先向会务组申请了两个小时的报告时间，会议前一晚，朱健强连夜突击到凌晨 4 点，准备了 80 多页的 PPT，在当天上午向与会者作了报告，题目叫作《激光光学元件加工过程中的若干关键问题的思考》。这个报告改变了人们对激光光学元件抛光的许多传统认识，使国内传统工艺路线发生了根本性的转变，并且提出了一套解决问题的框架。一个月之后，上海光机所率先付诸实施，做出了中国有史以来"最好的一块"激光光学元件——大口径钕玻璃。

目前，这一方法和手段有效地推动了激光玻璃加工的规模化生产和发展；而现在朱健强又在思考激光光学元件更加深层次的问题。

科学的尊严所在，是它通常能解决别人不能解决的问题。朱健强信奉这一点，就像佛家弟子笃信寺院那"妙像庄严"的牌匾。

简洁的人生线条

　　一片片冬日里依旧鲜嫩的绿地、一棵棵垂杨柳枝拂地、一排排鹅卵石铺就巷径、一级级台阶通幽、一座座门庭掩映，处处给人以感官上的宁静和慰藉。江南历史名城嘉定的悠远古风、荟萃人文，仿佛都沁染在上海光机所的每一寸土地上。"紧张时来这里走一走，能把你心头的皱褶慰抚得平平展展。"朱健强是苏州人，但这位具有浓厚苏州雅韵的学者，却是一位地地道道的理学博士。1988年，朱健强本科毕业于哈尔滨工业大学，1990年在长春光学精密机械学院获光学物理硕士学位，1993年在中科院上海光机所获光学博士学位。朱健强的人生线条简洁明快，但他二十载的科研道路，却承载着厚重的酸甜苦辣。

　　1990年是朱健强人生数轴上的重要标的：这一年，他进入中科院上海光机所，师从中科院院士邓锡铭。在他看来，人生中最大之幸事莫过于此。大约20年前，邓锡铭对他说："一个科学家的科学之路有两种：一种是，在年轻时就功成名就，但这十分偶然；另一种，他将终其一生，积累出丰富的经验，越老越有能力，越老越有价值。而你现在的工作就注定了你只能走第二条路。"

　　现在的朱健强有了自己的学生，他曾给学生准备了叫作"看图说话"的第一堂课。他准备了两组照片，一张是日出，一张是日落——朱健强还是一位出色的"业余摄影师"。1996年，苏州西山日落，千帆渔船归港，夕阳红透西山，他用镜头记录下日落时那份沉甸甸的满足感。他试图让学生领会：日落与日出，光线上没有太大差别，但这是一个此起彼伏的过程。人生又何尝不是如此，当你开始进入工作，有没有一种向上的激情？当你收获成功时，有没有一种光荣的满足？这样特殊的开场白，将学生引领到必将充满艰辛的科研世界中。

　　2001年8月，37岁的朱健强成为光机所掌门人，由科研专家转变为掌管科研大所千余人的"少帅"。在他的倡导和推动下，上海光机所连续举办6届高级光学设计培训班，面向全国招生，至今已有300人次参加。他只有一个目的：研究所的职责不仅仅在于科学探索、承担国家重大科技工程和培养研究生，研究所还具有社会责任。在朱健强的心目中，中科院的研究所既是播种机又是广播站，更重要的在于回馈社会，传播一种精神和理念。

在朱健强看来，科研技术应当造福于社会。短短几年间，他争取落实了"神光Ⅱ"第九路多功能激光装置研制、"神光Ⅱ"升级工程、光纤激光器、大能量激光、特种光学加工等重大项目，科研经费数以亿计。

在朱健强掌舵下，上海光机所通过与各地合作，先后在军工产品、冶金、环保、电力、汽车制造、景观工程等行业为地方经济发展作出了重大贡献。

治学的陶然境界

朱健强用10年时间栽培修养出一株盆栽，在他看来，这和培养人才的道理相同："一要有想法，二要有技巧。"所里的研究生入学时，他会给学生每人送一棵盆栽；毕业时，这些盆栽有的很传统，有的很细致，有的很新奇，正如这群年轻朝气的学生，各有千秋。

2008年的秋天，朱健强在广西一口气买下200多棵珍珠罗汉松。珍珠罗汉松有很强的适应性，在烈日下亦能生长自如，但这种盆栽植物生长极其缓慢，百年成材，千年树立。朱健强给每个学生都分配了一棵，将其种于上海光机所的苗圃之中。"这些罗汉松，时时刻刻提醒我们，做人、做学问要担当起自己的责任。"

互动问答

1. 朱健强所说的做学问的三个境界如何引用到我们现在的学习中来？

2. 如果在你的课堂上老师也让你"看图说话"描述日出与日落，你准备如何描述？

附录

生平介绍

朱健强（1964—   ），苏州人，1984年以优异的成绩从苏州第十中学考入哈尔滨工业大学精密仪器系应用光学及光学工程专业。

大学毕业后被推荐转入长春理工大学（原长春光学精密机械学院）光学物理系攻读硕士学位。当初在大学学习的内容重点在工学，而研究生期间的研究方向是非线性光学，两者差距很大，要补修的课程很多，如量子力学、激光物理、量子电子学、非线性光学和数学物理方法等。通过在图书馆找了该方面的权威著作，经过近一年的研读，朱健强基本掌握了其中的主要内容，这为他以后的科研工作打好了数理基础。

　　获得硕士学位后，朱健强考入了中国科学院上海光学精密机械研究所攻读博士学位，研究方向是激光技术与器件，导师是邓锡铭院士。通过3年的刻苦学习，在陈绍和研究员的具体指导下，他的研究工作有了很大的进展，在固体激光锁模技术上取得了一系列成果，先后以第一作者身份在国内外著名刊物和国际学术会议上发表了15篇论文，在国际学术交流中得到了广泛好评。

参考文献

　　1. 郑千里，刘丹. 朱健强：神光照耀理想更璀璨. 科学时报. 2010，5

　　2. 许琦敏."掌印"五年　"神光"频闪——访中科院上海光机所所长朱健强. 文汇报. 2006，7

　　3. 江世亮. 新一代科研领军人——访中科院上海光机所常务副所长朱健强教授. 世界科学. 2002（9）

后记

　　对一所百年老校而言，拂过岁月流光，怀念校园中那些故人往事，是过去的岁月馈赠给后人最独特的一种文化体验。从振华到十中，百年流响，美丽的西花园培育了一大批闻名中外的杰出学子，何泽慧、李政道、沈骊英、王淑贞、佘振苏……他们从西花园走出成为卓然大家。2013 年 3 月，柳校长提议，精选学校一百多年办学历史中涌现的理工科方面的杰出校友、校董，收集他们的求学与奋斗的历程，展示他们在科研领域的研究成果，编撰一本弘扬科学文化的校本教材。

　　我们以崇敬和虔诚的心对待这次编撰工作。我们深知，历史的痕迹如果不刻印下来，也许会像雾气一样弥漫，最终消散。我们将这本书取名为《西花园的树》，百年树人是每一所学校神圣的责任，我们希望《西花园的树》能让我们依然感受到这些科学大家在这个园子里学习和成长的气息，感受他们的谦卑和勤勉，他们的奋斗和坚持，让他们的神采风姿在西花园站立成一棵又一棵挺拔的大树，站出郁郁葱葱生机勃勃的形象，矗立在每个走进西花园的学子心田。

　　这些树中一定有一棵属于何泽慧先生。记得 2011 年 6 月，惊闻何泽慧先生逝世的消息，十中师生情不能已，看着西花园中何泽慧先生题写的

"爱国奋进"四个字，想起她一生也只为两个母校题过词，一个是"清华"，一个便是"振华"。70多年前，1932届同学当他们离开母校的时刻，在西花园勒石纪念，何泽慧篆书壬申级训"仁慈明敏"。他们把学校传予的中华传统"仁义""慈爱""聪明""敏捷"等美德带向社会，把他们对母校的眷念、感恩之情永恒地留在了母校。1995年，已是80多岁高龄的何泽慧来到苏州，一个人走进校园，来到西花园寻觅当年她与同学们亲手留下的一块"壬申级训"石碑。这位极朴素、极平常的老人走在西花园，很快就被我们老师发现了。随即学校请她为同学作演讲，由此，就有了我们学校宣传册上那张何泽慧回母校访问并题词的经典照片。宣传册更新了一次又一次，但这幅照片一直被保留着。

7个月过去了，《西花园的树》终于付梓，翻开扉页，映入眼帘的是一个个似曾相识的身影，15位具有西花园气息的科学大家，如同穿越过时代的长河，与你我迎面相见。他们中有清华大学的首位女教授，有中国现代化建设进程中的重要人物，有耕耘在讲台上的教师，有钻研在实验室的学者，有妙手仁心、心系祖国的医者，有潜心付出、孜孜不倦的专家，有已然故去的大师，也有仍在谱写着崭新篇章的青年人。我们希望这本《西花园的树》，能让西花园的后来者聆听这些科学大家娓娓道出他们的求知经历和波澜人生。

百年十中，一定还有许多科学大家可以为我们编织起一段段难以忘怀的记忆，但由于资料收集的困难，未能选入本书，希望以后有机会再弥补。

在本书付梓之际，我要特别感谢谢延新老师的悉心付出，他广泛收集筛选学校一百多年来的杰出校友及相关资料，认真参与撰稿，并对本书的编写提出了很好的建议。吴锷老师全程参与了本书编写的策划、组稿等工作，程洪老师提供了大量参考资料，在后期又对每一段文字进行仔细修改和通稿，使得本书各章节更具可读性。我还要感谢自始至终参与本书编写的朱嘉隽、邱勤薇、徐恺、程之颖、王守瑾、徐卫、孙耀、张娴、于美红、张毅敏、居万峰、梁彩英、黄睿、陈燕、王辉、钱小敏、王岳、彭佳瑜、徐爱华、卓远怀等老师，他们多次收集资料、核实史料，不断增减修改，几度易稿直至最终定稿。所有这些编写者严谨认真的态度正是本书倡导的科学精神的具体体现。

感谢读者能耐心阅读这本《西花园的树》，我们不求大家的击节赞美，唯愿当你翻开它的时候，能够读懂他们的人生，读懂我们的情怀。

罗强

2013 年 10 月 8 日

图书在版编目（CIP）数据

西花园的树／罗强主编． —上海：文汇出版社，
2013.11
    ISBN 978-7-5496-1021-1

    Ⅰ.①西…　Ⅱ.①罗…　Ⅲ.①科学家—生平事迹—
中国—现代Ⅳ.①K826.1

    中国版本图书馆CIP数据核字（2013）第265043号

西花园的树

主　　编／罗　强
责任编辑／熊　勇
特约编辑／许　峰
装帧设计／周　丹

出版发行／**文匯**出版社
　　　　　上海市威海路755号
　　　　　（邮政编码200041）
印刷装订／苏州市大元印务有限公司
版　　次／2013年11月第1版
印　　次／2013年11月第1次印刷
开　　本／787×1092　1/16
印　　张／15.25
字　　数／200千

ISBN 978-7-5496-1021-1
定　　价／39.00元